国家社科基金
后期资助项目

政府购买公共服务的组织环境与社会组织发展研究

Research on the Organizational Environment of Government Purchasing Public Services and NGOs' Development

许源 著

四川大学出版社
SICHUAN UNIVERSITY PRESS

图书在版编目（CIP）数据

政府购买公共服务的组织环境与社会组织发展研究 / 许源著． -- 成都：四川大学出版社，2024.3
ISBN 978-7-5690-6428-5

Ⅰ．①政… Ⅱ．①许… Ⅲ．①公共服务－政府采购制度－组织管理学－研究－中国 Ⅳ．① D630.1 ② F812.2

中国国家版本馆 CIP 数据核字（2023）第 207383 号

书　　名：	政府购买公共服务的组织环境与社会组织发展研究
	Zhengfu Goumai Gonggong Fuwu de Zuzhi Huanjing yu Shehui Zuzhi Fazhan Yanjiu
著　　者：	许　源
出 版 人：	侯宏虹
总 策 划：	张宏辉
选题策划：	蒋姗姗
责任编辑：	蒋姗姗　李金兰
责任校对：	谢　鋆
装帧设计：	墨创文化
责任印制：	王　炜
出版发行：	四川大学出版社有限责任公司
	地址：成都市一环路南一段 24 号（610065）
	电话：（028）85408311（发行部）、85400276（总编室）
	电子邮箱：scupress@vip.163.com
	网址：https://press.scu.edu.cn
印前制作：	四川胜翔数码印务设计有限公司
印刷装订：	四川省平轩印务有限公司
成品尺寸：	165 mm×238 mm
印　　张：	17.5
字　　数：	349 千字
版　　次：	2024 年 3 月 第 1 版
印　　次：	2024 年 3 月 第 1 次印刷
定　　价：	86.00 元

本社图书如有印装质量问题，请联系发行部调换

版权所有 ◆ 侵权必究

扫码获取数字资源

四川大学出版社
微信公众号

国家社科基金后期资助项目
出版说明

　　后期资助项目是国家社科基金设立的一类重要项目,旨在鼓励广大社科研究者潜心治学,支持基础研究多出优秀成果。它是经过严格评审,从接近完成的科研成果中遴选立项的。为扩大后期资助项目的影响,更好地推动学术发展,促进成果转化,全国哲学社会科学工作办公室按照"统一设计、统一标识、统一版式、形成系列"的总体要求,组织出版国家社科基金后期资助项目成果。

全国哲学社会科学工作办公室

序　言

许源是我指导的博士生，听闻她以博士论文为基础的专著要出版，甚是欣慰。读博之前，许源一直在上海一家支持型社会组织工作，从事政府购买服务的项目评估、社会组织相关的课题研究工作，具有较强的实务经验，所以对社会组织这一主体有更多"内部人"的体会。2014年我主持的国家社科基金重大项目"全面深化改革中政府购买公共服务制度化研究"，许源作为课题组的主要成员参与了课题的申请和实施，对多家和多地的政府购买社会组织服务进行实地调研，也多次参加相关的研讨会。在实务经验和理论探讨的共同影响下，许源将"政府购买服务如何影响社会组织"作为博士论文的研究方向，对多个政府部门和社会组织做了大量的调研，认真撰写并多次修改其博士论文；后续又在国家社科基金资助下做了进一步完善。

20世纪90年代开始，政府购买服务逐渐成为我国政府职能转移和社会组织发展的重要制度安排，中央和地方政府都在政策与实践层面推动政府购买服务的发展。2012年起，民政部推动中央财政开展政府向社会组织购买服务。2013年，国务院办公厅发布《关于政府向社会力量购买服务的指导意见》，促进各级政府广泛开展向社会力量购买服务。由此，学界在理论层面对如火如荼的政府购买现象进行了重点研究。

许源多年专注于政府购买社会组织服务的研究。这本专著是其系统思考的呈现，有以下几个方面值得关注：第一，把上海政府购买服务的发展分为"单点制度创新""局部制度探索""整体制度发展"三个阶段，将政府作为制度创业者，分析政府如何运用不同的政策工具和行动路径促进政府购买服务发展，并认为政府购买服务场域经历了从萌芽、新兴到成熟场域的制度化进程。第二，政府购买服务形成由资源环境、制度环境和技术环境构成的综合环境。从资源、制度、技术等维度，综合探讨政府购买服务环境如何在物质基础、文化规范、技术要素等多个方面对社会组织产生作用。第三，从组织个体行为、组织间关系、组织生态三个层面，试图全面分析政府购买服务对社会组织发展产生的影响，研究层次较为丰富，而不同层面的组织行为及发展分析有时会呈现出有趣的结果。例如，对社会组织的组织生态层面进行分析时，专著以浦东新区社区公益招投标数据为基础，发现政府购买服务场域出现组织固化现象，并且出现大户型组织和资源集中化现象及寡头化倾向，大多数社会组织受政府购买服务的推动有限。总体上，这本专著的结构安排合理、章节间逻辑关系比较清晰、调研资料较为丰富，对研究问题有较好的回答。

当然，这本专著所关注的问题还有进一步讨论的空间：经过多年的发展，近期政府购买社会组织服务呈现哪些新的特征与趋势？以往政府购买服务中社会组织服务行政化、内卷化、权宜主义等行动有无转变？当政府部门自身遇到财政紧缩的困难，受政府资助较多的社会组织有什么样的困境及应对措施？总之，政府购买服务在很大程度上成为社会组织发展的一种基础制度，对社会组织发挥着价值引导、制度规范、资源支持等作用，可见在未来很长一段时间都会影响我国社会组织的发展。政府购买社会组织服务这一课题值得大家进一步的关注和研究。作为第一个读者，我愿意向大家推荐这一专著，一方面可以了解政府购买社会组织服务的历史和演变，另一方面又可以增进对政府和社会组织关系的深入思考。

是为序！

徐家良

上海交通大学国际与公共事务学院特聘教授

上海交通大学中国公益发展研究院院长

2023 年 7 月

目 录

第一章　绪　论 …………………………………………………… 1
　一、研究背景与研究问题 ………………………………………… 1
　二、研究现状 ……………………………………………………… 7
　三、研究对象与研究方法 ………………………………………… 24
　四、内容大纲 ……………………………………………………… 30

第二章　基础理论与研究思路 …………………………………… 32
　一、基础理论：组织新制度主义和资源依赖理论 ……………… 32
　二、研究思路 ……………………………………………………… 42

第三章　政府购买服务场域的外部环境 ………………………… 47
　一、政府职能转移 ………………………………………………… 47
　二、地方公务员的行为逻辑 ……………………………………… 54
　三、政府与社会组织的互动关系 ………………………………… 61

第四章　政府购买服务的制度创业进程与场域结构发展 ……… 69
　一、上海政府购买服务的制度进程 ……………………………… 69
　二、上海政府推进购买服务制度进程的行动路径 ……………… 72
　三、上海政府购买服务场域的演化发展 ………………………… 82

第五章　政府购买服务场域的"资源—制度—技术"组织环境 … 94
　一、政府购买服务的资源环境 …………………………………… 94
　二、政府购买服务的制度环境 …………………………………… 114
　三、政府购买服务的技术环境 …………………………………… 136
　四、政府购买服务的"资源—制度—技术"环境 ……………… 143

第六章　政府购买服务场域的组织行为 ………………………… 144
　一、政府购买服务中的行政化导向 ……………………………… 144
　二、政府购买服务中的社会化导向 ……………………………… 151
　三、政府购买服务中的专业化导向 ……………………………… 156
　四、政府购买服务中的市场化导向 ……………………………… 163

第七章 政府购买服务场域的组织间关系 ... 170
一、政府购买服务中社会组织之间的互动关系 ... 170
二、政府购买服务中政府与社会组织的互动关系 ... 184

第八章 政府购买服务场域的组织生态 ... 197
一、政府购买服务场域的组织状况 ... 197
二、政府购买服务场域的组织固定化 ... 209
三、政府购买服务场域的大户型组织出现 ... 212

第九章 政府购买服务的组织环境与社会组织行为对公共服务质量的影响 ... 220
一、定性比较分析方法与案例选择 ... 220
二、变量设定与校准 ... 222
三、数据分析与实证结果 ... 226
四、结论与启示 ... 237

第十章 结论 ... 239
一、研究结论 ... 239
二、研究创新与不足 ... 244

参考文献 ... 247

附录 ... 265
附录Ⅰ 社会组织访谈名录 ... 265
附录Ⅱ 政府官员访谈名录 ... 267
附录Ⅲ 社会组织访谈提纲 ... 267
附录Ⅳ 政府官员访谈提纲 ... 268
附录Ⅴ 二手资料清单 ... 269

后记 ... 271

第一章 绪 论

党的十九大报告指出，完善公共服务体系，保障群众基本生活，不断满足人民日益增长的美好生活需要，不断促进社会公平正义，形成有效的社会治理、良好的社会秩序，使人民获得感、幸福感、安全感更加充实、更有保障、更可持续。政府购买服务作为重要的公共服务制度安排和供给方式，在提升公共服务质量、提高公共服务效率、增强社会公众满意度等方面具有积极作用。同时，政府购买服务作为影响社会组织发展的重要制度安排，对社会组织发展产生全面和系统的影响。本研究试图揭示政府购买服务所构建的组织环境，及它对社会组织个体行为、组织间关系、组织生态等方面产生的影响。

一、研究背景与研究问题

（一）研究背景

近年来，在各级政府部门的推动下，我国政府购买服务发展迅速，成为公共服务供给的重要方式，也为社会组织发展提供了空间和资源。而政府购买服务的制度创新和发展，有重要的组织基础，即改革开放后我国社会组织快速发展，在公共服务领域能够承接相应的政府转移职能，在与政府合作中，以其专业能力获得社会主体地位的认可，进一步推动了政府购买服务中政府与社会组织合作的延续。从政府购买服务的组织基础和制度发展可见，政府购买社会组织服务是探讨政府与社会组织互动关系的重要切入点。

1. 社会组织发展成为政府购买服务的组织的基础

20世纪80年代中后期，全球范围迎来第三部门[①]发展的繁荣期，数量众多的非营利组织的出现，促进了公共利益发展、推动了公共目标实现。萨拉蒙称，"我们正置身于一场全球性的'结社革命'之中，而历史将证明，这场革命对20世纪后期世界的重要性丝毫不亚于民族国家的兴起对于19世纪后期世界的重要性"[②]。王名认为，我国社会组织发展的体制起点是十一届三中全会实现的拨乱反正。[③] 作为解决体制失灵的一种新的和有效的制度因素和组织载体，各种形式的民间组织被容许和鼓励，从而发展起来，加入全球"结社革命"的历史进程中。

除了政治体制因素外，我国社会组织的发展与政府职能转移、市场化改革、全球化、社会问题增多等多种因素相关。[④] 政府职能转移强调把部分公共服务和管理职能转移给其他部门，以提高公共服务质量，发挥各部门的比较优势，为社会组织的发展让渡空间；市场化改革改变了我国的社会结构，对权力和资源进行再分配，为社会组织的发展奠定基础；全球化产生了广泛的影响，1995年在北京举行的第四届世界妇女大会为我国社会组织发展起到示范作用，其后，国外非营利组织在我国慈善、环保、扶贫等领域发挥积极作用，并成为我国草根组织的资金来源之一，这也促进了我国社会组织的发展；社会问题日益增多，环境问题、群体性事件、养老压力、弱势群体照护等多种问题，仅仅靠政府单一部门的力量无法解决，必须动员社会力量参与。社会组织成为解决社会问题、缓解社会压力的组织力量之一。1998年国务院发布《民办非企业单位登记管理暂行条例》和《社会团体登记管理条例》，2004年国务院发布《基金会管理条例》，以上三大条例的颁布让我国社会组织有了制度性

[①] 关于"社会组织"这一组织形式或者组织现象，国内外研究和实践中出现了很多不同的概念，如第三部门组织、非营利组织、非政府组织、民间组织、社会组织、慈善组织、公益组织、非营利部门。不同的概念有不同的含义和范围。例如，"第三部门组织"是指，第一部门的政府、第二部门的企业之外，从事着政府和企业不愿做或做不好、做不了的事情的一类组织；广义的"非营利组织"包含政府、社会组织等，强调此类组织所具有的利润不分配约束特征；广义的"非政府组织"除了包括社会组织外，还包括企业，强调此类组织与政府不同。本研究对不同的概念不做具体区分，而做普遍意义上的"社会组织"的限定。

[②] 莱斯特·萨拉蒙. 非营利部门的崛起[J]. 谭静，译. 马克思主义与现实，2002（3）：57—63.

[③] 王名. 中国民间组织30年：走向公民社会[M]. 北京：社会科学文献出版社，2008：37.

[④] 张紧跟. 从结构论争到行动分析：海外中国NGO研究述评[J]. 社会，2012（3）：198—223.

身份。社会团体、民办非企业单位、基金会是我国行政法规规定、必须在我国相关民政部门登记注册的社会组织。

在多重因素作用下，我国社会组织已成为社会建设与公共服务的重要力量。截至2020年底，我国共有社会组织89.4万个（见表1.1），比上年增长3.2%；吸纳社会各类人员就业1061.9万人，比上年增长5.2%；捐赠收入1059.1亿元，比上年增长21.3%。[①] 我国社会组织分布在教育、卫生、文化、社会服务、科技服务、农业及农村发展、工商服务、生态环境等多个服务领域，发挥着提供公共服务、促进经济发展、维护公民权利、积累社会资本等作用。但从整体上看，我国社会组织发展还表现出总体规模较小、服务领域相对集中、服务专业能力不足、区域发展不平衡等特点[②]，且由于我国社会组织登记管理、监管等制度性障碍，社会组织发展面临着注册困境、定位困境、资金困境、知识困境、人才困境、信任困境等多重困境[③]。我国社会组织在数量、规模、领域、能力等方面快速发展，已经成为政府购买服务制度推行的组织基础。但同时，社会组织存在的不足也很大程度上影响了我国政府购买服务的实践水平。

表1.1 2020年我国社会组织数量（按登记机关分类）[④]

单位：个

指标	社会团体	基金会	民办非企业单位
民政部登记	1979	215	98
省级民政部门登记	31769	5813	15278
市级民政部门登记	90033	1732	65619
县级民政部门登记	250990	672	429964
合计	374771	8432	510959

---

① 中华人民共和国民政部. 2020年民政事业发展统计公报[N]. 中华人民共和国民政部门户网站，2022－04－04. http://www.mca.gov.cn/article/sj/tjgb/202109/20210900036577.shtml.

② 葛道顺. 中国社会组织发展：从社会主体到国家意识——公民社会组织发展及其对意识形态构建的影响[J]. 江苏社会科学，2011（3）：19－28.

③ 何增科. 中国公民社会组织发展的制度性障碍分析[J]. 中共宁波市委党校学报，2006（6）：23－30.

④ 表格来源：中华人民共和国民政部. 2020年民政事业发展统计公报[N]. 中华人民共和国民政部门户网站，2022－04－04. http://www.mca.gov.cn/article/sj/tjgb/202109/20210900036577.shtml.

2. 政府购买服务成为政社合作的重要制度安排

从20世纪70年代起，政府购买公共服务成为西方公私部门合作的重要机制。萨拉蒙对美国政府和非营利部门的研究发现，在美国的"第三方治理"体系中，政府作为资金提供者和监管者的角色增强，具体服务则由州、市、县、大学、医院、银行、行业协会等第三方机构来提供，政府和第三方执行者很大程度上共享对公共资金支出和公共权威运用方面的裁量权[1]。特别推崇民营化的萨瓦斯认为，民营化是未来政府新治理模式的核心要素[2]。在公共服务中，消费者、生产者和安排者是三个基本的参与者。萨瓦斯强调，服务提供或安排与服务生产之间有明显的区别，这是政府角色界定的基础；政府本质上是多数集体物品的安排者或提供者，决定什么应该通过集体去做、为谁而做、做到什么程度或什么水平、怎么付费等问题[3]。当然，政府也决定着选择谁来做、以及选择的方式。当公共部门作为安排者，私人部门作为生产者时，公共服务提供的制度安排主要有合同承包、特许经营和政府补助。合同承包是公私部门合作最主要的方式，其本质是引入竞争，打破政府在公共服务领域的垄断，有效提高公共服务提供的效率和质量。

我国政府向社会组织购买公共服务肇始于上海。1995年，上海浦东新区社会发展局委托上海基督教青年会托管罗山市民会馆，打破以往依靠政府单方面投入和运作社区公共场所、提供社区公共服务的模式，开始了委托社会组织承接政府公共服务的探索。随后，我国其他省市相继开始政府购买社会组织服务的实践探索，为政府购买服务在全国范围的推行奠定了基础。在地方层面，2005年无锡市出台的《关于政府购买公共服务的指导意见（试行）》和2007年上海市浦东新区出台的《浦东新区关于政府购买公共服务的实施意见（试行）》，是我国地方政府较早出台的与购买服务相关的制度规定，目的是推进行政管理体制改革、进一步转变政府职能、提高公共服务的质量。之后，上海、广东、江苏、浙江、安徽、河南、云南等省市都出台了政府购买服务的文件，政府购买服务的范围拓展到医疗卫生服务、教育服务、文化体育服务、社会服务

---

[1] [美]萨拉蒙. 公共服务中的伙伴——现代福利国家中政府与非营利组织的关系[M]. 田凯，译. 北京：商务印书馆，2008：47.

[2] [美]萨瓦斯. 民营化与公私部门的伙伴关系[M]. 周志忍，译. 北京：中国人民大学出版社，2003：5.

[3] [美]萨瓦斯. 民营化与公私部门的伙伴关系[M]. 周志忍，译. 北京：中国人民大学出版社，2003：68.

等多个领域。地方政府购买服务的实践为政府购买服务成为中央政府肯定的、在全国范围推行的制度安排奠定了基础。

在国家制度层面，党中央、国务院把建立健全政府购买服务制度作为全面深化改革的重要部署。党的十八届三中全会通过《中共中央关于全面深化改革若干重大问题的决定》，明确提出，推广政府购买服务，凡属事务性管理服务，原则上都要引入竞争机制，通过合同、委托等方式向社会购买。2013年9月，国务院办公厅出台《关于政府向社会力量购买服务的指导意见》（国办发〔2013〕96号）①（以下简称"国务院96号文"），对我国政府向社会力量购买服务工作奠定了基础性框架，对购买主体、承接主体、购买内容、购买机制等做了规定。国务院96号文指出，购买主体是各级行政机关和参照公务员法管理、具有行政管理职能的事业单位，纳入行政编制管理且经费由财政负担的群团组织；承接主体包括依法在民政部门登记成立或经国务院批准免予登记的社会组织，以及依法在工商管理或行业主管部门登记成立的企业、机构等社会力量；购买内容区分为教育、就业、医疗等基本公共服务和非基本公共服务；购买要建立规范的合同管理机制，依据政府采购法的有关规定，采用公开招标、邀请招标、竞争性谈判、单一来源采购、询价等方式确定承接主体，并加强资金管理和绩效管理。

2015年国务院《政府工作报告》指出，"政府要勇于自我革命，给市场和社会留足空间，为公平竞争搭好舞台……坚持创新管理，强化服务，着力提高政府效能。提供基本公共服务尽量采用购买服务方式，第三方可提供的事务性管理服务交给市场或社会去办"。2015年5月，李克强总理在全国推进简政放权放管结合职能转变工作电视电话会议上的讲话中强调，"增加公共产品和公共服务的供给，政府不能唱'独角戏'，要创新机制，尽可能利用社会力量，并搞好规划、制定标准、促进竞争、加强监管。凡是企业和社会组织有积极性、适合承担的，都要通过委托、承包、采购等方式交给他们承担；确需政府参与的，要实行政府和社会资本合作模式。即使是基本公共服务，也要尽量这样做。政府办事要尽可能不养人、不养机构，追求不花钱能办事或少花钱多办事的效果。这也有利于形成公共服务发展新机制，促进民办教育、医疗和养老等服务

---

① 中华人民共和国中央人民政府 国务院办公厅关于政府向社会力量购买服务的指导意见. 中国政府网，2023－12－20. https://www.gov.cn/zhengce/2013－09/30/content－4032.htm.

业发展"①。

从地方到中央的具体操作、政策发布中可见，政府购买服务已成为我国现阶段公共服务供给领域重点推行的制度安排。政府购买服务把政府与社会组织集中于公共服务生产这一特定领域展开互动。政府与社会组织的互动关系，即使在崇尚多元主义的美国，到20世纪70年代末，私人非营利部门成为了提供那些由政府出资的服务的主要工具，政府也成为提供服务的非营利机构主要的资金来源。②我国现在推行的政府购买服务，涉及从中央到地方各级政府部门、事业单位、群团组织，大量的民办非企业单位、社会团体等社会组织参与其中，这已成为我国政府和社会组织互动的重要形式。政府购买服务所形成的环境，对社会组织的发展产生着广泛、深远的影响。

（二）研究问题

我国各地政府正如火如荼地推行政府购买服务制度。政府购买服务成为一种普遍流行的政府与社会组织的互动方式。但是，作为"舶来品"的政府购买服务是否"一买就灵"？答案是存疑的。经各地实践和学者研究，发现政府购买服务存在很多问题和风险，政府购买服务对于社会组织的发展会产生一定的影响。因此，政府购买服务成为探究我国政府和社会组织互动关系的重要切入口。

本研究关注的根本问题是，政府购买服务体现了怎样的政府和社会组织的互动关系，对我国社会组织发展造成什么样的影响？

本研究的具体问题则包括以下几点。

（1）政府购买服务形成什么样的资源环境、制度环境和技术环境？或者说，在政府主导下，社会组织处于什么样的政府购买服务环境中？

（2）政府购买服务中的社会组织是否存在不同的组织群落③？不同

---

① 李克强. 简政放权、放管结合、优化服务、深化行政体制改革、切实转变政府职能——在全国推进简政放权放管结合职能转变工作电视电话会议上的讲话 [N/OL]. 新华社，2015-05-12. http://www.wenming.cn/xj_pd/ssrd/201505/t20150515_2615255.shtml.

② [美] 萨拉蒙. 公共服务中的伙伴——现代福利国家中政府与非营利组织的关系 [M]. 田凯，译. 北京：商务印书馆，2008：1.

③ "组织群落"（organizational populations）是组织生态学的概念，指的是"一组在某些方面具有相似属性的组织"。组织群内的同类成员具有自身的属性、结构和演变机制，例如群落的规模、密度、出生率（新组织创建率）等属性，互相模仿组织结构和行为，并且相互争夺稀缺资源。详见斯科特，戴维斯. 组织理论：理性、自然与开放系统的视角 [M]. 高俊山，译. 北京：中国人民大学出版社，2011：133-134.

的组织群落在政府购买服务中是否具有不同的优势与限制？为了获得更多优势，不同的组织群落在政府购买服务中的行动策略有何不同？不同组织行动者（如不同群落的社会组织、政府与社会组织）之间形成什么样的互动模式？政府购买服务场域的整体层面有哪些特征与趋势？

（3）政府购买服务环境中，政府如何推动或限制社会组织的发展？或者说，政府主导构建的政府购买服务的资源环境、制度环境和技术环境，对社会组织个体行为、组织间关系、组织生态等产生怎样的影响？

二、研究现状

政府向社会组织购买公共服务作为近年来社会管理的重要制度创新，受到学界广泛的关注。关于政府购买服务所体现的政社关系、政府购买服务对社会组织发展产生的影响及作用机制，国内外学者已有较多研究成果。针对以上问题的回答，相关研究主要沿着以下路径进行阐述：政社关系视角下的主体互动变化、制度建构视角下的环境框架重塑、市场视野下的市场要素发展、多元合作视野下的部门协同治理等。不同的理论视角聚焦于某一方面，揭示了政府购买服务环境的某一侧面及对社会组织发展带来的影响。

（一）政社关系下的主体互动变化

讨论政府与社会组织的互动关系，本质上是在讨论国家与社会的关系。已有国内外学者对政社互动提出本地化解释及两者的关系模型。国内学者康晓光（2005）等提出，"分类控制"是新的国家与社会关系的理想类型，认为政府会根据社会组织的挑战能力和提供的公共物品，对不同社会组织采取不同的控制策略[①]。刘鹏（2011）认为国家对于社会组织的监管走向"嵌入型监管"，国家通过特定的机制与策略、营造组织运营环境，对社会组织的运行过程和逻辑进行嵌入性干预和调控[②]。江华等（2011）提出"利益契合"分析框架，认为国家与社会组织的利益契

---

① 康晓光，韩恒. 分类控制：当前中国大陆国家与社会关系研究[J]. 社会学研究，2005（6）：73—89.

② 刘鹏. 从分类控制走向嵌入型监管：地方政府社会组织管理政策创新[J]. 中国人民大学学报，2011（5）：91—99.

合程度决定国家对社会组织的支持或限制，两者关系制度化程度低、策略性强[1]。而政社关系模型则提供区别政府与社会组织关系的类型化工具。Coston（1998）提出，随着政府由反对制度多元化向接受制度多元化的转变，政府—非营利组织关系依次呈现压制、敌对、竞争、合约、第三方治理、协作、互补和合作等模式[2]。Najam（2000）基于政府和非营利组织所追求的目标及其偏好的策略，把政府—非营利组织关系归结为：合作型关系、冲突型关系、互补型关系、吸收型关系[3]。Young（2000）回顾美国政府—非营利组织关系的历史，把政府—非营利组织关系概括为补充、互补、抗衡三种模式[4]。国外学者对政府与社会组织关系模式的划分是多元、连续的，包含冲突与合作等多元化的形态。国内学者则认为，在公共服务领域中，政府和社会组织合作关系主要表现为协同增效、服务替代、拾遗补阙三类模式[5]。又因为合作主体的独立性是双方合作的前提，我国社会组织和政府的对抗关系基本不存在，目前两者的合作也不构成真正的合作伙伴关系，更像是社会组织对政府的一种行政配合或附属关系。[6] 也有学者认为，我国社会组织和政府关系属于一种"被动合作中存在一定的竞争"的关系[7]。

随着政府购买服务实践的发展，政府与社会组织的互动关系在政府购买服务的具体领域中得以发展和体现。目前，学者们主要沿着两个路径来分析政府购买服务中的政府与社会组织的互动。第一种研究视角，把"政府"作为一个整体来研究它和社会组织形成的互动，从总体层面上揭示政社关系由"单向嵌入"到"互动嵌入"的新形态发展。第二种

---

[1] 江华，张建民，周莹. 利益契合：转型期中国国家与社会关系的一个分析框架——以行业组织政策参与为案例［J］. 社会学研究，2011（3）：136—152.

[2] COSTON JENNIFER M. A Model and Typology of Government–NGO Relationships [J]. Nonprofit and Voluntary Sector Quarterly，1998，27（3）：358—382.

[3] NAJAM ADIL. The Four Cs of Government–Third Sector Relations: Cooperation, Confrontation, Complementarity, Co–optation [J]. Nonprofit Management and Leadership，2000，10（4）：375—396.

[4] YOUNG DENNIS R. Alternative Models of Government–Nonprofit Sector Relations: Theoretical and International Perspectives [J]. Nonprofit and Voluntary Sector Quarterly，2000，29（1）：149—172.

[5] 汪锦军. 公共服务中的政府与非营利组织合作：三种模式分析［J］. 中国行政管理，2009（10）：77—80.

[6] 严炜，刘悦斋. 平等合作与积极竞争：公共服务领域中的政府与非政府组织［J］. 当代世界与社会主义，2004（5）：80—84.

[7] 詹少青，胡介埙. 西方政府——非营利组织关系理论综述［J］. 外国经济与管理，2005（9）：24—31.

研究视角，把"政府"作为不同层级部门来研究它们与社会组织的互动，观察到多层级政府与社会组织形成多元化、复杂化的关系。

1. 整体性政府视角下政社关系从单向嵌入到互相嵌入

嵌入式发展是国家与社会关系中社会行动者微观策略的常见形态，也是理论分析的有力视角和工具。政府购买服务中所体现的政社关系从"单向嵌入和控制"向"互相嵌入和借力"的方向发展，呈现政社关系的新态势。

多名学者研究发现，政府购买服务过程中，政府对社会组织存在强势的控制和嵌入，政府购买服务是政府行政化力量对社会组织运作逻辑的塑造，反映出国家力量在社会领域的延续。朱健刚等（2013）通过分析专业社工机构通过购买服务介入社区治理的个案，发现政府借助行政性社会工作不断对社工机构进行权力渗透，导致社工机构自主性减弱、外部服务行政化、内部管理官僚化等适应性情况[1]。吴月（2014）对一家官办社团和政府进行互动研究发现，政府采用吸纳精英、机构渗透、项目化运作的方式对社团进行隐性控制，而社团则出现机构运作官僚化、内部职能行政化、日常工作形式化、专业服务建制化等"组织模仿"策略，进而出现社团行政化问题[2]。而在政府购买服务背后的逻辑是，政府对社会组织的吸纳与控制是国家权威对社会力量的吸收和引导。政府通过各种策略性行为，在向社会组织让渡制度空间和释放资源的同时，以柔性化、隐性化、嵌入式的方式，将社会组织纳入可控的行政轨道，促使政府与社会组织关系发展为单向依附式合作的形态[3]，更多的在购买服务中体现政府的意志。随着政府购买服务的普及和规模化发展，政府嵌入社会组织的现象也较为普遍，嵌入形式也发生改变。王志华（2012）把政府购买服务中政府对社会组织的嵌入类型概况为关系嵌入、功能嵌入、结构嵌入和目标嵌入[4]。管兵（2016）发现上海社区公益招投标购买服务实践中存在"国家嵌入社会"的现象，即承接政府购买服务项目的社会组织大部分具有国家背景，而民间成立的社会组织则体现

---

[1] 朱健刚，陈安娜. 嵌入中的专业社会工作与街区权力关系——对一个政府购买服务项目的个案分析[J]. 社会学研究，2013, 28 (1): 43-64+242.

[2] 吴月. 隐性控制、组织模仿与社团行政化——来自S机构的经验研究[J]. 公共管理学报，2014, 11 (3): 106-117+143.

[3] 彭少峰. 依附式合作：政府与社会组织关系转型的新特征[J]. 社会主义研究，2017 (5): 112-118.

[4] 王志华. 论政府向社会组织购买公共服务的体制嵌入[J]. 求索，2012 (2): 66-68.

了竞争性的发展模式①。

有些研究发现，政府购买服务中，政府与社会组织之间产生互动嵌入②，政府在嵌入社会组织的同时，社会组织也在嵌入政府。社会组织从被动嵌入政府，逐渐转向有意识地主动嵌入政府，并将政府作为获取资源的重要渠道，把"嵌入"作为重要的策略。李春霞等（2012）认为，政府购买服务中，社会组织通过利用政府的组织机构、吸纳政府退休人员、把"跑项目"设为组织目标，对政府行动积极做出回应，采取模仿策略，建立与政府对接的组织结构，以便更好地获取资源③。吕纳、张佩国（2012）发现，政府自创组织和体制内组织在面对政府要求时，积极遵守国家的合法性要求，先采取依赖、被动遵守等方式，再进行拓展，社会组织的行动逻辑是策略性选择的④。林兵、陈伟（2014）提出了"吸纳嵌入"的社会组织管理模式，认为实践中"吸纳嵌入"是政府运作策略，而"应嵌与回应"则是社会组织的反馈策略⑤。吉鹏（2019）认为，社会组织对政府进行制度性嵌入和关系型嵌入，而政府则对社会组织进行关系型嵌入和结构性嵌入⑥。有学者认为，政府与社会组织相互嵌入是实现政府购买服务目标的重要前提。社会组织嵌入政府才能真正了解政府购买服务的目标、需求和标准，政府嵌入社会组织才能真实掌握和发挥社会组织的服务能力⑦。

2. 多层级政府视角下政府与社会组织关系的复杂化

整体性视角认为，"政府"作为整体、统一的部门与社会组织开展互动。而多名学者引入"多层级政府"的因素，将政府从单一实体还原为政府间体系，发现政府购买服务中，不同层级政府之间的价值偏好和行

---

① 管兵. 政府向谁购买服务：一个国家与社会关系的视角［J］. 公共行政评论，2016，9(1)：131-150+185.

② 陈书洁，张汝立. 政府购买服务发展的障碍——一个"嵌入"视角的分析［J］. 北京师范大学学报（社会科学版），2016（6）：100-108.

③ 李春霞，巩在暖，吴长青. 体制嵌入、组织回应与公共服务的内卷化——对北京市政府购买社会组织服务的经验研究［J］. 贵州社会科学，2012（12）：130-132.

④ 吕纳，张佩国. 公共服务购买中政社关系的策略性建构［J］. 社会科学家，2012（6）：65-68.

⑤ 林兵，陈伟. "吸纳嵌入"管理：社会组织管理模式的新路径——以浙江省N市H区社会组织服务中心为例［J］. 江海学刊，2014（1）：107-113.

⑥ 吉鹏. 购买服务背景下政府与社会组织的互动嵌入：行为过程、负面效应及优化路径［J］. 求实，2019（1）：74-83.

⑦ 龙翠红. 政府向社会组织购买服务：嵌入性视角中的困境与超越［J］. 南京社会科学，2018（8）：90-96.

为选择的差异带来政府与社会组织互动关系的多元化。不同层级政府主要包括以市区民政局为代表的上级政府和街镇为代表的基层政府。研究发现,上级政府与社会组织较多形成委托代理关系,基层政府与社会组织则容易形成管家关系和合谋关系。政府购买服务所涉及的多层级政府部门与社会组织的互动,其实质是自上而下不同层级政府对社会组织的规制问题。

敬乂嘉(2011)根据上下级政府间偏好是否一致、非竞争或竞争方式的差异,认为公共非营利关系形态会形成管家关系、合谋关系、委托代理关系等。上级政府在公共非营利关系中引入委托代理关系,通过竞争性服务购买,试图抑制基层政府与非营利组织形成的管家关系和合谋关系,推进社会服务目标的实现[①]。陈天祥等(2016)认为,政府购买服务中,因多层级政府形成了多元化的政社关系,如委托代理关系、动态吸纳关系、合谋关系[②]。徐盈艳、黎熙元(2018)提出"浮动控制"和"分层嵌入"的概念,认为政府对社会组织的控制权在不同时期、不同层级政府之间分配比重不同,存在浮动现象,社会组织与政府形成类"合作伙伴关系"、吸纳与嵌入关系、"控制—嵌入"关系重构等多种形态[③]。黄晓春、周黎安(2017)注意到行政体系内部运作逻辑变化对政府与社会组织关系的影响,认为政社关系随着政府间的多层级行政发包体制运行形态的调整而出现变化。在上级政府"发包"、下级政府"行政"形态下,基层政府会通过购买服务等方式扶持、发展社会组织,"借道"社会组织以实现治理的灵活性和弹性空间[④]。

以上引入多层级政府因素的分析可见,不同层级政府与社会组织的关系形态存在较大差异。不同层级政府之间不同的治理逻辑,对社会组织发展的影响是多元的。在上级政府建立委托代理关系、以放权为导向下,社会组织拥有一定的自主发展空间[⑤],以专业发展、市场管理的逻

[①] 敬乂嘉. 社会服务中的公共非营利合作关系研究——一个基于地方改革实践的分析[J]. 公共行政评论,2011,4(5):5-25+177.

[②] 陈天祥,郑佳斯. 双重委托代理下的政社关系:政府购买社会服务的新解释框架[J]. 公共管理学报,2016,13(3):36-48+154.

[③] 徐盈艳,黎熙元. 浮动控制与分层嵌入——服务外包下的政社关系调整机制分析[J]. 社会学研究,2018,33(2):115-139+244-245.

[④] 黄晓春,周黎安. 政府治理机制转型与社会组织发展[J]. 中国社会科学,2017(11):118-138.

[⑤] 陈天祥,郑佳斯. 双重委托代理下的政社关系:政府购买社会服务的新解释框架[J]. 公共管理学报,2016,13(3):36-48+154.

辑完成服务供给；在基层政府"借道"社会组织的状态下，社会组织与基层政府的组织边界较为模糊，成为政府的行政末梢，不具有实质上的独立性①。在上下级政府浮动控制的过程中，社会组织依循上下级政府的不同治理逻辑，通过不同策略进入不同层级的政府治理结构，对层级政府进行分层嵌入，减少组织对政府的财政依赖，增强社会组织独立于政府发展的可能性②。而政府购买服务中所呈现的多重政社关系并非一成不变，它随着行政体系调整、政社信任关系的建立等因素发生改变，政社合作关系也会发生动态的转变。例如，以合同管理及相应机制为核心的委托代理关系，经过政府与社会组织长期磨合、建立信任和互惠关系，可能转变为以信任和互惠为核心的管家关系③。

（二）制度建构下的环境框架重塑

社会组织发展需要良好的制度环境。组织的新制度主义分析视角认为，社会的法律制度、文化期待、价值观念等制度规范着人们的行为，构成组织的外部环境，对组织形成强大的外部约束力量。迫于制度合法性的压力，通过强制要求、模仿成功者、专业规范等机制，组织在结构和行为上形成组织趋同现象。但由于制度合法性要求和组织效率可能存在矛盾，因而会出现组织的正式结构与实际生产活动脱耦的情况。④国内学者受组织制度学派启发，很早就观察到我国官办社团"名实不符"。沈原、孙五三（2001）以中国青少年发展基金会为例，从制度环境与组织互动的角度揭示了全国官办社团"形同质异"的组织特征，发现官办社团虽有"社团法人"的社会身份，但对政府体制有强烈的依赖⑤。田凯（2004）提出"非协调约束下的组织运作"分析框架，解释20世纪90年代产生大量的政府内部分化出的慈善组织的组织形式与运作的名实不符，并从合法性约束、资源获得、权力和控制的角度阐述组织外形化的

---

① 黄晓春，周黎安. 政府治理机制转型与社会组织发展［J］. 中国社会科学，2017（11）：118－138.

② 徐盈艳，黎熙元. 浮动控制与分层嵌入——服务外包下的政社关系调整机制分析［J］. 社会学研究，2018，33（2）：115－139+244－245.

③ 敬乂嘉. 社会服务中的公共非营利合作关系研究——一个基于地方改革实践的分析［J］. 公共行政评论，2011，4（5）：5－25+177.

④ ［美］迈耶，罗恩. 制度化的组织：作为神话与仪式的正式结构［J］//鲍威尔，迪马吉奥. 组织分析的新制度主义［M］. 姚伟，译. 上海：上海人民出版社，2008.

⑤ 沈原，孙五三. "制度的形同质异"与社会团体的发育——以中国青基会及其对外交往活动为例［J］//中国青少年发展基金会，基金会发展研究委员会. 处于十字路口的中国社团［M］. 天津：天津人民出版社，2001.

产生逻辑①。组织的结构和运作设置受到制度合法性压力的影响。在体制转型、市场发展的双重制度空间下，官办社团为获取"体制"与"市场"的二重合法性，在组织结构和资源动员策略方面发生"适应性变形"。

20世纪90年代后，我国政府购买服务日益发展，成为社会组织获取资源的重要途径。学界分析政府购买服务的制度环境，首先着眼于政府购买服务的相关法律法规、政策规范等法律环境，认为我国政府购买服务的法律法规从不完善到逐渐发展完善，构成政府购买服务的多元制度框架。各级政府购买公共服务的法律依据主要是2003年的《中华人民共和国政府采购法》（以下简称《政府采购法》）。《政府采购法》并未把公共服务纳入采购范围，其规定范围包括货物、工程和服务，其中服务也仅是指政府自身运作的后勤服务。但中央到地方逐步出台了相应的部门规章、地方性法规、政策等制度文件，对政府购买服务实践进行调整。总体上，苏明等（2010）学者指出，法律缺失致使各地政府购买服务的制度化程度较低。与此同时，我国对于社会组织的法律地位、税收优惠等方面缺乏法律保障，导致政府购买服务中对民办非企业单位的优惠政策、服务费用支付等存在障碍②，无法培育和发展社会组织。张瑜（2014）认为，仅依据《政府采购法》难以清晰界定政府购买公共服务的内容与标准。购买实践中，多数政府依靠地方性法规与规章操作，可能出现购买随意性的现象，难以对公共服务购买行为进行有效制约，无法保证购买公共服务的公正性和正义性③。周俊（2014）认为，政社关系中制度不足和制度多样性同时存在，制度不足表现为没有规范政社关系的基本法、某些内容缺乏制度安排、部分制度安排模糊不清；制度多元化表现为处理政社关系中某些问题的制度安排是多样的。制度环境的复杂化给政府留下了自主决策和运作的空间，使其对不同类型社会组织做出不同的倾向性选择，形成政社关系多元化的格局④。

而近期从制度角度对政府购买服务进行的研究，探讨的维度突破法

---

① 田凯. 组织外形化：非协调约束下的组织运作——一个研究中国慈善组织与政府关系的理论框架［J］. 社会学研究，2004（4）：64—75.
② 苏明，贾西津，孙洁，韩俊魁. 中国政府购买公共服务研究［J］. 财政研究，2010（1）：9—17.
③ 张瑜. 政府购买公共服务：法律缺陷与制度重构［J］. 北方民族大学学报（哲学社会科学版），2014（5）：126—129.
④ 周俊. 政府与社会组织关系多元化的制度成因分析［J］. 政治学研究，2014（5）：83—94.

律法规的范畴，拓展了政府购买服务制度研究的维度和视野。有学者将政府购买服务视为不同要素、不同层级政府所共同构建的社会组织发展的制度环境。张汝立等（2020）将政府购买服务视为社会组织运行的制度场域，认为政府是场域中强制性要素的组织代表，制定政府购买服务的政策、实施奖惩；第三方评估机构是场域中规范性要素的组织代表，监管各参与主体遵守既定的制度规范；社会组织是场域中认知性要素的组织代表，寻求与政府的利益共容，扩大其在制度场域中的生存空间[①]。黄晓春（2015）分析不同层级政府所塑造的社会组织发展的制度环境，认为政府出台的促进社会组织发展的宏观政策具有模糊发包的特征，社会组织领域相关政策在导向和执行上具有较大模糊性。地方政府注重政策执行的风险控制，把政策执行控制在行政技术层面，用"打包激励"的模糊方式设置激励和评估机制，呈现技术治理的特征；基层政府依循工具主义的逻辑，按照社会组织功能进行严格筛选和培育，以项目化方式扶持社会组织，重点发展"属地化"社会组织[②]。亦有学者分析政府购买服务不同环境下的制度安排。政府购买服务中，不同的政府职能部门与社会组织的信任程度存在的差异导致制度安排差异，高度信任推动项目制，中度信任导致混合制，低度信任出现常规制[③]。目前国内政府购买服务形成以上海为代表的项目制、以广州为代表的单位制、以香港为代表的混合制等不同的制度模式[④]。其中，项目制是一种将国家从中央到地方的各层级关系以及社会各领域统合起来的治理模式[⑤]。项目制作为一种发包体制，成为地方政府管理社会组织的主导模式，是政府购买服务的基本方式[⑥⑦]。

政府购买服务所形成的社会组织制度环境和不同制度安排，在某些

[①] 张汝立，刘帅顺，包变. 社会组织参与政府购买公共服务的困境与优化——基于制度场域框架的分析［J］. 中国行政管理，2020（2）：94-101.

[②] 黄晓春. 当代中国社会组织的制度环境与发展［J］. 中国社会科学，2015（9）：146-164+206-207.

[③] 王清. 项目制、常规制与混合制：对政府购买服务中横向部门差异的分析［J］. 四川大学学报（哲学社会科学版），2016（5）：23-32.

[④] 管兵，夏瑛. 政府购买服务的制度选择及治理效果：项目制、单位制、混合制［J］. 管理世界，2016（8）：58-72.

[⑤] 渠敬东. 项目制：一种新的国家治理体制［J］. 中国社会科学，2012（5）：113-130+207.

[⑥] 王向民. 中国社会组织的项目制治理［J］. 经济社会体制比较，2014（5）：130-140.

[⑦] 王清. 项目制与社会组织服务供给困境：对政府购买服务项目化运作的分析［J］. 中国行政管理，2017（4）：59-65.

方面促进了社会组织的发展。例如，政府购买服务对社会组织提供资金支持、放开登记门槛、开放活动空间，项目制促进公共服务领域的专业组织的发展，单位制有利于提供基础性的公共服务[1]。但是，不同层级政府形成的治理逻辑及制度环境对社会组织发展也产生深远的影响。经制度筛选后，获得制度支持的主要是具有公共服务功能的社会组织。若社会组织难以进入公共服务领域，其公共性则会弱化。部分社会组织高度嵌入地方行政网络，其组织目标、运行模式、服务地域都与地方行政网络高度一致[2]。社会组织为拓展资源还会采取各种组织策略行为。例如，投政府所好；想方设法压缩项目成本；滥用项目自主权，以促进自身利益最大化[3]，形成内在不稳定的社会组织自主性生产空间[4][5]。

多名学者经过讨论研究认为，项目制为主导模式的政府购买服务，对社会组织的作用逻辑及影响有以下几个方面：首先，项目制是一种发包体制，具有项目治理的统合式思维、行政主导型控制模式[6]，是政府对社会组织单向度的权力控制，资源垄断、嵌入式监管等方式有利于政府的权力监控[7]。上级政府越过基层政府直接对社会组织进行发包、调控和监督等条线控制，而社会组织缺乏反条线控制能力，成为行政指标的被动执行者；社会组织缺乏识别公众服务需求的动力和能力，加剧社会组织服务供给困境[8]。其次，项目制社会组织治理模式具有组织分化作用，表现为社会服务内容的具体化与专项化形成服务功能分割，导致社会组织的强功能化、弱联合化；购买社会服务的地域分割、政府主体多元化，造成社会组织的分割与分化；购买社会服务的种类偏好与限制，

---

[1] 管兵，夏瑛. 政府购买服务的制度选择及治理效果：项目制、单位制、混合制[J]. 管理世界，2016（8）：58—72.

[2] 黄晓春. 当代中国社会组织的制度环境与发展[J]. 中国社会科学，2015（9）：146—164+206—207.

[3] 周俊. 外包型项目制与政府购买服务的绩效悖论——以S市A区为例[J]. 领导科学论坛，2018（17）：22—33.

[4] 黄晓春. 中国社会组织成长条件的再思考——一个总体性理论视角[J]. 社会学研究，2017，32（1）：101—124+244.

[5] 黄晓春. 政府购买社会组织服务的实践逻辑与制度效应[J]. 国家行政学院学报，2017（4）：61—66+146.

[6] 周俊. 外包型项目制与政府购买服务的绩效悖论——以S市A区为例[J]. 领导科学论坛，2018（17）：22—33.

[7] 王向民. 中国社会组织的项目制治理[J]. 经济社会体制比较，2014（5）：130—140.

[8] 王清. 项目制与社会组织服务供给困境：对政府购买服务项目化运作的分析[J]. 中国行政管理，2017（4）：59—65.

造成社会组织类别的结构失衡①。再次，技术治理逻辑下，社会组织无法形成稳定的发展预期，开始出现工具主义的发展特征②。政府购买服务的项目分类具体而琐碎，且缺乏长期的、统一的政府购买规划，导致政府购买服务的合同短期化、碎片化、不确定性强，使得社会组织无法形成该领域完整而长期的规划，无法促使社会组织在社区深耕细作、建立长久稳定的联系③。最后，政府购买服务催生了一批以承接政府项目为主的社会组织。该类社会组织数量虽然有增加，但对政府购买服务项目存在严重依赖，无法实现社会组织自治与规模化发展。

（三）市场视野下的市场要素发展

内部生产与市场购买是政府提供公共服务的两种方式。政府购买服务是政府付费购买市场主体提供服务的制度安排。按照交易成本经济学理论，是否购买服务取决于政府对组织内部生产成本与合同外包交易成本的比较与衡量。按照合同签订阶段来划分，政府购买服务的交易成本分为事前、事中、事后交易成本④，具体包括寻找合适承包商的成本、撰写合同并与承包商谈判的成本、服务合同外包的成本、搜索与信息成本、沟通成本、决策成本、合同管理与监督成本、寻租成本、违约成本等⑤⑥⑦。当政府部门提供公共服务的内部生产成本高于外部合同交易成本时，政府部门可能选择购买服务方式提供公共服务。但是对于组织成本和交易成本的衡量，在实践中是一大难题。交易成本经济学代表人物威廉姆森（2002）提出了一个有力的分析工具，他以资产专用性、交易频率和不确定性三个维度来衡量交易费用。资产专用性越高，越倾向于内部生产，用"纵向一体化"的策略、依靠组织内部长期契约的缔结及

---

① 王向民. 中国社会组织的项目制治理［J］. 经济社会体制比较，2014（5）：130－140.
② 黄晓春，嵇欣. 非协同治理与策略性应对——社会组织自主性研究的一个理论框架［J］. 社会学研究，2014，29（6）：98－123＋244.
③ 王清. 项目制与社会组织服务供给困境：对政府购买服务项目化运作的分析［J］. 中国行政管理，2017（4）：59－65.
④ 蓝剑平，詹国彬. 公共服务合同外包中的交易成本及其治理［J］. 东南学术，2016（1）：128－136.
⑤ 句华. 公共服务中的市场机制：理论、方式与技术［M］. 北京：北京大学出版社，2006：81－82.
⑥ 黄新华. 公共服务合同外包中的交易成本：构成、成因与治理［J］. 学习与实践，2013（6）：71－78.
⑦ 谢启秦，徐家良. 政府购买公共服务的成本效益分析［J］. 经济社会体制比较，2017（4）：97－106.

监督限制机会主义，从而节约交易成本；资产专用性越低，越倾向于市场购买。反复发生的大额交易适合组织内部生产，而偶然发生的交易则可以通过市场购买解决。交易的不确定性增大，会选择内部生产，或者改变个性化的需求，向市场采购标准化的产品或服务[①]。随着公共服务逆向外包的出现，学者们认为公共服务合同外包不一定能降低交易成本[②]。也没有充分的数据表明，由专业化的市场主体或社会组织提供公共服务，服务供给效率一定比政府部门自己生产的效率高[③]。当社会组织等市场主体无法证明自己提供的服务更具有效率或者更具有专业性的时候，其承接公共服务的合理性就会被质疑。

公共服务外包后，契约成为重要的管理工具。契约主义是政府购买服务中市场化要素的内核。贾西津（2013）认为，公共服务购买的实质是公共服务的契约化提供方式，契约中所约定的购买什么、谁来购买、向谁购买等是购买服务的基本要素，政府购买服务中应遵循公平、事先约定、程序公开等原则，购买合同应逐渐从短期、中期契约关系发展为长期契约关系，并养成契约精神[④]。目前，国内从契约视角来研究政府购买服务的学者，主要从竞争程度、主体间关系等方面进行讨论。王名和乐园（2008）把购买程序分为竞争性和非竞争性，把政府和社会组织关系分为独立性和依赖性，总结了我国政府购买服务存在依赖关系非竞争性购买、独立关系非竞争性购买和独立关系竞争性购买三种模式[⑤]。政府和社会组织的关系很大程度上决定了政府购买服务的流程和效果。每一种购买模式有各自的问题。其中，依赖关系非竞争性购买所带来的欠缺契约精神、不符合社会化购买方向、垄断行政资源的问题，对我国社会组织发展更为不利。韩俊魁（2009）把购买模式分为竞争性购买和非竞争性购买，其中非竞争性购买包括体制内吸模式、体制外非正式的按需购买模式。他认为，购买服务模式有自我推动型和外力推动型之分，自我推动型更多是政府出于社会稳定的考虑，外力推动型则多遵循竞争

---

① ［美］威廉姆森. 资本主义经济制度：论企业签约与市场签约［M］. 段毅才，王伟，译. 北京：商务印书馆，2002.

② 明燕飞，盛琼瑶. 公共服务合同外包中的交易成本及其控制［J］. 财经理论与实践，2010，31（6）：93－97.

③ 李学. 不完全契约、交易费用与治理绩效——兼论公共服务市场化供给模式［J］. 中国行政管理，2009（1）：114－118.

④ 贾西津. 以契约精神发展公共服务购买［J］. 中国社会组织，2013（10）：24－26.

⑤ 王名，乐园. 中国民间组织参与公共服务购买的模式分析［J］. 中共浙江省委党校学报，2008（4）：5－13.

理念。两种购买模式的依赖路径、竞争逻辑不同，在实践中推动了社会组织的多元化发展[1]。政府购买服务中，因契约关系的存在，政府和社会组织形成委托代理关系。政府作为委托人、社会组织作为代理人，政府委托社会组织提供服务，依据其服务的数量和质量支付相应报酬。由于委托人和代理人目标并不总是一致的，信息在两者之间分布不对称，则出现了"委托—代理"的问题[2]。而不同层级政府参与政府购买服务，政府和社会组织还形成多重委托代理关系[3]。政府购买服务的委托代理关系带来相应的问题。例如，委托代理的复杂性可能导致政府监管失灵、多重代理导致社会组织价值目标的错位[4]，以及政府购买服务中存在社会组织道德风险等[5]。基于我国政府购买服务的实践，有学者认为必须要超越委托代理理论，运用管家理论来解释购买实践。委托代理理论是以监督、审计、基于绩效的外部控制为主，存在双方不信任的关系；管家理论则以信任协商、激励回报、长期合作期待等内部控制为主，促进长期合同关系和深度合作[6]。敬乂嘉（2011）对上海社区公益招投标购买进行研究发现，委托代理机制或管家模式的使用，和政府间互动有一定关联。政府购买服务正在经历公共服务领域政社合作的体制内调整的过程，上级政府引入委托代理机制、增强竞争要素，试图抑制基层政府与社会组织形成管家模式，甚至是合谋现象，以推动公共服务的市场化、社会化改革[7]。

公共服务外包是多个市场要素配置的结果。公共服务外包得以成功的基本前提在于有精明能干的政府、竞争充分的市场，政府和市场间存

---

[1] 韩俊魁. 当前我国非政府组织参与政府购买服务的模式比较 [J]. 经济社会体制比较，2009（6）：128-134.

[2] JENSEN, MACKLING. Theory of the Firm: Managerial Behavior, Agency Costs and Ownership Structure [J]. Journal of Financial Economics, 1976（3）：308.

[3] 陈天祥，郑佳斯. 双重委托代理下的政社关系：政府购买社会服务的新解释框架 [J]. 公共管理学报，2016，13（3）：36-48+154.

[4] 詹国彬. 需求方缺陷、供给方缺陷与精明买家——政府购买公共服务的困境与破解之道 [J]. 经济社会体制比较，2013（5）：142-150.

[5] 吕外. 政府购买公共服务过程中社会组织道德风险成因及防范——基于委托代理视角分析 [J]. 中国政府采购，2014（6）：72-74.

[6] 李洪佳. 超越委托代理——以"管家理论"重塑政府购买公共服务行为 [J]. 理论导刊，2013（12）：25-27.

[7] 敬乂嘉. 社会服务中的公共非营利合作关系研究——一个基于地方改革实践的分析 [J]. 公共行政评论，2011（5）：5-25.

在良好的合作关系[1]。但真实的情况是，政府购买服务市场可能存在供给者和需求者缺陷，为服务成功带来不确定性。政府作为服务需求方，存在公共服务难以准确定义、获取公共服务信息难度比较大、委托代理的复杂性导致监管失灵、多重代理导致价值目标的错位等"需求方缺陷"；社会组织、企业等作为服务供给方，存在现成的竞争市场不一定存在、卖方之间竞争水平比较低、卖方之间可能形成价格联盟、政府购买服务会产生负外部性问题等"供给方缺陷"[2]。能否避免或克服双方缺陷，直接影响政府购买服务结果的成败。公共服务改革过程中，政府要成为"精明的买家"，明确买什么、向谁买、如何买等重要议题，具备有效克服逆向选择、道德风险等问题的监控能力，处理由契约关系带来的委托代理问题，以协作方式协调合同双方的行为[3]，也需要适应平等协商式的市场化机制[4]，形成公私部门合同管理的能力体系。目前，我国地方政府很大程度上沿用传统组织的合同管理方式，忽视政府内部适应性的变革和政府职能的转变，合同签订和管理的效率较低[5]。同时，还存在合同战略规划缺乏整体性、文本管理呈现出谈判和签约形式化、协调能力较低、监督能力不足、重结果评估而轻过程评估等问题[6]。这需要进一步提升政府在战略规划、文本管理、关系协调、监督管理等方面的合同管理能力，以规避政府购买服务所出现的合同风险、提升政府购买服务绩效。

（四）多元合作下的部门协同治理

全球治理委员会把"治理"定义为各种公共的或私人的个人和机构管理其共同事务的诸多方式的总和，它是使相互冲突的或不同的利益得以调和并且采取联合行动的持续的过程。协同治理是指为解决共同的社

---

[1] 詹国彬. 公共服务逆向合同外包的理论机理、现实动因与制度安排[J]. 政治学研究，2015（4）：106-117.

[2] 詹国彬. 需求方缺陷、供给方缺陷与精明买家——政府购买公共服务的困境与破解之道[J]. 经济社会体制比较，2013（5）：142-150.

[3] 叶托. 契约管理：公共服务外部购买中的政府职能[J]. 广东行政学院学报，2013，25（4）：5-11.

[4] 曲丽涛. 公共服务合同外包视域下的公私契约治理探究[J]. 理论导刊，2017（4）：15-18.

[5] 明燕飞，盛琼瑶. 公共服务合同外包中的交易成本及其控制[J]. 财经理论与实践，2010，31（6）：93-97.

[6] 李金龙，张慧娟. 地方政府购买公共服务中合同管理能力的提升路径[J]. 江西社会科学，2016，36（5）：229-236.

会问题或实现共同目标，政府与企业、社会组织、公民等多方主体参与公共决策、达成合意、采取行动，并分别对结果承担相应责任[1][2][3]。协同治理具有治理主体多元化、根本目标的整合性、公共权力的分散性等特征，强调多元主体共享公共权力与资源、整合各个主体力量，共同为实现公共利益努力[4]。当代中国社会建设中，政府支持培育社会主体发展，综合运用行政管理、居民自治管理、社会自我调节等管理工具，构建多元治理、共建共享的社会建设模式[5]。在公共服务领域，政府部门、非营利部门、私人部门等部门内部或跨部门之间可以进行协同合作开展服务决策和生产。邓念国（2013）认为，因治理各方的基本目标一致，公共服务的协作治理具有生长和发展的空间和可能，而协作治理模式在公共服务提供中具有更好的绩效[6]。基本公共服务体系具有多重价值目标、涵盖不同程序和环节、涉及诸多利益相关者，协同治理能够容纳多元主体参与、发挥价值平衡的优势、实现必要的分工合作，是基本公共服务体系建设的必然选择[7]。在公共服务的递送过程中，各参与主体担任不同的治理角色，占据权威性、合法性、资金、组织能力、信息、土地、人力、社会资本等不同资源。以网络为基础形成组织之间某种程度的联结，实现合作治理，有助于实现公共服务供给的高品质、高效率、高获得性[8]。公共服务合作治理分为四种模式，即政府主导的共同承办模式、政府监管的服务外包模式、政府授权的非政府组织经营模式、政府补助的社会治理模式，其中政府监管的服务外包模式使用最为广泛[9]。

---

[1] 田培杰. 协同治理概念考辨［J］. 上海大学学报（社会科学版），2014，31（1）：124-140.

[2] 姜士伟. "协作治理"的三维辨析：名、因、义［J］. 广东行政学院学报，2013，25（6）：11-15.

[3] 李婷婷. 协作治理：国内研究和域外进展综论［J］. 社会主义研究，2018（3）：131-143.

[4] 颜佳华，吕炜. 协商治理、协作治理、协同治理与合作治理概念及其关系辨析［J］. 湘潭大学学报（哲学社会科学版），2015，39（2）：14-18.

[5] 郁建兴，任泽涛. 当代中国社会建设中的协同治理——一个分析框架［J］. 学术月刊，2012，44（8）：23-31.

[6] 邓念国. 公共服务提供中的协作治理：一个研究框架［J］. 社会科学辑刊，2013（1）：87-91.

[7] 马雪松. 结构、资源、主体：基本公共服务协同治理［J］. 中国行政管理，2016（7）：52-56.

[8] 唐德龙. 资源依赖、合作治理与公共服务递送——以深圳市阳光家庭综合服务中心项目运作为例［J］. 华东理工大学学报（社会科学版），2014，29（3）：88-97+104.

[9] 王家合，赵喆，柯新利. 公共服务合作治理的主要模式与优化对策［J］. 中国行政管理，2018（11）：154-156.

张振洋、胡振吉（2017）以上海市公共服务项目为例，认为公共服务中地方政府主导的项目制创新模式是政社合作治理的实现载体，即地方政府在项目体制中实现政府多线动员的同时，吸纳社会力量加入项目运作，通过政社合作提升项目运作绩效，公共服务供给的政社合作治理成为重要的选择[1]。

也有学者认为，我国公共服务供给还没有完全形成协同治理格局。敬乂嘉（2014）认为，政府购买服务并不等同于公共服务的合作治理，购买服务和合作治理是政社合作的两种基本形态。通过政府购买服务的授权与共同决策、社会组织在服务过程中进入社区治理结构，政府购买服务促进合作治理格局的建构，成为我国制度条件下培育合作治理的普遍性生长机制[2]。黄晓春等（2014）认为，条、块、党群等不同政府部门存在多重治理逻辑、构成"非协同治理"的制度环境。"条"的制度逻辑倾向于塑造社会组织基于政府目标的、事本主义特征的自主性形态，"块"的多目标治理逻辑塑造社会组织基于区域性需求的自主性形态，党群部门的"独特偏好"决定了社会组织基于"主流符号"生产过程的自主性形态。多层次的制度环境构成的非协同治理格局对社会组织必然造成多元化的影响[3]。"公私伙伴关系"是政府和社会组织在公共领域合作的理想类型。然而，理想的公私伙伴关系并不能完全代表中国实践，"伙伴关系"还是"伙计关系"，一直是政府和社会组织互动过程中面临的实际问题。

由于参与主体多元、权力关系复杂，公共服务协同治理复杂性增加，政府购买服务中必然存在协同治理的困难。唐德龙（2014）以深圳市阳光家庭综合服务中心项目运作为例，认为公共服务合作中治理角色较多，导致责任归属较为模糊。政府掌握财政、政策等关键资源，存在对其他公共服务参与主体的权力干预，这会导致社会组织自主性降低，公共服务的可持续不足[4]。夏志强、付亚南（2013）认为，公共服务多元主体合作供给存在诸多问题，如多元合作易导致的效率低下、公共伦理缺失、

---

[1] 张振洋，胡振吉.项目制创新模式：合作治理的实现载体——基于上海市公共服务项目的研究［J］.中国第三部门研究，2017，14（2）：85-113+183.

[2] 敬乂嘉.从购买服务到合作治理——政社合作的形态与发展［J］.中国行政管理，2014（7）：54-59.

[3] 黄晓春，嵇欣.非协同治理与策略性应对——社会组织自主性研究的一个理论框架［J］.社会学研究，2014，29（6）：98-123+244.

[4] 唐德龙.资源依赖、合作治理与公共服务递送——以深圳市阳光家庭综合服务中心项目运作为例［J］.华东理工大学学报（社会科学版），2014，29（3）：88-97+104.

责任模糊带来的问责困境、政府和社会独立性侵蚀[①]。王家合等（2018）认为，在公共服务合作治理中，政府监管不力的情况下，服务外包模式可能出现问题：一是私营企业在利益驱动下存在机会主义行为，降低公共服务质量；二是可能引发政府治理中监督缺失和问责失灵的严重问题；三是服务外包存在利益交易空间，容易带来寻租等腐败问题[②]。朱晓红（2016）以公益创投项目为例，分析社区公共服务的合作治理会面临的权力寻租风险、问责困境、社会组织能力制约等问题[③]，认为公共服务协同治理必须突破较多难点。而在公共服务多元合作供给下，政府应该扮演好"元治理者"的角色，具体包括公共服务多元供给的激活者、协调者、责任者，应该调整多元主体合作目标、提供多元主体合作的制度保障，减少多元主体目标与利益差异化的张力，促成公共服务的高效合作治理[④]。

随着公共服务协同治理的空间释放，社会组织作为独立、平等的主体参与公共服务供给的机会增多。多层次的制度环境塑造了当前公共服务型社会组织许多独特的发展特征。例如，专业服务能力提升，但公共性缺失；服务组织数量众多，但难以形成跨地区的合作网络；催生内在不稳定的社会组织自主性生产空间[⑤]。协同治理中的困境也会对社会组织的发展造成挑战。社会组织采取找项目、多行政区域注册、发展复合型组织结构、发展跨界资源汲取能力等多种行动策略[⑥]，参与公共服务治理。而不同的社会组织参与公共服务协同治理的概率有所差异。程远（2019）基于美国大城市中非营利组织在公园支出的数据集，调查了美国大城市非营利组织参与合作治理与公共服务规划和设计的决定性因素。当非营利组织成立时间更短、规模更大，在资源更丰富、更稳定的社区中运作时，它们更有可能参与合作治理；非营利组织参与合作治理的可

---

① 夏志强，付亚南. 公共服务多元主体合作供给模式的缺陷与治理[J]. 上海行政学院学报，2013，14（4）：39—45.
② 王家合，赵喆，柯新利. 公共服务合作治理的主要模式与优化对策[J]. 中国行政管理，2018（11）：154—156.
③ 朱晓红. 社区公共服务合作治理的风险与制度建设——以公益创投项目为例[J]. 湖南社会科学，2016（2）：90—94.
④ 李洪佳，沈亚平. 简政放权背景下政府"元治理"研究——以公共服务多元合作供给为视角[J]. 天津行政学院学报，2017，19（6）：10—16.
⑤ 黄晓春，嵇欣. 非协同治理与策略性应对——社会组织自主性研究的一个理论框架[J]. 社会学研究，2014，29（6）：98—123+244.
⑥ 黄晓春，嵇欣. 非协同治理与策略性应对——社会组织自主性研究的一个理论框架[J]. 社会学研究，2014，29（6）：98—123+244.

能性与社会资本水平和政府供给相应公共服务的能力呈负相关关系[①]。

（五）小结

每一种理论视角都有其认识事物的独特路径，在重点关注事物某一方面时，自然就忽略了其他方面的信息。重要的在于，寻找到对事物更具有解释力、更接近事物本质的理论视角和维度。现有政府购买服务研究的政社互动视角、制度环境视角、市场要素视角、协同治理视角，各自揭示了政府购买服务某一方面的内涵，但也存在着不足。

政府购买服务的政社互动视角关注到政府与社会组织互动的结构性背景及主体性互动，区分整体性视角下政府和多层级政府与社会组织的互动，发现政府与社会组织互相嵌入的微观机制及行政化力量的强势渗透，但缺乏从社会组织主体视角的讨论，未对社会组织进行分类型、分层级、分领域的区分，以致政社互动视角下的社会组织只有模糊的群像，丰富的差异性被掩盖；制度环境视角关注了我国社会组织所处的法律法规及不同层级政府构建的制度环境，以及环境对社会组织的影响，但对于我国政府购买服务制度环境和政策环境的分析过于笼统，无助于深入理解制度的复杂性，以及多重制度的冲突性和互补性；市场要素视角将政府和社会组织视为购买市场的基本主体，强调契约化、合同管理的规范化，忽略了购买服务的政治体制、社会文化背景；协同治理视角强调各主体的共同参与以及相对平等的治理权，对于"强政府、强社会"的实现有理论启示，但未对现实中各种限制进行充分讨论，也缺乏实证资料的逻辑论证，有主观推断与理想化之嫌。

整体而言，政社互动视角、制度环境视角、市场要素视角、协同治理视角等分析视角对社会组织内部的身份差异分析不足。我国社会组织的构成是纷繁复杂的，不同身份的社会组织和政府组成不同的互动关系，在政府购买服务中具有明显或潜藏的机会和限制。有必要区分社会组织身份，对政府购买服务所形成环境下的社会组织做更具体的分析。本研究试图分析政府购买服务的具体情境，并阐述具体情境下不同身份的社会组织的行为及社会组织的生态特征，分析政府购买服务对社会组织产生的影响。

---

① 程远. 探索非营利组织在公共服务供给中扮演的角色：从合作生产到合作治理 [J]. 治理研究，2019（4）：115—128.

三、研究对象与研究方法

（一）研究对象

本研究关注政府购买服务的组织环境对社会组织发展产生的影响。首先有必要对研究所涉及的"政府向社会组织购买公共服务""社会组织"和"政府部门"等概念做内容和范围上的界定。

1. 政府向社会组织购买公共服务

萨瓦斯认为，公共服务中存在安排者（或提供者）、生产者、消费者这三个基本的参与者。合同承包、特许经营、政府补助是公私合作最为基本的制度安排，各自具备一定的适用范围[①]。我国政府购买服务的概念，基本上延续了"合同承包"的内涵。有学者强调"购买"的程序化过程，认为"政府购买服务"是政府将原来由自己直接举办的、为社会发展和人民生活提供服务的事项，通过"购买"服务等方式交由社会组织来承接，是一种"政府承担、定向委托、合同管理、评估兑现"的新型的公共服务提供方式[②]。有学者强调"购买"的交易属性，认为"政府购买服务""政府向社会组织购买公共服务"，是指政府将原本直接提供的公共服务事项，通过直接拨款或公开招标方式，交给有资质的社会服务机构来完成，最后根据择定者或者中标者所提供的公共服务的数量和质量，来支付服务费用[③]。《国务院办公厅关于政府向社会力量购买服务的指导意见》（国办发〔2013〕96号）明确指出，"政府向社会力量购买服务，就是通过发挥市场机制作用，把政府直接向社会公众提供的一部分公共服务事项，按照一定的方式和程序，交由具备条件的社会力量承担，并由政府根据服务数量和质量向其支付费用"。这些概念主要强调的是政府应该"如何提供"公共服务的问题。也有学者认为，政府购买服务的概念在广义和狭义两个层面上交替使用，广义层面上，包含公办

---

① ［美］萨瓦斯. 民营化与公私部门的伙伴关系［M］. 周志忍，译. 北京：中国人民大学出版社，2003：74.

② 赵立波. 完善政府购买服务机制、推进民间组织发展［J］. 行政论坛，2009（2）：59—63.

③ 王浦劬，莱斯特·萨拉蒙，等. 政府向社会组织购买公共服务研究：中国与全球经验分析［M］. 北京：北京大学出版社，2010：4.

民营、民办公助、政府购买、项目资助、奖励等政府和社会组织之间资金往来的公共服务供给模式；狭义层面上，仅仅包括以公开招投标、以市场交换为特征，通过合同管理来运作的合作模式①。

本研究从狭义层面上定义"政府向社会组织购买公共服务"（下文简称"政府购买服务"）。政府购买服务是指政府把向社会公众提供的一部分公共服务事项，通过公开招投标的形式、遵循竞争原则，选择并交由适当的社会组织承担，并按照市场交易原则、运用合同管理的方式，考核服务成果、支付约定费用。具体而言，政府购买服务具备以下要素：第一，政府是购买方，政府购买服务的核心理念在于"服务的外部生产"，即政府不再作为直接提供公共服务的主体，而是成为公共服务的安排者和购买者；第二，政府购买服务的内容是为社会公众，而非为政府内部运行所需提供的公共服务；第三，承接政府购买服务的主体是社会组织，符合一定的资质要求，通过以公开招投标为主的形式、遵循择优录取的原则，确定承接政府购买服务的主体；第四，政府购买服务遵循市场交易的原则，按照合同的规定进行管理和考核成果、支付费用。

2. 社会组织

社会组织的概念也有广义和狭义之分。广义的社会组织包括社会团体、基金会、民办非企业单位、商会、社区基层组织、农村专业协会、工商注册非营利组织、境外在华非政府组织（NGO）、人民团体、事业单位、社会企业等②。狭义的社会组织是指根据现行法规在各级民政部门登记注册的社会团体、民办非企业单位和基金会。

本研究无意对所有类型的社会组织进行分析，而主要关注参与政府购买服务的狭义的社会组织。这些社会组织多数类型是民办非企业单位，一部分是社会团体，在政府购买服务中作为公共服务的提供方。从功能和受益者的角度来讲，它们基本上属于服务类公益组织。基金会作为社会组织的类型之一，在公益领域作为资金资助者和项目运作者的角色，现实中较少参与政府购买服务。因而，本研究没有把基金会纳入研究范围。

---

① 胡薇. 购买服务还是政府资助——政府向社会组织购买服务的实践含义 [J]. 北京科技大学学报（社会科学版），2013（4）：91—94.

② 王名. 中国民间组织 30 年（1978—2008 年）：走向公民社会 [M]. 北京：社会科学文献出版社，2008：3.

3. 政府部门

从中央政府到地方政府，政府购买服务已成为广泛的政社互动的制度安排。中央政府和地方政府在公共服务提供方面的角色差异一直存在，两者在推动政府购买服务发展方面所起的作用也不同。中央政府出台相关的法律法规、政策文件，肯定某种实践的成功，使得该项实践在全国范围推行，政府购买服务也经历了这样的过程。从上海、广东等地实践开始，到国务院发文，政府购买服务如火如荼地在全国各地推演开来。中央政府的政策规定构成了政府购买服务的宏观环境之一。地方政府作为公共服务的具体提供者，存在于市级、区县、街镇等不同管理层级。每个层级在政府购买服务中的角色、受到购买服务的影响也不同。在地方政府层面上，政府购买服务更具复杂性。

此外，地方政府行动体系中又可识别出三类制度主体，即"条""块"和党群部门。所谓"条"，是指从中央到地方各级政府中业务内容性质相同的职能部门，包括公安、劳动、绿化、民政等部门；所谓"块"，是指由不同职能部门组合而成的各个层级的地方政府，通常包括省、市、县、乡（镇），城市的街道办事处作为区政府的派出机构通常也被视为城市基层管理的"块"上机构；党群部门，这一制度主体容易被忽略，在购买实践中，党群部门通常嵌入"条""块"，包括组织、宣传、统战、工青妇等党群[①]。

本研究把中央政府与地方政府、地方政府中的"条""块"及党群部门作为区分维度，但各有侧重、有所取舍。中央政府的行为构成购买服务的宏观环境和制度背景，地方政府购买服务对社会组织的影响是本研究的重点。与此同时，目前地方政府购买服务仍以"条""块"为主，党群部门购买服务常常嵌入"条""块"的购买实践，本研究将以地方政府中的"条""块"为主，探讨政府购买服务的组织环境和社会组织发展。

（二）研究方法

本研究的研究方法包括文献分析、深度访谈、参与观察、个案研究与定性比较分析方法。

1. 文献分析

文献资料主要来自学校图书馆的中英文数据库资源、已经公开出版

---

① 黄晓春，嵇欣. 非协同治理与策略性应对——社会组织自主性研究的一个理论框架[J]. 社会学研究，2014（6）：98-123.

的中英文研究书籍和期刊论文、政府统计资料，以及"上海市公益招投标"网站上公布的中标项目信息，如项目招标书、中标社会组织名录、中标项目名称与资金额度，"上海社会组织公共服务平台"网站上公布的社会组织年检报告、上海市承接政府购买服务社会组织推荐目录等。需要说明的是，已有多名学者对上海政府购买服务进行研究，研究资料中有大量相关的访谈原文，这些访谈的一手资料在一定程度提供了佐证。

2. 深度访谈

本研究以半结构化的方式访谈与政府购买服务相关的政府官员、社会组织从业人员，如上海市社区服务中心、浦东新区民政局、浦东新区社区建设指导中心、静安区社会建设办公室、杨浦区民政局、杨浦区社会组织服务中心等市区两级工作人员，中标的社会组织、第三方评估机构、社区的项目专管员及居委会工作人员等。访谈资料是本研究最重要的资料来源，用于分析政府购买服务的环境和社会组织发展。在浦东新区政府购买服务调研中，本研究对浦东新区 2011 年度社区公益招投标项目 29 家中标社会组织进行面对面访谈，了解购买项目的实施情况及购买服务对社会组织所产生的影响；对上海 ZZ 社区服务社、浦东新区 EA 协会、浦东新区 QC 公益服务社、上海 XT 社区健康促进社、上海 HBJJ 养老服务社、上海 RX 社区服务中心、上海 LQ 社工服务社、浦东新区 XF 社区服务社、浦东新区 WA 社区服务管理中心、上海 GY 社工师事务所、HY 心理咨询工作室、上海 CHQ 公益社、浦东新区 CR 俱乐部等 13 家社会组织做了重点调研。在静安区政府购买服务调研中，本研究对上海 QA 健康促进中心、上海静安 GYCS 管理服务中心、上海静安区 QF 老年生活护理服务社、上海 QH 社区青少年发展促进中心等 4 家社会组织做了重点调研。在杨浦区政府购买服务调研中，本研究对上海 HXZJ 社工师事务所、上海市杨浦区 K 街道社区生活服务中心、上海市 YZ 社会工作发展中心等 3 家社会组织做了重点调研，并访谈了上海 YL 公益事业发展中心项目评估和财务评估人员，了解上海市承接政府购买服务的社会组织项目管理和财务管理状况。

3. 参与观察

通过参加上海浦东新区社区公益招投标、静安区与杨浦区政府购买服务的项目评估、中标社会组织交流沙龙等活动，参与政府购买服务相关的研讨会，观察政府购买服务中政府官员与社会组织从业人员的互动方式，获取访谈无法获得的潜在动机、观点、态度等，用以补充和印证从访谈资料中所得出的政府购买服务的环境和社会组织发展关联。

4. 个案研究

本研究以上海市政府购买服务为研究对象，重点分析浦东新区社区公益招投标政府购买服务，浦东新区T街道、W街道、Y街镇、C镇四个街镇政府购买服务，以及静安区和杨浦区政府购买服务，探究上海市政府购买社会组织服务的组织环境和社会组织发展。选择上海市政府购买服务为研究对象，理由在于：

（1）上海市是社会组织发展规模较大的城市。截至2015年底，上海共计有社会组织13355家，其中社会团体4003家、民办非企业9082家、基金会270家[①]；从2005年起，十余年间上海社会组织总数量增长76.7%。上海市每万人户籍人口拥有社会组织9.2家，全市社会组织净资产为350多亿元，年度收入超过360亿元，年度支出超过330亿元，约占上海GDP的1.4%；社会组织工作人员超过27万人，其中专职工作人员21.6万，约占全市各个行业从业人员的1.9%。此外，上海还有在各个街道镇备案的社区活动团队2.3万[②]。社会组织已经成为上海经济社会发展中不可或缺的重要力量。

（2）上海市浦东新区政府购买服务起步较早，静安区和杨浦区政府购买服务发展较快。我国政府购买服务1995年发端于浦东新区，罗山市民会馆的政社合作受到学界和实务界普遍关注。浦东新区于2005年出台《关于促进浦东新区社会事业发展的财政扶持意见》等政策文件，为浦东新区社会组织的发展营造了较好的政策环境，也为政府购买服务的发展奠定了基础。2007年，浦东新区在我国各省市区级政府中最早出台政府购买服务的实施意见，开启了政府购买服务的制度化探索进程。经过十多年的发展，浦东新区政府购买服务的实践经验越来越丰富。静安区和杨浦区成为上海市推进政府购买服务的领先区县。静安区于2011年印发《上海市静安区关于政府购买社会组织公共服务的实施意见（试行）》，设立静安区政府购买社会组织公共服务评审委员会，评审委员会由区委区政府社会建设办公室、区民政局（区社团局）、区财政局、区监察局等部

[①] 上海市社会团体管理局. 2015年12月基本业务统计数据［N/OL］. 上海社会组织网站，2016-01-06. http://www.shstj.gov.cn/Info.aspx?ReportId=27714561-add6-4654-95d1-72b6bca0273f.

[②] 上海科学技术开发交流中心，上海交通大学第三部门研究中心. 2015年社会组织创新与发展上海高峰论坛会议，上海市社会团体管理局曾永和副局长发言，2015-12-17.

门和相关领域专家等组成,开始购买公共管理领域、社区服务领域、社会事务领域的公共服务。杨浦区于 2012 年印发《杨浦区政府购买社会组织公共服务实施办法(试行)》,成立区政府购买社会组织公共服务联席会议,由区政府分管领导担任召集人,多个区级职能部门为成员单位。购买范围包括社会服务领域、社会事务领域、其他需要社会组织参与的公共管理或公益服务事项。静安区和杨浦区政府购买服务都在区委区政府层面进行较高位的顶层设计,将多个政府部门纳入政府购买服务制度设计,为整体推进政府购买服务奠定了基础,促进了区级政府购买服务的发展。

(3)上海市社会组织发展的组织生态较为成熟。从公益产业链的角度来看,社会组织存在不同的位置和功能。公益产业链的上游是基金会,是提供资金资助的社会组织;中游是支持型、枢纽型、具有示范效应的社会组织;下游是丰富多样的社区操作性、实务型、服务型的社会组织。在浦东新区、静安区、杨浦区,公益产业链的上游、中游、下游已经初步形成,出现了一批在上海市、甚至全国知名的社会组织。例如,上海真爱梦想公益基金会、上海联劝公益基金会、恩派公益组织发展中心、上海映绿公益事业发展中心、上海市静安区社会组织联合会、上海乐群社工服务社。功能不同的社会组织,构建了丰富的行业生态。从社会组织的生成路径看,既有社会人士所创办的社会组织,也有政府人员主导成立的社会组织。从社会组织的发展阶段看,存在初创期、发展期、成熟期等不同阶段的社会组织。不同功能、身份与发展阶段的社会组织,都参与到上海市政府购买服务中。

从购买服务的组织环境,到购买服务的承接主体,上海市的情况在一定程度上体现了我国政府购买服务和社会组织发展的状态和趋势。对上海市政府购买服务做整体探讨,有助于增进对我国政府购买服务和社会组织发展的认识。

5. 定性比较分析方法

社会学家 Ragin(1987)率先发展了定性比较分析方法(Qualitative Comparative Analysis,简称 QCA)[①]。QCA 采用整体的视角,开展案例层面比较分析,将每个案例视为条件变量的"组态",通过案例间比较,找到条件组态与结果间的因果关系。本研究运用 QCA 方法对 30 个政府

---

① RAGIN, C C. The comparative method. Moving beyond qualitative and quantitative strategies [M]. Berkeley, Los Angeles, and London: University of California Press, 1987.

购买服务项目进行分析，从政府购买服务的组织资源和社会组织行为两个层面设定条件变量，以政府购买公共服务质量为结果变量，探讨影响政府购买公共服务质量差异的影响因素及作用机制。

四、内容大纲

本研究主要分析政府购买服务的组织环境及对社会组织发展产生的影响。本研究的内容安排如下：

第一章是绪论。本章介绍研究背景，阐释本研究试图解答政府购买社会组织服务中形成怎样的政府与社会组织互动关系这一根本问题，讨论政府购买服务构成怎样的组织环境、承接政府购买服务的社会组织呈现怎样的行为与组织间关系、政府购买服务对社会组织发展产生什么影响等。在以往研究的基础上，确定以上海市政府购买服务为研究对象，探讨政府购买服务对不同身份社会组织发展的影响。

第二章是理论基础和分析框架。本章以组织的新制度主义和资源依赖理论为基础理论，梳理两大组织理论对组织环境、组织场域、制度逻辑和行动策略等重要内容的阐述。运用基础理论作为分析工具，本研究把购买场域、组织环境、主导逻辑、组织身份及行为等作为研究分析的重点，并说明研究的分析逻辑。

第三章是政府购买服务场域的外部环境。本章没有直接分析政府购买服务所形成的组织环境，而是分析政府购买服务场域所面临的大的社会背景。在对已有研究成果进行梳理的基础上，本章从政府职能转移、地方公务员行为逻辑、政府与社会组织互动关系三个方面，阐释政府购买服务场域的外部环境。

第四章是政府购买服务场域的制度演变。本章把上海市政府购买服务的制度发展分为三个阶段，即1995—1999年"单点的制度创新"、2000—2008年"局部的制度探索"、2009年至今"整体的制度发展"三个阶段。分别讨论各个阶段，政府作为制度创业者所面临的主要问题、推进政府购买服务制度化进程的行动路径，以及政府购买服务场域的演化发展。

第五章是政府购买服务场域的组织环境。本章从政府购买服务的基本要素，即市场、规则体系和产业发展的角度，把政府购买服务的组织环境分为资源环境、制度环境和技术环境。分析政府购买服务三大环境的基本情况、给予不同身份社会组织的机遇和限制，以及环境对组织的作用机制。

第六章是政府购买服务场域的组织行为。本章讨论在政府购买服务环境下，社会组织为了获取政府资源、占据购买场域中有利位置所采取的组织行为。总体上，由于受到主导制度逻辑的影响不同，承接服务的社会组织呈现出行政化、社会化、专业化、市场化等行为特征。

第七章是政府购买服务场域的组织间关系。本章分析政府购买服务中社会组织之间互动中的单独作战、体系集成、地域综合以及组织枢纽模式。讨论社会组织行动视角下政府与社会组织形成的依赖关系、多元关系、分工关系、借力关系，以及因社会组织身份差异而在场域中出现的差序格局现象。

第八章是政府购买服务场域的组织生态。本章从社会组织生态层面进一步分析政府购买服务对社会组织的影响。从场域成员的数量与类型、成立与入场时间、人力资源水平等方面，描述分析政府购买服务场域的组织基本状况，发现政府主导构建的政府购买服务场域出现场域固化、资源集中到大户型社会组织的现象，并对相关现象进行初步解释。

第九章是政府购买服务的组织环境与社会组织行为对公共服务质量的影响。本章运用定性比较分析方法，从组织环境和组织行为的维度，探讨导致政府购买服务高质量与非高质量实现的路径。研究发现，实现政府购买服务高质量的条件组态分别呈现"组织环境—组织行为"平衡型、"组织环境"导向型特征；而社会组织缺乏管理能力或组织资源的问题，则导致政府购买服务出现非高质量结果的情况。

第十章是结论。本章对各章节的主要内容进行总结，从政府购买服务场域结构发展、政府购买服务"资源—制度—技术"综合环境构建、社会组织在个体、组织间关系及生态发展等方面得出基本结论，并分析本研究的创新之处和不足。

第二章 基础理论与研究思路

组织和环境之间的关系,一直是组织研究的重点。运用组织相关理论可以对社会组织发展与政府购买服务的组织环境的关系做出有力的解读。本研究以组织新制度主义和资源依赖理论为理论基础,梳理两大理论重要观点,在此基础上建立本研究的主要思路和主体部分的分析框架。

一、基础理论:组织新制度主义和资源依赖理论

20世纪70年代,新制度主义的视角被引入组织研究中,取得了丰富的研究成果,形成了"组织分析的新制度主义"这一研究路径,简称"组织制度学派"。组织制度学派具有明显的社会学色彩,强调共同的规则系统对行动的建构,以及对秩序得以建立可能的推动。[1] 约翰·迈耶、林恩·G. 朱克尔、保罗·J. 迪马吉奥与沃尔特·W. 鲍威尔、W. 理查德·斯科特等是组织制度学派的重要代表人物。而资源依赖理论是20世纪70年代后组织研究的另一重要理论派别。其代表人物杰弗里·菲佛和杰勒尔德·R. 萨兰基克在其著作《组织的外部控制——对组织资源依赖的分析》中分析了组织和资源环境的有关问题。组织制度学派和资源依赖理论有很多相似之处,但两者在环境决定论、战略选择、外部限制条件和内部动力机制之间的联系等方面存在差异。本研究以组织制度学派和资源依赖理论为理论基础,用组织制度学派的"组织场域"来解读组织的制度结构环境对组织生态层的影响;用资源依赖理论的"资源环境"来解读组织的资源需求和组织与环境之间的依赖关系。

---

[1] [美]鲍威尔,迪马吉奥. 组织分析的新制度主义 [M]. 姚伟,译. 上海:上海人民出版社,2008:16—17.

（一）组织环境：制度合法性与组织资源

组织产生和生存于一定的环境中。组织制度学派认为，现代正式组织产生于高度制度化的环境，为了获得生存和成功，组织在职位、政策、规划及程序等正式结构要素上与环境保持制度同形，以获得制度合法性[1]。合法性机制的基本思想是，社会的法律制度、文化期待、观念制度成为被人们广为接受的社会事实，具有强大的约束力量，规范着人们的行为[2]。组织的制度性同形变迁源于政治影响和合法性问题的强制性同形，源于对不确定性进行合乎公认的反应的模仿性同形以及与专业化相关的规范性同形[3]。但值得注意的是，组织整合外部的制度结构因素，并不直接带来组织内部的效率提升，甚至会损害组织的经济或生产。制度化组织在制度合法性与组织效率之间存在结构性矛盾，导致组织正式结构与实际生产活动之间的脱耦现象[4]，制度结构要素和技术生产要素分离。

资源依赖理论认为组织植根于相互联系的资源网络中。组织所需要的各种资源，包括财政资源、物质资源以及信息资源，都是从环境中得到的，因此组织不得不依赖这些资源外部提供者。组织生存的关键是获取和维持资源的能力[5]。相比于组织制度学派强调组织环境中的社会规则、社会价值和社会期望等文化因素，资源依赖理论更重视组织环境的物质条件。

（二）组织场域：组织的制度生活领域

组织场域是组织制度学派的重要概念。迪马吉奥等指出，"组织场域是指那些由组织建构的、在总体上获得认可的一种制度生活领域，这些组织包括关键的供应者、资源和产品消费者、规制机构以及提供类似服

---

[1] ［美］迈耶，罗恩. 制度化的组织：作为神话与仪式的正式结构 [J] // ［美］鲍威尔，迪马吉奥，姚伟，译. 组织分析的新制度主义 [M]. 上海：上海人民出版社，2008：54.

[2] 周雪光. 组织社会学十讲 [M]. 北京：社会科学文献出版社，2003：74.

[3] ［美］迪马吉奥，鲍威尔. 关于"铁笼"的再思考：组织场域中的制度性同形与集体理性 [J] // ［美］鲍威尔，迪马吉奥，姚伟，译. 组织分析的新制度主义 [M]. 上海：上海人民出版社，2008：72.

[4] ［美］迈耶，罗恩. 制度化的组织：作为神话与仪式的正式结构 [J] // ［美］鲍威尔，迪马吉奥，姚伟，译. 组织分析的新制度主义 [M]. 上海：上海人民出版社，2008：60.

[5] ［美］菲佛，萨兰基克. 组织的外部控制：对组织资源依赖的分析 [M]. 闫蕊，译. 北京：东方出版社，2006：2.

务或产品的其他组织"①。上述概念把组织作为一个分析单位,关注一个制度生活领域中相关行动者的整体性。组织场域的思想连接了组织行动者与制度结构这两个重要的方面,推动了制度形成过程和组织研究。斯科特提出了与"组织场域"相类似的概念——"社会部门"。他把"社会部门"界定为:①一种运行于同一领域的组织集合,这些组织根据其在服务、产品或功能上具有的相似性而确定身份;②对核心的焦点组织的绩效产生关键性影响的组织,如重要的供应商和消费者(购买商)、所有人和调节管理者、金融资源提供者和竞争者②。社会部门的边界是根据其功能而非地理上的边界概念来确定的。社会部门是由功能上相互联系的组织单元构成的,即使这些组织单元在地理上相距遥远也仍可以构成一个社会部门。在组织场域中,存在着不同的生产类似服务或产品的组织群落,如政府规制机构、不同的产品供应商。组织场域是组织制度分析的重要单位。组织场域的概念使得组织所面临的"环境"因素更加明确和清晰。

组织场域的结构性特征可以从制度化程度、碎片化程度、中心化程度等几个维度加以分析。评价场域结构化的具体指标包括:场域中组织间互动程度、组织之间互通信息的情况及信息量大小、组织之间明确的支配模式和联盟模式的出现(或者说,不同层次的组织之间的中心—边缘位置分布)、从事同一事业的系列组织中的参与者相互知悉的过程③、指引场域中的各种"流"的制度逻辑的一致性、场域中种群内部结构同形④、场域中组织集合结构等同的程度日益增加以及场域边界日益清晰等⑤。随着场域制度轮廓的出现,一个场域就形成了。根据场域发展的程度,场域区分为"新兴场域"和"成熟场域"。新兴场域与成熟场域的关键区别在于,成熟场域中出现有秩序的内部组织关系,如

---

① [美]迪马吉奥,鲍威尔. 关于"铁笼"的再思考:组织场域中的制度性同形与集体理性 [J] // [美] 鲍威尔,迪马吉奥,姚伟,译. 组织分析的新制度主义 [M]. 上海:上海人民出版社,2008:70.
② [美]斯科特,迈耶. 社会部门组织化:系列命题与初步论证 [J] // [美] 鲍威尔,迪马吉奥,姚伟译,组织分析的新制度主义 [M]. 上海:上海人民出版社,2008:127.
③ [美]迪马吉奥,鲍威尔. 关于"铁笼"的再思考:组织场域中的制度性同形与集体理性 [J] // [美] 鲍威尔,迪马吉奥,姚伟,译. 组织分析的新制度主义 [M]. 上海:上海人民出版社,2008:70.
④ 例如:各个组织都采用可选择的、但有限的几种组织原型,进行有限的几种可选择的集体活动形式。
⑤ [美]斯科特. 制度与组织——思想观念与物质利益(第3版)[M]. 姚伟,王黎芳,译. 北京:中国人民大学出版社,2010:199.

场域中组织之间的互动有可辨识的模式以及明晰的制度基础。成熟场域越是固定，竞争性制度逻辑在场域层面越明晰，对于组织而言，制度复杂性降低，制度要求更加容易达到预期。相较于成熟场域，新兴场域中的制度安排具有不确定性，合法性的界定、成员关系和边界构成等制度规则较为模糊、没有形成共识。新兴场域具有高度可渗透性，容许场域外部行动者带着源于其他场域的制度逻辑进入，使得该场域的利益平衡和逻辑等级秩序复杂化，因此，场域中缺乏一致的、可预测的制度逻辑，场域结构也具有不可预测的碎片化特征[1]。碎片化（fragmentation）是指场域中组织所依赖的合法性或物质资源的不协调成分（uncoordinated constituents）的数量。这意味着，一个高度碎片化的场域中，不同的制度逻辑是由不协调的组织或相关主体分别代表的。冲突性的制度要求更可能出现在碎片化的场域中，对组织施加压力。中心化（centralization）是一个场域的权力结构的特征，说明在场域层面出现了支配性的行动者，他们支持普遍运行的逻辑。这些强势的行动者包括规制性机构，他们通过法律权力强迫组织按某种方式行事；也包括主要的资助者，他们通过资源依赖关系占据支配地位；还包括教育性或专业性组织，他们通过社会化和资质认定过程影响组织行为。高度中心化的场域明显地依赖于一个主要的成员，在这个场域内，这个成员的权威被认可和制度化。这样的中心行动者具有合法性和权威去仲裁和解决不同行动者之间的潜在争议，能对组织施加相对一致的要求。相比较而言，去中心化场域的制度化程度很弱，以能够限制组织行为的支配性行动者缺位为特征。在这样的去中心化场域，制度压力相对较弱，假如制度是不相容的，他们很容易被忽略或被组织挑战，因为制度的代表没有能力去监督他们。更复杂的场域是适度中心化的场域，其特征是多元的，方向偏离的行动者并不占支配地位，然而也能对组织施加有效的影响。Pache 与 Santos 认为，高度碎片化、适度中心化的结构极有可能对组织施加冲突性的制度要求；而碎片化、适度中心化的场域结构非常普遍，在生物科技、博物馆、歌剧院、药物滥用治疗中心等不同

---

[1] Greenwood Royston, Raynard Mia, Farah Kodeih, Evelyn R. Micelotta, & Lounsbury Michael. Institutional Complexity and Organizational Responses [J]. The Academy of Management Annals, 2011, 5 (1): 317-371.

的场域中都有发生[①]。

(三) 制度逻辑：行动者的规则体系

"制度逻辑"的概念最早在1985年由罗伯特·R. 阿尔弗德与罗格尔·弗利南德引入组织的制度分析，被用来刻画现代西方社会中内在的矛盾性实践和信念[②]。他们从文化层次进行研究分析了制度逻辑对于制度性秩序存在的重要意义。他们认为，"在当代西方社会中存在的各种重要的制度秩序，都会根据各自的中心逻辑——物质性实践与符号结构系列，建构其组织原则，促进组织与个人的发展"[③]。制度是物质实践，也是符号系统。资本主义市场、科层制政府、民主、核心家庭和基督教等具备不同的制度逻辑，而不同的制度逻辑之间存在潜在的矛盾。

Thornton与Ocasio扩展了罗格尔·弗利南德等人对制度逻辑内涵的界定，认为"制度逻辑是由社会建构的物质实践、假设、价值、信仰、规则等历史模式，个体遵循这些模式生产和再生产他们的物质生活，组织时间和空间，并赋予社会事实以意义[④]"。制度逻辑既是物质性的，也是符号性的；既存在于宏观层面，也同时存在于产业层面和组织层面。制度逻辑提供了决策者行动、互动和理解的正式和非正式规则，这些规则构建了一套如何理解组织现实、适当行为、成功路径的假设和价值体系，指导和限制了组织决策者完成组织任务，获取社会地位、声誉、奖惩等过程。简单而言，制度逻辑是文化信念与规则，塑造了行动者的认知和行为。

研究者往往在场域或社会部门的概念里来谈论制度逻辑，如职业、公司、市场、国家、家庭、宗教等个体和组织遵循共同的价值和规则而互动。早期的研究者往往认为，有一个主导性的制度逻辑为行动者提供表达、身份、行动模式等方面的指导。制度变迁意味着一种主导性的制

---

① Pache Anne-Claire, & Santos Filipe. When Worlds Collide: The Internal Dynamics of Organizational Responses to Conflicting Institutional Demands [J]. Academy of Management Review, 2010, 35: 455-476.

② 毛益民. 制度逻辑冲突：场域约束与管理实践 [J]. 广东社会科学, 2014 (6): 211-220.

③ [美] 弗利南德, 阿尔弗德. 把社会因素重新纳入研究之中：符号、实践与制度矛盾 [J] // [美] 鲍威尔, 迪马吉奥, 姚伟, 译. 组织分析的新制度主义 [M]. 上海：上海人民出版社, 2008: 271.

④ 毛益民. 制度逻辑冲突：场域约束与管理实践 [J]. 广东社会科学, 2014 (6): 211-220.

度逻辑被替代，另一种制度逻辑成为主导。所以，制度逻辑的冲突是暂时的，最终会有某一种制度逻辑占据主导地位。Hoffman 结合组织场域的概念，试图建立框架来分析场域和制度是如何共同演变的[①]。他认为，场域不是围绕着共同的技术或产业形成的，而是围绕着能够把不同目的、多元的组织聚集到一起的问题形成的。在场域中，在某一特定时期，制度的规制性、规范性和认知性三要素的某一要素可能占据着主导地位，但是三个要素仍同时并行且相互联系。同时，他指出要充分理解场域中制度的动态复杂性，不仅要把握位于场域中心的主导性制度，还需要分析位于场域中其他组织群落中的竞争性制度。场域时刻处于动态过程中，当有导火索事件使场域中成员互动模式和权力平衡重构时，新的竞争性制度会形成甚至成为主导性制度。制度变迁是一种制度逻辑主导演变为另一种制度逻辑主导的运动。尽管其他制度逻辑也存在于场域中，但是只有占主导的制度逻辑才指导行动者行为[②]。

近期研究则认为，不同的制度逻辑可以同时发挥作用，某一制度逻辑成为主导性逻辑，并不意味着其他制度逻辑丧失了阵地。Reay 与 Hinings 对 1994—2008 年加拿大亚伯达省健康照护领域进行了研究[③]，发现该领域存在医疗专业主义和商业照护主义两种竞争性制度逻辑。每一种逻辑都具有不同的组织原则，要求场域中的行动者采取不同的行为模式。Dunn 与 Jones 对 1910—2005 年美国医疗教育领域的研究，发现"照料"逻辑和"科学"逻辑共同发展，两种逻辑同时存在，有时保持平衡，有时打破平衡，二者位于一种难以解决的张力中[④]。以多元制度逻辑为特征的制度环境常常是碎片化的，充满着冲突性的需求。在不同群体试图坚持各自利益、改变主导场域规则时，多重制度逻辑会阻碍各群体之间达成共识。

[①] HOFFMAN ANDREW J. Institutional Evolution and Change: Environmentalism and the U. S. Chemical Industry [J]. The Academy of Management Journal, 1999, 42 (4): 351−371.
[②] GREENWOOD ROYSTON, SUDDABY ROY, & HININGS C. R. Theorizing Change: The Role of Professional Association in the Transformation of Institutionalized Fields [J]. Academy of Management Journal, 2002, 45 (1): 58−80.
[③] REAY TRISH, & HININGS C. R. (BOB). Managing the Rivalry of Competing Institutional Logic [J]. Organization Studies, 2009, 30 (6): 629−652.
[④] DUNN MARY B., & JONES CANDACE. Institutional Logics and Institutional Pluralism: The Contestation of Care and Science Logics in Medical Education, 1967−2005 [J]. Administrative Science Quarterly, 2010, 55: 114−149.

（四）行动策略：组织对环境的回应

虽然组织制度学派强调制度环境对于组织行为的塑造，但是作为组织场域中的行动者，组织并不是被动地由场域结构所塑造，也不是制度逻辑的单向输送者和执行者。组织有自身的组织原则和利益诉求，他们会采取相应的行动策略，试图改变自身在组织场域中的位置，获取组织最大化的利益，并推动场域的生产、调整和再生产。而资源依赖理论下的组织更是积极主动的行动者，组织的许多行为是针对所在的组织环境中其他组织的反应做出的，组织会以增选机制、设立合资企业、建立组织联盟等方式来管理自我行动策略，以增强其独立性和追求自己的利益[①]。

Oliver 运用制度主义与资源依赖理论的综合视角，提出了组织对于制度过程的策略性回应的分析框架（见表 2.1）[②]。他把组织对制度压力的回应策略分为默许策略、妥协策略、回避策略、对抗策略、操纵策略五种类型，每一种类型都有不同程度的具体手段。而对于组织所面临的制度压力或者制度背景，Oliver 提出从原因、主体、内容、管理、环境五个维度分析组织回应策略，总结每个制度因素涉及的核心问题，并提出预测制度压力对组织回应策略影响的程度。

表 2.1 组织对制度压力的回应策略

策略（strategies）	手段（tactics）	举例
默许 acquiesce	habit 习惯	跟随无形的、理所当然的规范
	imitate 模仿	模仿制度性模型
	comply 服从	遵守规则与接受规范
妥协 compromise	balance 平衡	平衡多元主体的期望
	pacify 安抚	安抚和适应制度要素
	bargain 议价	与制度主体协商
回避 avoid	conceal 隐藏	把不一致伪装起来
	buffer 缓冲	放松对制度的依附性
	escape 逃避	改变目标、行动或范围

[①] ［美］斯科特，戴维斯. 组织理论：理性、自然与开放系统的视角［M］. 高俊山，译. 北京：中国人民大学出版社，2011：277-278.

[②] Oliver Christine. Strategic Responses to Institutional Processes［J］. Academy of Management Review，1991，16（1）：145-179.

续表2.1

策略（strategies）	手段（tactics）	举例
对抗 defy	dismiss 搁置	忽略明确的规范和价值
	challenge 挑战	争辩规则和要求
	attack 攻击	攻击制度压力的源头
操纵 manipulate	co-opt 指派	引入有影响力的主体
	influence 影响	塑造价值和标准
	control 控制	支配制度性主体和制度过程

资料来源：Oliver, Strategic Responses to Institutional Processes, 1991。

Oliver 关于组织回应策略的分析框架对后续研究产生了重要影响，但该框架没有关注冲突性制度背景下组织对制度过程的回应策略。Seo 与 Creed 认为，制度性冲突在制度背景中是有目的行动的主要推动力。他们提出，社会结构的内在冲突提供了制度内外张力和冲突的持续来源，冲突重新塑造了组织行动者的意识、推动他们为缓解冲突采取行动。Pache 与 Santos 指出，组织常常处于多重的、充满冲突的制度环境中，研究需要结合组织内部的政治过程，分析组织面对冲突性制度压力的策略回应模型[1]。组织场域是塑造组织行动的具体场景，场域特征不同，对组织施加的要求也变化多样。相比其他场域类型，碎片化、适度中心化的场域结构更为普遍，更可能对组织施加冲突性的制度要求。Pache 与 Santos 把组织视为一个被制度压力塑造的、由不同价值、目标和利益的多元群体构成的复杂实体。制度冲突的程度与内部代表的差异相互作用，从而影响着组织的回应策略。当冲突性制度要求涉及目标而非手段时，组织采取更多的是抵抗性策略；当组织内部力量不同时，组织面对同一类型的制度冲突会有不同的反应。

Neil 特别关注的是，在不同的场域中，新来者和在位者如何占据更有利的位置，分别面临怎样的机会和采取哪些不同的策略[2]。他从制度创业者模型的角度提出制度理论中行动者角色的问题，把制度创业者界定为有社会能力的行动者，即有能力通过提供与其他行动者共同的意义

---

[1] PACHE ANNE-CLAIRE, & SANTOS FILIPE. When Worlds Collide: The Internal Dynamics of Organizational Responses to Conflicting Institutional Demands [J]. Academy of Management Review, 2010, 35: 455-476.

[2] NEIL FLIGSTEIN. Social Skill and Institutional Theory [J]. American Behavioral Scientist, 1997, 40 (4): 397-405.

与身份来达成合作。策略性行动是社会行动者建构和维持稳定的组织场域的尝试。不同群体所遵守的规则，在固定的时间里，涉及特定秩序的再生产。如果组织场域要形成并保持稳定，策略行动者在关注自身利益时，也必须考虑其他行动者的利益，即有技能的社会行动围绕着发现并维持一个社会群体的集体身份、努力塑造和满足其他群体的利益而循环。在新兴场域中，由于场域结构不清晰、规则不明确，策略行动者有很多机会，通过内部联合、在场域内建立稳定的协议、强化利益等手段，把各行动者联结在一起，从而占据自己的有利位置。在成熟场域中，场域固定、规则清晰，有权力的在职者和拥有较少权力的挑战者都有合适的定位。在职者有特定的工具，必须回应内部成员，继续递送利益给他们，并凭借与其他有权力的群体的关系来压制挑战者、维持群体内外部的稳定。根据组织场域的结构变化，行动者在场域中的位置不是一成不变的。随着时间的变迁，过去在场域边缘的行动者，可能逐渐走向场域的中心。而场域中的在位者或主导者总是试图维持已有规则和逻辑，从而保持场域的稳定性，以及自身在其中的主导位置[1]。

在对场域结构和行动策略进行结合时，场域中的行动者逐渐进入组织制度学派的视野。迪马吉奥最早将"制度创业"（institutional entrepreneurship）的概念引入组织研究中，强调行动者的主观能动性、利益和权力[2]。场域形成的过程，可被视为一个政治过程，是各种行动者围绕特定利益和目标进行互动和协商的过程；在场域形成过程中，主动带头制定规则、促进制度场域涌现的行动者被称为"制度创业者"[3]。现代社会中，政府机构和专业人士被认为是两类主要的生成制度规则的集体行动者，他们已经成为20世纪后半叶最大的制度化推动者。之后的研究者扩展了制度创业者的范围，认为制度创业者可以包括管制机构，如政府、证券交易委员会，专业协会如行业协会、企业联合会、非政府组织以及企业，

---

[1] 尹珏林，任兵. 组织场域的衰落、重现与制度创业：基于中国直销行业的案例研究[J]. 管理世界，2009，S1：13—26.

[2] DIMAGGIO, P. Interest and Agency in Institutional Theory [J]. In Zucker, L. (Eds.), Institutional Patterns and Culture, Cambridge, MA: Ballinger, 1988.

[3] CHILD, J., LU, Y., TSAI, T. Institutional Entrepreneurship in Building an Environmental Protection System for the People's Republic of China [J]. Organization Studies, 2007, 28 (7): 1013—1034.

特别是拥有资源或权力的企业[①]。斯科特则认为，制度创业者是这样的人或组织：他们会创造各种新的组织或新的产业，从事那些需要结合新技术的任务，同时设计新的组织形式和日常程序，开拓新的供应链和市场，从而获得认知性的、规范性的和规制性的合法性[②]。在我国政府购买服务的场域中，政府无疑是最重要的制度创业者，他们推动公共服务购买场域的发展，制定政府购买服务场域的制度框架和运作规则，并在一定程度上推动服务供应商市场的形成和发展。

制度创业者促进场域发展的行动路径包括：第一，制度创业者运用话语策略，通过生产话语和文本，影响制度之下的社会建构过程。具体的话语维度包括对组织化的衰落、现有失败的诊断和责任分配的"具体化"[③]，以及对正在推行的项目优于以往安排的"正当化"，包括制度创业者对现行制度去合法化，对潜在联盟和利益相关者的合法化[④⑤]。第二，制度创业者撬动和运用金融资产等有形资源，运用正式权威[⑥]、社会资本[⑦⑧]、合法性[⑨⑩]等无形资源，动员盟友、发起联盟和

---

① GREENWOOD, R., SUDDABY, R., HININGS, C. R. Theorizing Change: The Role of Professional Associations in the Transformation of Institutionalized Fields [J]. Academy of Management Journal, 2002, 45 (1): 58-80.

② [美]斯科特. 制度与组织——思想观念与物质利益（第3版）[M]. 姚伟, 王黎芳, 译. 北京：中国人民大学出版社, 2010: 106.

③ SUDDABY, R & GREENWOOD, R. Rhetorical strategies of legitimacy [J]. Administrative Science Quarterly, 2005, 50 (1): 35-67.

④ DÉJEAN, F., GOND, J. P. & LECA, B. Measuring the unmeasured: An institutional entrepreneur's strategy in an emerging industry [J]. Human Relations, 2004, 57 (6): 741-764.

⑤ DEMIL, B. BENSEDRINE, J. Process of legitimation and pressure toward regulation [J]. International Studies of Management and Organization, 2005, 35 (2): 58-79.

⑥ PHILLIPS, N, LAWRENCE, T. B. & HARDY, C. Inter-organizational collaboration and the dynamics of institutional fields [J]. Journal of Management Studies, 2000, 37 (1): 23-44.

⑦ MAGUIRE, S. & HARDY, C. & LAWRENCE, T. B. Institutional entrepreneurship in emerging fields: HIV/AIDS treatment advocacy in Canada [J]. Academy of Management Journal, 2004, 47 (5): 657-679.

⑧ DORADO, S. Institutional entrepreneurship, partaking, and convening [J]. Organization Studies, 2005, 26 (3): 383-413.

⑨ DURAND, R. & MCGUIRE, J. Legitimating agencies in the face of selection: The case of AACSB [J]. Organization Studies, 2005, 26 (2): 165-196.

⑩ RAO, H., MONIN, P. & DURAND, R. Institutional Change in Toque Ville: Nouvelle Cuisine as Identity Movement in French Gastronomy [J]. American Journal of Sociology, 2003, 108 (4): 795-843.

合作[①][②]，以打破现有的利益格局，实现制度性改变。第三，制度创业者设计新的制度安排，通过创造新的技术、认知规范和行为模式，促进新规则的扩散。在原有制度框架下，围绕着利益、权力、代理等关系，制度创业者在与其他制度主体不断协商中重新阐释制度规则，从而改造现有制度或创造新制度[③]。当拥有丰富资源的行动者在制度体系中看到实现利益的机会时，就可能主动采取策略以获取利益，这势必推动制度体系的新演化[④]。总之，每种现行框架都是对行动者策略的限制[⑤]。制度创业者通过不同的策略组合，重新调整场域中的利益格局和权力分配，推动场域的变化和发展。

二、研究思路

（一）重要概念界定

本研究关注的是政府购买服务的组织环境对社会组织发展的影响，以及社会组织为获取环境机遇和摆脱环境约束所做出的努力。本研究以组织制度学派和资源依赖理论为基础，分析框架中涉及以下几个重点概念。

1. 购买场域

本研究把政府购买服务视为一种制度和行动者互动实践的组织场域，政府部门、社会组织和其他组织是政府购买服务场域中的主要组织行动者。其中，政府部门是服务安排者和资金提供者，社会组织是服务供给者，其他组织（如招标代理、项目评估、财务审计等机构）是服务的中

[①] FLIGSTEIN, N. Social skills and the theory of fields [J]. Sociological Theory, 2001, 19 (2): 105－125.

[②] LAWRENCE, T. B. HARDY, C. & PHILLIPS, N. Institutional effects of interorganizational collaboration: The emergence of proto－institutions [J]. Academy of Management Journal, 2002, 45 (1): 281－290.

[③] DIMAGGIO, P. Interest and Agency in Institutional Theory [J]. In Zucker, L. (Eds.), Institutional Patterns and Culture, Cambridge, MA: Ballinger, 1988.

[④] GARUD, R, HARDY, C. & MAGUIRE, S. Institutional Entrepreneurship as Embedded Agency: An Introduction to the Special Issue [J]. Organization Studies, 2007, 28 (7): 957－969.

[⑤] HARDY, C. & PHILLIPS, N. No joking matter: Discursive struggle in the Canadian refugee system [J]. Organization Studies, 1999, 20 (1): 1－24.

介。政府购买服务场域中的政府部门、社会组织等主要组织行动者，形成组织群落的结构性特征。

2. 组织环境

本研究把政府购买服务的组织环境分为资源环境、制度环境和技术环境。资源环境主要是政府购买服务市场的物质条件和运行规则，涉及购买主体数量和分布、购买资金的规模、购买市场的范围、购买服务的规则。制度环境主要是政府购买服务市场的制度体系，包括正式的制度性规定和非正式的潜在的实践规则。技术环境主要涉及政府购买服务的技术要素和专业要求，是受到政府部门的需求限制和社会组织的供给限制而形成的。

3. 制度逻辑

政府部门的制度逻辑和社会组织的制度逻辑是存在差异的，政府部门按照权力原则来运作，社会组织按照社会化原则来运作。在政府购买服务场域，政府部门和社会组织之间的制度逻辑有时会产生冲突、产生制度矛盾。不同的制度逻辑是具有竞争性的，占主导的制度逻辑支配组织行动者的行为。

4. 组织身份及行为

根据 Albert 和 Whetten 的定义，"组织身份"是组织成员对本组织自我参照性的定义，即回答"我们是什么样的组织"这一问题[1]。组织身份是理解多元制度逻辑、进行组织行为选择的重要视角。组织生态学认为，某种类型的组织一旦建立，它在创建时的基本结构特征会保持不变。组织形态还存在着惯性，这种惯性来自组织内部的沉淀成本、利益交织、习惯行为、外部的契约承诺和管理约束等，使得组织长期保持创建时的特征[2]。在组织属性、结构和演变机制等方面具有相似性的多个组织，构成了组织群落[3]。

结合我国社会组织的组织烙印，即从组织诞生时创办人身份、机构资金来源、机构运作的自主性，本研究认为社会组织内部分化为不同身

---

[1] ALBERT S, WHETTEN D A. Organizational Identity [J]. Research in Organizational Behavior，1985（7）：21—23.

[2] MICHAEL T. HANNAN, JOHN FREEMAN. Organizational Ecology [M]. Harvard University Press，1993.

[3] [美] 斯科特，戴维斯. 组织理论：理性、自然与开放系统的视角 [M]. 高俊山，译. 北京：中国人民大学出版社，2011：133—134.

份的组织群落，政府购买服务场域中的社会组织可分为官办社会组织、半官办社会组织与民办社会组织三类身份。官办社会组织主要指由政府（如街镇等基层政府、政府职能部门）完全出资创建，并负责拨付资金和决定人员任免的社会组织；半官办社会组织主要指政府在职人员兼任机构职务或者由政府退休人员创办，由于人员在体制内任职所积累的体制资源而有较为固定的政府购买服务的社会组织；民办社会组织主要指民间资本创办为主、社会人士创业、机构人员与财务等有自主决定权的社会组织。

对于组织身份的研究，一般关注超组织层面的集体性身份认知和解释场域内某一组织的组织行为模式两个层面。政府购买服务场域中的组织特征也是分层的。本研究从两个方面探究政府购买服务中的社会组织特征：一是从场域的结构层面考察购买场域的结构性特征，即从社会组织生态层面，如组织成员的规模、进入难易程度、不同身份组织的机遇差异、资源的集中化程度等考察研究；二是从场域中组织行为层面分析组织处于同一场域的具体行动选择。

（二）思路框架

本研究主要讨论的核心问题是，在政府购买服务场域中多重组织环境如何影响场域中具有身份差异的社会组织，使它在组织行为、组织间关系、组织生态层面呈现怎样的组织特征。本研究主体部分的分析框架如图2.1所示，具体的分析逻辑如下。

（1）政府购买服务的组织环境是复杂的。政府购买服务的资源环境存在高度部门化、碎片化、层次化的特征；制度环境具有以政府和社会组织的信任关系为基础，政府构建的制度文本和实践逻辑同时并行的多元特征；技术环境受到政府的需求限制和社会组织的供给限制，整体技术标准有待提升。

（2）政府的行政逻辑是主导性制度逻辑。政府通过确定项目需求、监管项目实施、评估项目绩效等机制和具体实践逻辑，集合规制性、规范性等制度要素，将行政逻辑渗透到社会组织体系中，为购买场域中存在身份差异的社会组织设定了组织行为的框架。

```
                          组织身份
                            ↓
      购买环境  ←——————————————————→  社会组织
                          作用机制
```

┌─资源环境─┬─需求方因素：资源碎片化
│   ├─供给方因素：市场发育不足
│   └─市场运作规则：行政逻辑主导
│
├─制度环境─┬─制度基础：信任关系的差序
│   ├─地方政府购买服务的制度逻辑与机制
│   └─基层政府购买服务的实践逻辑与机制
│
└─技术环境─┬─政府部门的需求限制
          └─社会组织的供给限制

┌─组织行为─┬─行政化导向
│   ├─社会化导向
│   ├─专业化导向
│   └─市场化导向
│
├─组织间关系─┬─社会组织之间互动关系
│   └─政府与社会组织之间互动关系
│
└─组织生态─┬─购买场域的组织固定化
          └─购买场域的大户型组织出现

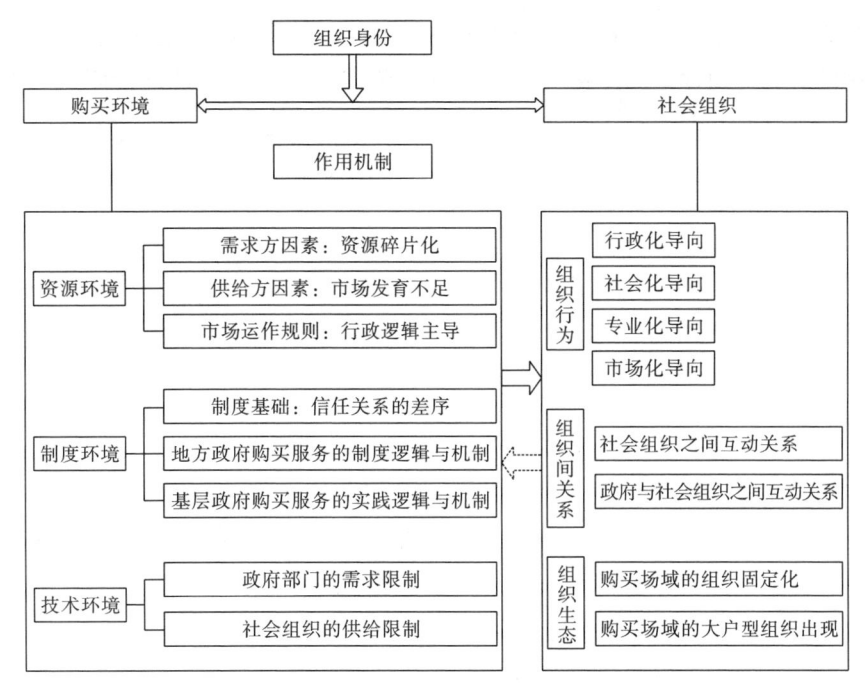

图 2.1 本研究主体部分的分析框架图

（3）场域中的社会组织具有能动性。虽然场域中存在多重组织环境和多元制度逻辑，但是多重组织环境为社会组织活动提供了空间，不同制度逻辑之间具有一定的兼容性。当不同制度逻辑之间的结构关系清晰时，即场域中形成主导性制度逻辑时，社会组织会判断制度逻辑的优先次序，以主导性制度逻辑为主，整合或暂时忽略其他的制度逻辑，以获取场域中的资源和有利位置。

（4）场域中社会组织的发展是多方面的。单个社会组织的行为体现它在组织环境中的个体能动性；不同社会组织之间、政府与社会组织之间的互动关系，体现场域中各行动者的组织利益、力量对比与相互影响，以及形成的主体格局；组织生态层面的总体结构性特征，则是单个组织以及组织间互动的综合产物，预示着组织未来的发展方向与风险。

（5）场域中组织个体行为具有差异性，但也呈现出场域中社会组织的总体性特征。在同一购买场域和组织环境中，具有不同组织特点的社会组织，在创立和发展过程中形成独特的自我身份，这种身份差异影响了个体社会组织的理性和行为选择。不同的组织在发展路径上表现出明显的多样性。但政府购买服务场域具有其结构性和突生性特点，场域一旦确定，就会出现一种强大而不可抗拒的力量，推动政府购买服务场域中的社会组织逐渐同形化①，并在社会组织生态层出现总体性特征。

---

① ［美］迪马吉奥，鲍威尔. 关于"铁笼"的再思考：组织场域中的制度性同形与集体理性［J］//［美］鲍威尔，迪马吉奥. 组织分析的新制度主义［M］. 姚伟，译. 上海：上海人民出版社，2008：69. 本章最初发表于《美国社会学评论》，1983年第48期，第147—160页。

第三章 政府购买服务场域的外部环境

政府购买服务场域的外部环境，是政府购买服务本身所处的环境与条件，是场域内政府部门、社会组织、社会公众等主要行动者的社会基础。本章没有直接分析政府购买服务所形成的组织环境，而是分析政府购买服务场域所处的社会背景。场域之外的环境及其运作规则，是场域内行动者行为的基础规范，直接或间接引导和约束场域内行动者。本章主要对已有研究成果进行梳理，从政府职能转移、地方公务员行为逻辑、政府与社会组织互动关系三个方面，分析政府购买服务场域的外部环境。

一、政府职能转移

政府职能转移，是政府把原本应自身承担的职能转交给政府以外的主体承担的过程，也就是向社会和市场转移的过程[1]。我国政府职能转移的主要方式包括社会职能公益化、政府或准政府机构去行政化、公营企业社会化、政府与社会主体合作。政府职能转移为市场、社会主体进入公共服务供给与社会治理等领域提供了重要的机会和空间。

（一）政府职能转移背景：从管理到治理

改革开放至今，我国政府从以经济建设为中心的管理型政府向"五位一体"格局的治理型政府转变，政府职能也发生相应的转变。在这期间，政府转移让渡的职能由市场与社会主体承接，这也是探索构建最优政府、重塑政社关系的过程。

---

[1] 陈国权，曾军荣. 经济理性与新公共管理[J]. 浙江大学学报（人文社会科学版），2005（2）：64—71.

1. 以经济建设为中心的管理型政府

改革开放初期,如何界定政府职能是一个新问题。从新中国成立至改革开放期间,"全能主义"的国家治理体系是国家统治的最大特征。在这种治理体系下,国家包揽一切,党、国家、政府、社会高度一体化,所有的社会个体都必须依附国家而生存,政府行为的边界难以界定,政府职能更无法界定[1]。改革开放后,我国国家与社会关系的形态逐渐从"直柱型"向"漏斗型"转变。在这个过程中,国家从一些社会领域中撤离,使得国家对社会的覆盖中出现缝隙和权力松动[2]。政府职能转变则是国家与社会关系形态转变的直接表现形式之一。

改革开放后,"自由活动空间"和"自由流动资源"[3]伴随着市场秩序的扩展而持续增多,国家无法再通过大包大揽的方式治理公共事务。从本质上来说,工业化、城市化、市场化塑造出来的现代经济、社会、政治生活逻辑,不仅给原有的国家治理体系带来新的挑战,政府自身的合法性也面临前所未有的危机[4]。因此国家治理回归常态、积极发挥政府的作用,是改革开放初期亟须面对的问题。

在实现国家治理常态化的过程中,我国大致经历了以下两个阶段:首先,恢复和完善官僚制,这是实现政府职能的前提。改革开放后,几近瘫痪的国务院机构逐步恢复和重整。1977年至1981年期间,国务院一共恢复和新建了48个工作部门。截至1981年底,国务院部委、直属机构、办公机构的数量分别为52个、43个和5个,国务院部门总数达到100个[5]。其次,政府在职能恢复与转变过程中,逐渐转为以经济建设为中心的管理型政府。在此期间,政府执行国家意志,但全能治理时期形成的惯性没有完全消失,而是在政府管理社会事务中部分地延续下来,由此形成了管理型政府。控制导向是管理型政府的主要特征,官僚组织理论、科学管理理论是管理型政府的基础,法律等手段则是管理型政府

---

[1] 薛澜,李宇环. 走向国家治理现代化的政府职能转变:系统思维与改革取向[J]. 政治学研究,2014(5):61—70.

[2] 张钟汝,范明林,王拓涵. 国家法团主义视域下政府与非政府组织的互动关系研究[J]. 社会,2009,29(4):167—194+228.

[3] 孙立平. "自由流动资源"与"自由活动空间"——论改革过程中中国社会结构的变迁[J]. 探索,1993(1):64—68.

[4] 何显明. 政府转型与现代国家治理体系的建构——60年来政府体制演变的内在逻辑[J]. 浙江社会科学,2013(6):4—13+156.

[5] 曹琦. 从改革的"怪圈"中走出——初探改革开放后四次国务院机构改革[J]. 河北师范大学学报(哲学社会科学版),2008(6):14—17.

进行社会控制的主要方式[1]。管理型政府强调国家对社会的控制,其中,经济建设成为政府各项职能中最重要的一环,邵鹏(2014)甚至将这一时期称为"经济绩效型政府"[2]。管理型政府形成的原因,大致有两点:一是全能主义体制的延续与控制。我国赶超型的经济发展战略以此体制为背景。一方面,市场经济逻辑迅速向整个社会蔓延;另一方面,国家对社会的强控制能力保障了行政权力对经济秩序的干预。在此种看似矛盾的过程中,政府主导的发展模式逐渐成形。在这种模式下,政府的主要目标是GDP总量的增长,发展的主要动力是投资和出口,控制的主要手段则是资源配置的行政控制和经济运行的行政干预[3]。二是社会力量发育不足。改革开放前期,刚刚从单位和人民公社中解放出来的社会成员,以结社的方式形成自发的社会自组织力量。然而,这些自发形成的社会组织一方面被吸纳到行政体制中,另一方面又主动寻求行政体制的支持与庇护以生存。总体上,社会组织的力量极其薄弱,在社会领域发挥的功能非常有限。

2. "五位一体"格局下的治理型政府

随着社会的发展,以经济建设为中心的管理型政府无法与市场化改革相适应,并突显出诸多弊端:一是效率逻辑下的公平缺失。管理型政府注重以控制的手段干预经济秩序,实现经济的高速发展。然而,过度追求经济的发展必然以牺牲公平为代价。错位式的发展使社会贫富差距增大,社会矛盾急剧增多。二是不确定性带来的风险失控。随着市场经济的逻辑向社会急剧蔓延,社会不确定性持续增大,用管理与控制的方式难以应对所有风险。三是社会参与的不足。公众权利意识觉醒,有参与社会治理的强烈意愿,然而管控型政府自身相对封闭,无法实现与社会的良好对话。在以上因素的综合作用下,政府职能转变持续深入,从而逐渐实现从管理型政府向治理型政府的转变。从内涵上看,治理型政府是指在社会多权力主体结构中,政府处于主导地位并发挥协调、引导和规范的作用,政府组织的结构由金字塔型向网络化和扁平化转变[4]。

党的十八大提出,新时期我国改革的战略目标是"五位一体"的总

---

[1] 张康之,张皓. 在后工业化背景下思考服务型政府[J]. 四川大学学报(哲学社会科学版),2009(1):12-20.

[2] 邵鹏. 国家治理模式演进与国家治理体系构建[J]. 学习与实践,2014(1):66-71.

[3] 何显明. 政府转型与现代国家治理体系的建构——60年来政府体制演变的内在逻辑[J]. 浙江社会科学,2013(6):4-13+156.

[4] 顾平安. 政府发展论[M]. 北京:中国社会科学出版社,2005:224.

体布局,要实现经济、政治、文化、社会和生态的全面建设与发展。与之相对应,五种体制的建设与改革是实现"五位一体"战略目标的基础,政府改革是其中的突破口。这不仅要求政府加大放权和分权的力度,还要求政府拓宽放权和分权的广度,放权和还权于社会、市场、企业、公民[1]。总而言之,政府职能的转变是重中之重。"五位一体"战略布局为政府职能的转变指明了方向,经济建设不再是政府治理的主要目标,全面发展才是其核心逻辑。以"管"和"控"的方式无法承担起新时期深化改革的任务,转变政府职能以建设治理型政府才是其应有之义。发展公共经济、维护公共安全、提供公共服务、调控公共资源和加强政府自身建设是治理型政府职能的五个基本要素[2],这就要求政府把握好"掌舵"与"划桨"、发展与治理、政府与社会等多重关系,承担起"元治理"与"合作伙伴"的双重角色[3]。换言之,除政府之外需要发展出具有独立性和反思性的自治组织。在政府与社会的相互依赖关系中,这种自治性组织不仅能开展合作和互惠的项目,还可以解决复杂和高风险社会中难以避免的"尴尬之境"。当然,这一切的前提是政府与社会的持续对话和资源共享[4]。在这个过程中,政府引导社会众多主体参与社会治理,并为混合的治理模式提供基本规则、组织资源、信息资源等能够加强不同治理机制间兼容性的重要要素[5]。

从现实的情况看,我国政府目前还无法真正做到完全的"元治理",但近年来政府职能的深入转变和相应举措,都表明政府已经在朝着这一方向努力。一是政府加强宏观调控和组织能力,包括经济、政治、文化发展和生态维护等方面的宏观调控和社会整体发展趋势研判,科学设计和制定多元主体共同遵守的行为准则和治理机制,确保多元治理结构的制度化、规范化和程序化,促进合作关系的形成。二是政府加强与其他服务主体的对话,包括提高公共服务供给的效率与效益,善于倾听民众意见、建议和回应民众诉求,构建良好的利益表达机制。三是政府引导

---

① 张尚仁. 论顶层设计的"五位一体"治国方略 [J]. 深圳大学学报(人文社会科学版), 2013, 30 (6): 5—14.

② 罗敏,张佳林,陈辉. 政府职能转变与政府建设的三维路向 [J]. 社会科学家, 2021 (5): 145—149.

③ 侯书和. "治理型政府"初探 [J]. 社会科学战线, 2016 (3): 233—244.

④ 鲍勃·杰索普,程浩. 治理与元治理:必要的反思性、必要的多样性和必要的反讽性 [J]. 国外理论动态, 2014 (5): 14—22.

⑤ 熊节春,陶学荣. 公共事务管理中政府"元治理"的内涵及其启示 [J]. 江西社会科学, 2011, 31 (8): 232—236.

构建社会主义核心价值观，培育公共精神和公民参与治理的能力，提高问题解决能力和风险防范能力。

政府职能转变的目标包括建立法治政府、服务型政府、效能政府、责任政府、透明政府、廉洁政府、创新政府、现代政府等。这些表述本质上都是对于党的十八大确定的政府职能转变目标所做的不同层面维度和价值取向的强调和阐述[①]。政府改革及政府职能转变是一个由浅入深、由表及里、由易到难、相互衔接的过程[②]。党的十八届三中全会对政府职能的转变进行了系统部署，要求全面深化改革、推进国家治理体系和治理能力现代化。党的十九届五中全会则提出，"'十四五'期间我国政府职能转变的主要目标是建设职能科学、结构优化、廉洁高效、人民满意的服务型政府，实现政府职能向创造良好发展环境、提供优质公共服务、维护社会公平正义的根本转变"[③]。

（二）政府职能转移的本质与方式

政府职能转移是把不宜由政府承担和更加适宜给社会实行的职能转移给适合的社会主体实施[④]。一方面，政府职能转移的有效实施将从根本上减小政府职能的体量，从而走出政府改革过程中出现的"膨胀—精简—再膨胀—再精简"怪圈，最终探索构建最优政府；另一方面，政府向社会转移职能能够打通政府与社会的沟通渠道，增强两者合作和培育社会力量。

1. 政府职能转移的本质

政府职能转移的本质之一是建立最优政府。"最优政府"有两层含义：一是实现政府结构与职能的融合，探索最优政府规模；二是在政府结构、职能融合与最优政府的基础上，增强政府的合法性。首先，实现政府结构与职能的融合以合理控制政府规模为前提，实现政府职能的转变和转移又是控制政府规模的必要条件。顾昕（2016）认为，政府职能

[①] 王浦劬. 论转变政府职能的若干理论问题[J]. 国家行政学院学报，2015（1）：31-39.

[②] 潘小娟，吕芳. 改革开放以来中国行政体制改革发展趋势研究[J]. 国家行政学院学报，2011（5）：17-21.

[③] 李军鹏. 面向社会主义现代化新发展阶段的政府职能转变[J]. 中共中央党校（国家行政学院）学报，2021，25（4）：71-80.

[④] 乔亚南. 论我国政府职能转移的内涵及其对民营化发展的作用[J]. 学术交流，2018（8）：51-58.

既可分为经济性职能和社会性职能,又可以从目标维度分为维持经济增长、促进社会发展和推动经济协调发展三类[1]。这与现阶段以及将来一段时间内我国政府职能转移的思路相吻合,政府职能的综合性意味着探索最优政府规模绝非是一件简单的事,而是综合权衡的结果。其次,在政府职能转变与转移的过程中增强政府自身的合法性。在风险性社会中,政府本身面临着合法性问题的巨大压力。贝克认为,面临无处不在的风险,人们只可能做出否认、漠视和转型三种反应[2],这种判断对政府同样适用。现代社会的复杂性意味着仅依靠政府无法实现既定的社会目标,政府职能转移的过程实际上也是向社会分担风险的过程。政府的合法性能够在政府与社会共同面对和克服风险的过程中逐渐增强。

政府职能转移也是重塑政府、市场、社会三者关系的过程。政府与市场、社会之间存在张力[3],三者之间的关系是一个动态的调整过程。从本质上来说,政府与市场、社会之间的关系取决于三个互相影响的因素:一是政府让渡的空间与资源;二是社会力量的发育状况;三是政府与市场、社会的合作紧密程度。政府职能转移对以上三个因素均有重要影响。首先,政府职能转移的内容与体量决定了政府让渡空间与资源的多少。政府承担的公共职能越多,要调动和整合的资源和受众也越多,从而留给市场和社会的活动空间和流动资源就越少。其次,政府职能的转变和转移方向会极大地影响社会力量的发育。政府所转移的职能由哪些社会主体承担,所选择的主体及范围的不同都会影响社会力量的发展。最后,政府职能转移的方式会影响甚至决定政府与社会、市场之间合作的紧密程度。政府职能的转移并不是一蹴而就的,在转移时要考虑到政府职能转移的边界,并在转移的过程中设置相应交接程序和监管制度,支持和促进市场与社会主体发挥部门优势,顺利完成职能的承接。

2. 政府职能转移的方式

基于社会主体性质、目的不同,政府在进行职能转移时,面对不同的社会主体也将采取不同的方式。目前,学界将我国政府职能转移的方式分为狭义的和广义的政府职能转移,前者是指社会职能公益化,后者

---

[1] 顾昕. 最优政府规模、经济社会协调发展与大政府-小政府之争[J]. 学习与探索, 2016(1): 85-91.
[2] 贝克, 邓正来, 沈国麟. 风险社会与中国——与德国社会学家乌尔里希·贝克的对话[J]. 社会学研究, 2010, 25(5): 208-231+246.
[3] 宋宇文, 刘旺洪. 国家治理现代化进程中政府职能转移的本质、方式与路径[J]. 学术研究, 2016(2): 75-81.

还包括政府或准政府机构去行政化、公营企业社会化、政府与社会主体合作[①]。

社会职能公益化，即狭义的政府职能转移，是指政府将职能转移给社会后，承接职能的社会主体能够独立地履行职能并承担相应的责任。以社会职能公益化的方式实现政府职能转移，能够真正地为政府"瘦身"和"减负"。这种"放弃并转移"的方式是当前我国政府职能转移的主要探索方向。例如，《全国人民代表大会常务委员会关于授权国务院在广东省暂时调整部分法律规定的行政审批的决定》规定，政府不再承担其中规定的部分行政审批职能，而是交由社会组织独立实施并承担相应的责任。2002年至2012年期间，国务院先后颁布了六批行政审批改革目录，其中第二批和第三批改革也是按照"取消并转移"的思路进行的。"取消并转移"式的社会职能公益化对政府职能转变与转移提出了更高的要求。例如，政府向社会组织转移职能就需要两个条件：一是需要有足够数量和种类的社会组织。不同类型的社会组织对政府职能的承接能力不同，只有当社会组织数量和种类足够多、自身建设足够强大时，才能顺利承接政府转移的职能。二是需要健全的制度保障。政府需要建立政府职能承接主体的资质考察制度，对承接主体的资质进行基本规定。例如，《国务院办公厅关于政府向社会力量购买服务的指导意见》（国办发〔2013〕96号）对承接主体的组织类型、专业能力、管理制度、社会声誉等都提出了要求，"承接政府购买服务的主体应具有独立承担民事责任的能力，具备提供服务所必需的设施、人员和专业技术的能力，具有健全的内部治理结构、财务会计和资产管理制度，具有良好的社会和商业信誉，具有依法缴纳税收和社会保险的良好记录，并符合登记管理部门依法认定的其他条件"。在政府职能转移后，政府职责并不能随职能转移而转移，政府部门还必须制定相应的监管制度，如建立健全资金保障体系、完善信息及时披露制度和竞争机制，构建承接政府职能的绩效评价体系[②]。

广义的政府职能转移包括政府或准政府机构去行政化、公营企业社会化、政府与社会主体合作。其中，政府或准政府机构的去行政化，是指把自身组织的身份由公共性质变为民间性质，并继续承担原有的公共

---

① 宋宇文，刘旺洪. 国家治理现代化进程中政府职能转移的本质、方式与路径 [J]. 学术研究，2016（2）：75-81.
② 姜文华，朱孔来，刘学璞. 论政府职能转移的若干问题 [J]. 求索，2015（10）：85-89.

职能，政府职能转移的重点是自身组织改革和性质的转变。公营企业社会化是指通过拍卖、股权转让等方式将部分国有企业变成民营企业或社会企业[①]。政府与社会主体合作，即政府向社会主体购买服务。从本质上看，政府向社会主体购买服务是一种委托代理关系，即通过向社会购买服务来减少政府财政压力、提高公共产品和公共服务的数量和质量[②]。目前，政府向社会主体购买服务是地方政府职能转移实践中最主要的方式。

二、地方公务员的行为逻辑

研究地方公务员的行为逻辑，实际上是探索地方公务员行为背后的激励或约束机制。早期研究认为，改革开放后，支配地方公务员行为的主要是"压力型体制"。[③] 这一概念在解释中国地方政府行为方面具有较强的适用性，诸多学者也将它运用于对基层政权、地方政治运行的研究[④]。时至今日，以"条条和块块"[⑤] 关系为基础的压力型体制依然对地方公务员的行为具有较强的解释力。不过，随着市场经济发展和政府职能转移，以经济建设为中心的粗放式发展时代一去不复返，常态与非常态的混合问责成为后压力型体制下地方公务员行为的另一重要约束机制。

（一）发包与竞赛：压力型体制下的激励机制

压力型体制，是指县与乡级政府为了实现经济赶超、完成上级下达

---

① 宋宇文，刘旺洪. 国家治理现代化进程中政府职能转移的本质、方式与路径[J]. 学术研究，2016（2）：75—81.
② 石亚军，高红. 政府职能转移与购买公共服务关系辨析[J]. 中国行政管理，2017（3）：11—14+156.
③ 《县乡人大运行机制研究》课题组. 县乡两级的政治体制改革，如何建立民主的合作新体制——新密市县乡两级人民代表大会制度运作机制的调查研究报告[J]. 经济社会体制比较，1997（4）：6—28.
④ 杨雪冬. 压力型体制：一个概念的简明史[J]. 社会科学，2012（11）：4—12.
⑤ 所谓"条块"是我国行政管理实践中一种形象的说法。它表达了一种特殊的政府组织结构，反映了特定政府组织之间的关系。"条条"指的是从中央到地方各级政府业务内容的性质相同的职能部门；"块块"指的是由不同职能部门组合而成的各个层级政府。参见：马力宏. 论政府管理中的条块关系[J]. 政治学研究，1998（4）：71—77.

的各项指标而采取的数量化任务分解的管理方式和物质化的评价体系[1]。压力型体制本质上是一种特殊的行政决策和执行模式。在这一体制下，现代化压力通过行政垂直权力，以责任制为网络并以政治经济奖惩为动力杠杆层层向下渗透和扩散[2]。在压力型体制下，行政发包制和晋升锦标赛是激励约束地方公务员行为的两个主要机制。

1. 压力型体制的形成与扩散

压力型体制是多重因素共同作用下的产物。首先，20世纪80年代后的两项改革是压力型体制形成的关键因素。一是人事任免权的改革。20世纪80年代初，中央将人事管理从"下管二级"变为"下管一级"，地方由此获得了独立的人事任免权。二是岗位目标责任制的推广。20世纪80年代中后期，岗位责任被具体落实到个人身上，行政责任成为压力型体制下的一个关键要素。其次，赶超型发展的意识形态是压力型体制形成的主要动因。改革开放后，中国面临着与西方国家的巨大差距，实现赶超型发展成为国家共识。20世纪90年代，在"经济建设为中心"的发展战略下，经济建设成绩几乎成为干部政绩考核中的决定性指标。为了完成赶超型的经济建设指标，地方政府通过"层层加码，逐级增压"的方式动员各级地方公务员，利用行政干预实现经济的高速发展。

在压力型体制下，为了实现赶超型经济发展的目标，各地各级政府领导以人事任免权为核心驱动力，以条块关系为基础，利用政府内部的行政权力给下级政府指定经济指标和任务，并通过岗位责任制将责任落实到每一位地方公务员。压力型体制所包含的三个结构性要素保证了以上过程的顺利实现：一是数量化的任务分解机制。党委和政府将上级指定的经济目标和任务逐级分解到每一个公务员，并以签订责任保证书的形式规定在特定的时间内实现目标。二是共同参与的问题解决机制。下级公务员的任务要围绕上级党委和政府的重点工作计划和安排来展开，必要时还将组成临时工作组来完成特定的工作。三是多层次的评价体系。以授予荣誉称号为代表的精神激励和包括升职、提薪在内的物质性奖励共同构成了这一评价体系。如果某些重要任务没有完成，"一票否决制"将直接否决该名公务员的全部工作成绩。

---

[1] 荣敬本，崔之元，王拴正. 从压力型体制向民主合作体制的转变——县乡两级政治体制改革[M]. 北京：中央编译出版社，1998：28.

[2] 唐海华. "压力型体制"与中国的政治发展[J]. 中共宁波市委党校学报，2006（1）：22-28.

最初为实现经济高速发展而形成的压力型体制，后来逐步扩散到社会治理领域。这主要有两方面的原因。其一，过快的经济增长带来了显著的社会问题。以"经济建设为中心"的发展战略和以经济指标作为地方公务员政绩评价体系的决定性指标直接催生了地方扭曲的经济发展模式。为了实现经济目标，行政权力可以凌驾于法律之上，这导致法治体系的破坏与迟滞发展。同时，工具主义模式下，社会文化、生态建设没有得到应有的重视。社会问题成为经济建设的阻力，地方政府不得不将压力型体制运用于其他社会领域。其二是政府自身的变革。李友梅（2018）认为，党和国家在应对社会管理重大挑战和社会治理转型深化时，有三种推进机制：一是作为动力机制的倒逼机制。社会某些矛盾点的积累与爆发形成的社会性压力，迫使党和高层政府做出回应。二是预期引领机制。基于党的"不断革命性"与高度理性化，以自上而下的方式主动寻求自身和社会改革，并且作为倒逼机制的支撑机制存在。三是转危为机机制。作为催化剂机制，使得倒逼机制与预期引领机制能够始终朝着有利于社会福利的方向前进[1]。压力型体制扩散至经济之外的领域正是上述三种推进机制作用的结果。

2. 压力型体制下的行政发包制与晋升锦标赛

在压力型体制下，行政发包制和晋升锦标赛是支配地方公务员行为的两种互相配合的机制。行政发包制是指政府内部上下级之间的发包关系[2]，晋升锦标赛则是指上级政府对多个下级政府部门设计的一种晋升竞赛[3]。与条块关系相适应，前者解决地方政府内部上下级之间资源、权力和责任的分配与约束，后者则解决横向的地方政府之间公务员的激励问题。

作为压力型体制下支配地方公务员行为的纵向激励机制，行政发包制在行政权的分配、经济激励和内部考核与控制三个方面区别于传统的科层制。在行政权的分配上，发包方拥有人事控制权、监察权、指导权和审批权等正式权力和剩余控制权，同时也拥有较大的自由裁量权。在经济激励上，承包方拥有财政的剩余索取权，地方政府部门及公务员的薪酬在某种程度上依赖于财政上的"剩余"。在内部考核与控制上，行政发包制下的绩效考核具有结果导向和人格化特征。在以上三个方面的共

---

[1] 李友梅. 当代中国社会治理转型的经验逻辑 [J]. 中国社会科学, 2018 (11): 58—73.
[2] 周黎安. 行政发包制 [J]. 社会, 2014, 34 (6): 1—38.
[3] 周飞舟. 锦标赛体制 [J]. 社会学研究, 2009, 24 (3): 54—77+244.

同作用下，地方公务员的积极性被极大地调动起来。周雪光（2016）认为，1984年后，中央实行"下管一级"的人事任命和管理制度，实际上强化了中国官僚体系中"层级分流"的制度安排①，每个省、地级市（地区）、县都变成相对独立的"官场"，同一个省内的地级市官员在一个官场竞争②。因此，在地方政府内部，组织内动员能力加强，组织之间的隔阂也相应增加，地区间的恶性竞争和地方保护主义由此产生③。

与行政发包制不同，晋升锦标赛在地方政府之间引入竞争机制，主要面向的是地方各级政府的领导官员。晋升锦标赛的实现依赖于三个基础条件：一是上级政府拥有对下级政府的人事任免权，"下管一级"人事改革赋予了地方政府晋升职位和晋升的绩效指标的决定权。二是我国"块块"之间高度同构，使得下级地方政府之间的绩效可以互相比较。三是我国地方政府的属地管理模式使得行政领导对其下属成员的行为具有强大的控制力和影响力，这保证了晋升锦标赛的顺利开展④。以上三个条件导致了地方政府之间在开展晋升锦标赛时出现"层层加码"现象。

（二）混合问责：后压力型体制下的约束机制

党的十八大确立了政治建设、经济建设、文化建设、社会建设和生态建设"五位一体"的发展格局。党的十八届三中全会提出，推进国家治理体系和治理能力现代化。党的十九届五中全会把"国家治理效能得到新提升"做为"十四五"时期经济社会发展的主要目标之一。中央与地方政府不再一味追求GDP的高速增长，我国进入精细化治理时代。虽然压力型体制并没有发生根本性变化⑤，但是其结构性要素与实现机制已经发生改变⑥，常态化与非常态化的混合问责体制成为后压力型体制下地方公务员行为的另一重要支配力量。

---

① 周雪光. 从"官吏分途"到"层级分流"：帝国逻辑下的中国官僚人事制度［J］. 社会，2016，36（1）：1-33.

② 周黎安. 行政发包的组织边界 兼论"官吏分途"与"层级分流"现象［J］. 社会，2016，36（1）：34-64.

③ 周黎安. 晋升博弈中政府官员的激励与合作——兼论我国地方保护主义和重复建设问题长期存在的原因［J］. 经济研究，2004（6）：33-40.

④ 陈潭，刘兴云. 锦标赛体制、晋升博弈与地方剧场政治［J］. 公共管理学报，2011，8（2）：21-33+125.

⑤ 渠敬东，周飞舟，应星. 从总体支配到技术治理——基于中国30年改革经验的社会学分析［J］. 中国社会科学，2009（6）：104-127+207.

⑥ 陈水生. 从压力型体制到督办责任体制：中国国家现代化导向下政府运作模式的转型与机制创新［J］. 行政论坛，2017，24（5）：16-23.

1. 问责风暴与火线问责：体制的强硬性回应

问责制是关于特定组织或个人通过一定的程序追究没有履行好分内之事的公共权力使用者，使其承担政治责任、道德责任或法律责任，接受谴责、处罚等消极后果的所有办法、条例等制度的总称[①]。问责制的形成是一个从无到有、再到完善的过程。在问责制缺失或者不能很好发挥作用时，问责风暴或火线问责作为问责制的补充能够对地方公务员起到强约束作用。"风暴"反映的是问责范围涉及广，"火线"体现的是问责速度快。"问责风暴"和"火线问责"在本质上是一种典型的事后问责。政府官员的不作为、乱作为或者官员的避责行为等，没有得到及时的纠正和问责，当这些行为所导致的后果累积到一定程度，发酵成一定的事件或者引起高层关注时，以某些重大事件、重要会议或者领导批示等为刺激点，从而引发"问责风暴"和"火线问责"。"问责风暴"和"火线问责"速度快、范围广、力度大，能够在官员内部形成强威慑效果，引起良好的社会舆论。

从制度所要求的模式化、程序化和规范化而言，"问责风暴"与"火线问责"是一种非制度化行为，具有非理性倾向[②]；从时间上看，"问责风暴"与"火线问责"是在一定的触发机制下的短期行为，如重大事件的发生等情况；从问责主体来看，这两者一般属于异体问责，例如，全国人大常委会对"一府两院"及其公职人员的问责、审判检察机关对政府及其官员的问责。从问责程序来看，问责流程相对于常规问责较少；从问责客体来看，这两者涉及的问责对象一般范围较广；从问责结果来看，问责对象的问责程度往往较为严重。由此可知，"问责风暴"与"火线问责"并未脱离已有制度以及官僚组织系统而单独存在，而是在两者基础上进行的运动型治理。周雪光（2012）认为，传统的卡理斯玛权威在我国被常规化于党务系统，并与政府系统的常规型治理相互交织，从而形成运动与常规并行的组织结构[③]。"问责风暴"与"火线问责"需要一定的触发机制，这一触发机制往往意味着党政系统面临的巨大合法性压力，从而将一般事件政治化并最终导致运动的发生。

[①] 邹健. 问责制概念及特征探讨[J]. 中共南京市委党校南京市行政学院学报，2006 (3)：40—43.

[②] 刘太刚. 问责风暴的非理性倾向及对策思考[J]. 领导科学，2009 (29)：7—9.

[③] 周雪光. 运动型治理机制：中国国家治理的制度逻辑再思考[J]. 开放时代，2012 (9)：105—125.

2. 消极避责：官员的策略性应对

避责是潜在的问责对象基于对当前或未来可能存在的责任和风险进行理性判断后采取的自我保护行为[①]。官员的避责行为是外部环境和内部驱动综合影响下对制度的策略性应对。官员问责制的全面构建从制度、文化两个层面营造了问责的强性约束环境。在制度层面，同体问责和异体问责[②]制度的完善极大地改变由谁来问责这一问题不明确的局面，从自上而下和自下而上两个层面构建全面的监督体系。在文化层面，社会主义核心价值体系重塑社会信仰、精神和伦理秩序，从而改善了社会价值失范、社会公众对官员的失职失责行为有强烈反应和负面评价等现象。为消解制度与文化的双重压力，潜在的问责对象基于自我保护的内部驱动发展出一系列避责策略。Hood（2007）从问责强度与避责行为两个维度出发，认为官员的避责策略有机构性、表象性和政策性三种[③]。机构性策略是通过责任转移的方式分解责任；表象性策略是通过分散或转移注意力的方式避责；政策性策略是通过对政策及其执行的合理、合法化解释以达到避责的目的。

官员问责的目的是约束权力，保障权力合理、合法、正当地行使，从而推动责任政府和民主政治的实现。而官员的避责行为利用某些技巧或方法逃避已有的正式约束机制和非正式机制的责任追究，这会对基层治理和制度发展有诸多影响。有学者认为，基层官员的避责行为会导致多元主体利益分化等问题，给基层治理带来诸多的挑战[④]。此外，官员的避责行为在正式制度和非正式制度两个层面都违背了问责的初衷。首先，基于官员个人自主性的理性避责与官员所在的部门或组织呈现出集体的非理性相冲突，从而造成已有风险或潜在风险的增加，并可能造成严重的后果；其次，官员避责中的"转嫁风险""分散注意力"等行为使得官员和组织责任的边界变得模糊化；最后，组织基于对官员避责的考量，衍生出以政策文本为中心的风险管理模式。简而言之，官员避责行

---

① HINTERLEITNER M. Reconciling perspectives on blame avoidance behaviour [J]. Political Studies Review, 2017, 15 (2): 243-254.

② 周利平, 陶学荣. 官员问责制度化: 困境与出路 [J]. 理论探索, 2007 (3): 120-122+126.

③ HOOD C. What happens when transparency meets blame - avoidance? [J]. Public Management Review, 2007, 9 (2): 191-210.

④ 盛明科, 陈廷栋. 基层官员避责行为: 逻辑·危害·治理——一种组织行为学的观点 [J]. 吉首大学学报（社会科学版），2019, 40 (5): 39-47.

为最终会造成体制的迟滞、分化与泛化①，从而在某种程度上消解已有的制度体系。

3. 常态问责：制度的构建与实践

政策创新是指政府部门第一次实施某项政策的过程②，而政策创新扩散就是"一项创新传播的过程"③。长沙市人民政府于2003年出台并实施的《长沙市人民政府行政问责制暂行办法》，成为我国首个问责办法。该办法将长沙市人民政府领导、各职能部门、机关、事业单位以及各区（县）的政府主要行政负责人纳入问责对象体系，并在问责主体、问责内容、问责方式和结果等方面作出规定。长沙的创新举措迅速在地方扩散，四川、天津、重庆等地也相继出台相关问责办法，地方官员问责体系初步形成。2004年中共中央组织部发布《党政领导干部辞职暂行规定》，首次将党务领导干部纳入辞职和免责的范围，标志着我国官员问责制的问责范围从单一的行政领域扩大至党政领域。

之后，政府官员问责进一步制度化。制度化是社会控制和运行机制的模式化、程序化和规范化④。官员问责的制度化，即有关官员问责的法律、法规、规章等正式约束机制的体系化，以及相应的官员问责的问责主体、问责对象、问责事由、问责标准、问责程序、问责范围、问责形式、问责内容、问责结果、问责救济等方面的模式化、程序化和规范化。地方官员问责体系的初步形成加快了我国官员问责的制度化进程。2009年中共中央办公厅、国务院办公厅印发《关于实行党政领导干部问责的暂行规定》，明确了干部问责的七种情形。2016年中共中央印发《中国共产党问责条例》，为党的问责工作提供了制度依据，首次区分了党员干部的专门问责与各级党组织的问责，问责范围扩大的同时也实现了精准问责。2018年中共中央办公厅发布《关于进一步激励广大干部新时代新担当新作为的意见》，首次提出"三个区分""四个原则""六个要件"，完善了官员问责的容错机制。在实践层面，官员问责的制度化极大地改善了我国的政治生态和行政生态。尤其是党的十八大以来的常态化

---

① 陶鹏. 迟滞、分化及泛化：避责政治与风险规制体制形塑[J]. 云南社会科学，2016 (6)：89—94.

② Walker J L. The diffusion of innovations among the American states [J]. American political science review，1969，63（3）：880—899.

③ [美]埃弗雷特·M·罗杰斯. 创新的扩散[M]. 辛欣，译. 北京：中央编译出版社，2002：156.

④ 杨育民. 略论"制度化"[J]. 社会科学辑刊，2001 (6)：56—58.

反腐败斗争和党政廉政建设，一大批不作为、乱作为、慢作为的官员相继被问责和落马。

三、政府与社会组织的互动关系

政府与社会组织关系的良性演进，是推进国家治理体系与治理能力现代化，打造共建、共治、共享的社会治理格局的重要驱动力、突破口和着力点。改革开放以来，随着"自由流动资源"不断流出与"自由活动空间"持续扩大[①]，政社关系形态及其演变成为国内外学者研究我国社会治理结构变迁的重要介质与渠道，取得了丰富的研究成果。从对已有研究的梳理与相关政策文本的分析可见，改革开放以来，我国政府与社会组织关系从管控主义下的工具逻辑向培育主义下的合作逻辑转变。

（一）管控主义下的工具逻辑

改革开放以来，我国国家与社会关系发生重大改变，主要表现在两个方面：一是国家由原先的"全能主义"治理模式逐渐转变成"威权主义"治理模式；二是随着政府职能不断转变，国家主动或在倒逼机制下从社会领域逐渐撤离[②]。从"总体性支配"[③]社会中让渡的资源与空间，为社会组织的兴起与发展提供了政治基础与社会基础。改革开放初期，政府与社会组织关系总体上表现为管控主义下的工具逻辑。

1. 管理缺位：社会组织的无序增长

20 世纪 80 年代后，随着世界范围内出现的市场化、民主化、民营化和全球化的浪潮，全球出现了一场"结社的革命"[④]。这一浪潮同样影响着我国社会组织的发展。改革开放后，我国社会组织体制发生了深刻变化，为社会组织的兴起创造了条件[⑤]。首先，家庭联产承包责任制使

[①] 孙立平. "自由流动资源"与"自由活动空间"——论改革过程中中国社会结构的变迁[J]. 探索，1993（1）：64-68.
[②] 李友梅. 当代中国社会治理转型的经验逻辑[J]. 中国社会科学，2018（11）：58-73.
[③] 渠敬东，周飞舟，应星. 从总体支配到技术治理——基于中国 30 年改革经验的社会学分析[J]. 中国社会科学，2009（6）：104-127+207.
[④] 史柏年. "全球性结社革命"及其启示[J]. 中国青年政治学院学报，2006（3）：55-60.
[⑤] 李培林. 我国社会组织体制的改革和未来[J]. 社会，2013，33（3）：1-10.

得农民从传统的家族制度以及人民公社制度中解放出来，家庭成为能够自我生存的、相对独立的生产单位。其次，单位制的解体把城市居民从单位中解放出来，使之成为能够自由流动的社会人。与此同时，全国范围内的人口大流动打破了原有的熟人社会格局。传统的国家与社会联结的纽带破裂，亟须一种新的渠道实现社会的再组织化。在此背景下，社会组织作为解决社会问题和化解社会风险的新兴组织大量兴起。

改革开放以后至1989年《社会团体登记管理条例》出台之前，在长达10年的时间里，我国社会组织管理体制总体处于缺失状态。在这一阶段，国家对社会组织的管理规定往往是零散的、混乱的，缺乏整体布局、全面统筹的法律与制度安排。首先是专门性法律法规的规定较为宽松。20世纪50年代初颁布的《社会团体登记暂行办法》以及《社会团体登记暂行办法实施细则》是当时仅有的针对社会组织领域的法规性文件。尽管这两个文件确立了我国后来的分级登记管理的社会组织管理体制雏形，但是其中的相关规定是相对宽松的，对社会组织的监督力度也十分有限[①]。其次是统筹性法律、制度的模糊与缺位。在这一时期，国家对社会组织的管理没有形成统一的规范，缺乏明确的管理机构。因此，有学者将这一时期的社会组织管理称为"分散管理"阶段[②]。

2. 双重管理：管控语境下的工具模式

在我国社会组织经历了相当长一段时间的无序增长后，国家开始逐步规范社会组织的发展，形成了以支配、秩序和服从为优先价值的工具主义逻辑。在管理体制方面，以"双重管理""分级登记"为特征的社会组织管理体制逐步确立。20世纪50年代初颁布的《社会团体登记暂行办法》确立了社团分级登记管理模式的雏形。国务院于1998年颁布的《社会团体登记管理条例》《民办非企业单位登记管理暂行条例》以及2004年颁布的《基金会管理条例》，三大条例构成我国社会组织管理的行政法规，明确了我国以"归口登记、双重负责、分级管理、非竞争性原则"为基础内容的社会组织双重管理制度。在这种管理体制下，社会组织在登记审批和日常管理上要有两个政府职能部门负责，共同把关，多重审批，同时各负其责。双重管理体制的确立和实施，极大地规范了

[①] 邓正来，丁轶. 监护型控制逻辑下的有效治理——对近三十年国家社团管理政策演变的考察［J］. 学术界，2012（3）：5-26.

[②] 王名，孙伟林. 社会组织管理体制：内在逻辑与发展趋势［J］. 中国行政管理，2011（7）：16-19.

社会组织的设立与发展，但也很大程度上限制了社会组织的自主性与独立性。这是因为，一个社会组织只有在得到业务主管单位的审查和认可后才能完成正式的注册。业务主管单位和登记管理机关职责有所不同，前者主要对社会组织的工作进行业务指导，后者负责对社会组织进行登记、评估、监督等。双重管理体制增加了社会组织的准入难度，也分散了社会组织活动可能带来的风险[1]。

"工具主义"是双重管理体制下国家对社会组织采取的主要态度。社会组织在提供公共服务和公共产品、提高社会治理水平等方面具有积极作用[2]。但是，作为除政党组织、企业之外的另一组织形式，社会组织给政党构成了较大的政治或合法性挑战[3]。双重管理体制正是从体制层面对这一挑战作出的回应。在这一体制下，国家对社会组织的支持催生出"工具主义"[4]模式。在工具主义模式下，政社关系呈现出两个特征。一是政府对社会组织的发展表现为选择性支持。政府为了确保政治权力的垄断和公共物品提供的稳定性，对具有不同的挑战能力与组织集体行动能力或提供不同的公共物品的社会组织进行分类控制，康晓光、韩恒将之称为"分类控制体系"[5]。在"分类控制体系"下，社会组织必须纳入国家控制的范围，同时允许公民和社会组织享有一定的自由活动空间。在之后的研究中，他们从更加全面的视角出发，提出当前国家吸纳社会的方式是"限制""功能替代"和"优先满足强者利益"，认为"行政吸收社会"强调的是国家与社会的融合[6]。无论是"分类控制"还是"行政吸纳"，其本质都是政党在衡量与不同社会组织的利益契合程度的基础上来决定对社会组织的控制力度[7]。二是社会组织的独立性与自主性发展受限。为了获得生存的空间和资源，社会组织不得不用各种正式和非

---

[1] 江华，张建民，周莹. 利益契合：转型期中国国家与社会关系的一个分析框架——以行业组织政策参与为案例［J］. 社会学研究，2011，26（3）：136-152+245.

[2] 王名. 非营利组织的社会功能及其分类［J］. 学术月刊，2006（9）：8-11.

[3] 林尚立. 民间组织的政治意义：社会建构方式转型与执政逻辑调整［J］. 云南行政学院学报，2007（1）：4-8.

[4] 唐文玉. 从"工具主义"到"合作治理"——政府支持社会组织发展的模式转型［J］. 学习与实践，2016（9）：93-100.

[5] 康晓光，韩恒. 分类控制：当前中国大陆国家与社会关系研究［J］. 社会学研究，2005（6）：73-89.

[6] 康晓光，韩恒. 行政吸纳社会——当前中国大陆国家与社会关系再研究［J］. Social Sciences in China，2007（2）：116-128.

[7] 江华，张建民，周莹. 利益契合：转型期中国国家与社会关系的一个分析框架——以行业组织政策参与为案例［J］. 社会学研究，2011，26（3）：136-152+245.

正式渠道获得不同维度的合法性[1],还需要依靠政府和社会获取资源[2],并由此催生出社会组织的组织外形化[3]、"寄居蟹的艺术"[4]、核心组织的架空[5]等策略性行动。

(二) 培育主义下的合作逻辑

随着国家经济发展和社会治理水平的提高,社会组织在社会治理中的角色愈加重要,社会组织的发展也成为重要的研究主题。政府与社会组织的关系逐渐向培育主义下的合作逻辑演变。社会组织不再仅仅作为被政府"控制"的对象而存在,而是在诸多领域与政府展开合作,主体地位随之提升。这种转变主要表现在社会组织管理体制的改革、政社合作中的资源互动、基层治理中的组织联动等方面。

1. 混合管理:社会组织管理体制改革

随着社会治理体制的改革,社会组织在社会治理体系中的主体性地位逐步提升。2007年,党的十七大报告首次把社会组织纳入国家治理体系。党的十八大报告明确提出,改革社会组织的管理制度,实行政社分开。党的十八届三中全会提出,要创新社会治理体制,激发社会组织活力。2016年《关于改革社会组织管理制度促进社会组织健康有序发展的意见》首次提出"中国特色的社会组织发展之路",为社会组织的发展指明行动方向[6]。党的十九大报告指出,要"完善党委领导、政府负责、社会协同、公众参与、法治保障的社会治理体制",明确社会组织在社会治理体制中的位置和角色。党的十九届四中全会通过的《中共中央关于坚持和完善中国特色社会主义制度推进国家治理体系和治理能力现代化若干重大问题的决定》,强调要"发挥群团组织、社会组织作用",从

---

[1] 高丙中. 社会团体的合法性问题 [J]. 中国社会科学,2000 (2):100−109+207.

[2] 严振书. 现阶段中国社会组织发展面临的机遇、挑战及促进思路 [J]. 北京社会科学,2010 (1):12−17.

[3] 田凯. 组织外形化:非协调约束下的组织运作——一个研究中国慈善组织与政府关系的理论框架 [J]. 社会学研究,2004 (4):64−75.

[4] 缺乏社会基础的体制内社会组织凭借和利用国家的特殊合法性支持而进入社会领域中以汲取资源的相关策略,被称为"寄居蟹的艺术"。参见:邓宁华."寄居蟹的艺术":体制内社会组织的环境适应策略——对天津市两个省级组织的个案研究 [J]. 公共管理学报,2011,8 (3):91−101+127.

[5] 范明林,程金. 核心组织的架空:强政府下社团运作分析:对H市Y社团的个案研究 [J]. 社会,2007 (5):114−133+208.

[6] 赵宇新. 探索中国特色社会组织的科学内涵 [J]. 毛泽东邓小平理论研究,2017 (2):47−52+108.

"顶层设计"层面肯定了社会组织参与社会治理的合法性[1]。在社会治理体制改革的背景下,地方层面和国家层面都对社会组织管理体制进行了探索,开启了社会组织"混合管理"时期。

在地方层面,部分地方政府对社会组织的备案制、直接登记制进行积极探索。备案制是对"双重许可"准入的一个前置性解决方案,主要针对在现行管理体制下未能达到登记标准的基层社会组织,通过在当地政府备案解决其行政合法性缺失以及社会合法性不足的问题[2]。2006年,南京市首创"两级登记、两级备案"的社区社会组织备案制度,并出台《南京市基层民间组织备案管理暂行办法》。社会组织备案制的推行,将大多数社会组织纳入地方政府的管辖范围,有利于政府对社会组织进行针对性培育,朝着"双重登记"的方向努力。有部分地方政府进行社会组织的直接登记制试点,推行政府与社会组织的分离,减少社会组织的主管单位,从体制层面减小对社会组织的管理束缚。2011年广东省在《关于进一步培育发展和规范管理社会组织的方案》中提出,除特别规定、特殊领域外,社会组织可直接向民政部门申请成立。

在国家层面,党的十八届三中全会通过的《中共中央关于全面深化改革若干重大问题的决定》中明确提出,要激发社会组织活力,确立行业协会商会类、科技类、公益慈善类、城乡社区服务类四类社会组织的直接登记制度。直接登记制度的出现,标志着政府在公共事务管理中权力的下放,政府赋权于社会组织,对社会组织管理体制改革做出积极尝试。

2. 双向赋权:政社合作中的资源互动

社会组织管理体制的改革促进了社会组织的发展,国家与社会组织的关系也随之发生转变。"工具主义"模式的核心在于管理和控制,这虽然在一定程度上保障社会的平稳运行,但也打击了社会组织的积极性,不利于社会治理的良性发展。当"工具主义"越来越不能适应社会治理的需要,"合作治理"就成为转型的新方向。从政府与社会组织关系来看,"合作治理"构建的是一种平等的、非等级的关系格局。在这种关系中,国家通过对社会组织输入资源、价值、目标等实现自身治理能力的

---

[1] 陈成文. 制度环境对社会组织活力的影响——基于贵州、湖南、广东三省的实证研究[J]. 社会科学研究,2020(2):115-129.

[2] 王政,万文博,江元元,等. 我国体育社会组织准入制度的内在逻辑和改革取向[J]. 天津体育学院学报,2019,34(6):486-490.

强化；社会组织也会在制度、资源、合法性方面借助政府部门的支持。在互动过程中，国家与社会之间实现双向赋权[①]。

在合作治理的背景下，政府购买服务对重构政社合作关系有积极作用。敬乂嘉（2014）认为，当前的中国社会组织对政府具备较多的依附性、自治程度低，政府则需要社会组织提供公共服务和公共产品，在此基础上以政府购买服务的形式开展政社合作，有助于提升社会组织专业性与自主性，最后发展为合作治理模式[②]。管兵（2015）对上海市政府购买服务实践和制度规范进行研究，发现政府购买服务重塑了新的国家与社会关系[③]。政社合作背后体现的是政府和社会或者社会组织之间的权力关系，这种权力关系将直接影响甚至决定政社合作的开展方式和紧密程度[④]。例如，政府与直属社团之间会基于双方的资源和价值开展较高程度的合作[⑤]。诸多研究表明，培育与发展主义下的政社关系已经不仅表现为单一模式，而是呈现出许多复合性特征。在社会治理过程中，政府与社会组织的互动所体现出来的关系并非是此消彼长的[⑥]，政社关系中的合作已是无可争辩的事实。日益制度化和普遍化的政府购买服务，成为政府与社会组织合作的重要制度安排和互动模式。

3. 重心下移：基层治理中的组织联动

基层社会作为国家治理的末端，是社会生活的支撑点、社会成员的聚集点、各种矛盾的聚焦点，也是解决社会问题的最后一个场域[⑦]。因此，无论是作为国家实现社会再组织化的组织媒介，还是作为化解社会矛盾、解决社会问题的组织场域，基层社会及其有效治理都是国家治理体系与治理能力现代化的重要有机组成部分。基层社会成为社会组织参

[①] 纪莺莺. 从"双向嵌入"到"双向赋权"：以 N 市社区社会组织为例——兼论当代中国国家与社会关系的重构［J］. 浙江学刊，2017（1）：49-56.

[②] 敬乂嘉. 从购买服务到合作治理——政社合作的形态与发展［J］. 中国行政管理，2014（7）：54-59.

[③] 管兵. 竞争性与反向嵌入性：政府购买服务与社会组织发展［J］. 公共管理学报，2015，12（3）：83-92+158.

[④] 李学楠. 政社合作中资源依赖与权力平衡——基于上海市行业协会的调查分析［J］. 社会科学，2015（5）：27-36.

[⑤] 高红，尹兴. 政府与直属社团的强组织关系模式研究［J］. 中国行政管理，2020（10）：115-120.

[⑥] 宋道雷. 共生型国家社会关系：社会治理中的政社互动视角研究［J］. 马克思主义与现实，2018（3）：196-202.

[⑦] 郎友兴，葛俊良. 让基层治理有效地运行起来：基于社区的治理［J］. 浙江社会科学，2014（7）：63-69+157.

与基层社会治理、提供公共服务和公共产品、化解社会矛盾、解决社会问题等方面的重要场域。党的十九大和十九届三中全会都提出，要充分发挥社会组织的积极作用，将社会治理重心下沉到社区和基层。近年来，国家也越来越重视对基层社会治理中社会组织的培育。2017年中共中央办公厅、国务院办公厅印发的《关于改革社会组织管理制度促进社会组织健康有序发展的意见》提出，从降低准入门槛、积极扶持发展、增强服务功能等方面着手，大力培育发展社区社会组织。2021年中共中央、国务院出台的《关于加强基层治理体系和治理能力现代化建设的意见》提出，培育扶持基层公益性、服务性、互助性社会组织，大力发展公益慈善事业，创新社区与社会组织、社会工作者、社区志愿者、社会慈善资源的联动机制。

目前，社区治理存在不少困境。与单位制时代的街居单元不同，现代社区缺乏行政力量的直接干预，主张多元主体的合作治理。然而，社区中的自治性组织却承接了大量的行政职能，其自治性被削弱。与此同时，社区的行政化趋势也导致社区居民的参与度降低，对社区共同体的归属感不强。社会组织在破解社区治理的"行政化困境"与"共同体困境"方面有着不可替代的作用。以社区基金会为代表的社会组织，可以通过资金筹集、需求调研、民主决策、项目运作、绩效评估等形式，广泛动员社区居民参与，改善社区发展环境、促进社区公共事务治理的发展、加强社区资本构建。

基层社会治理场域中，政府及社会各界推动构建以社区、社会组织、社会工作者为主体的"三社联动"治理格局。三社联动强调三者之间的资源、信息共享，在三者的互动过程中达到优势互补的目的，实现三者的共赢[1]。从社会组织的角度看，社会组织是"三社联动"治理结构中联结社区与社会的纽带和轴心。分散化的社区个体可以通过社会组织实现再组织化，参与社区建设、积累社区社会资本、加强社区凝聚力。因而，在当前社会治理背景下，社会组织可以发挥桥梁作用实现"国家—社会组织（包括社区社会组织）—个人"的链接功能[2]。基于我国社区居委会和村委会的行政化趋势，"三社联动"格局下所形成的社区与社会

---

[1] 叶南客，陈金城. 我国"三社联动"的模式选择与策略研究[J]. 南京社会科学，2010 (12)：75-80+87.

[2] 徐选国，徐永祥. 基层社会治理中的"三社联动"：内涵、机制及其实践逻辑——基于深圳市H社区的探索[J]. 社会科学，2016 (7)：87-96.

组织的关系可以被视为政社关系在基层社会的微观表现形式或基础[①]。近年来，基层社会中的政府购买服务日益增多，街镇购买服务场域中也呈现出丰富多样的政府与社会组织互动关系。基层社会成为检验社会组织能力与作用、观察政府与社会组织关系的重要场域，场域中行动者的发展与互动值得关注和研究。

---

① 李友梅. 社区治理：公民社会的微观基础[J]. 社会，2007（2）：159-169+207.

第四章 政府购买服务的制度创业进程与场域结构发展

20世纪六七十年代,诞生于英美国家的政府购买服务制度成为被广泛接受的理性组织形式,被越来越多的国家模仿和学习。有学者认为,政府购买服务在我国的发展是政府主导的制度化过程,经历了向西方社会管理制度模仿学习阶段,到适应自身社会发展并逐步改造与创新的阶段,直至演变成一种适合中国社会的规范机制[①]。政府购买服务模式在我国的普遍展开,既是由于外部全球化浪潮中政府公共服务趋势发展的推动,也是因我们内部不断学习、模仿和创新的结果。从1995年上海罗山市民会馆的购买尝试,到作为社会组织发展重大基础的购买制度[②],我国政府购买服务的制度化进程是怎样的?政府购买服务的场域结构是如何变化发展的?这一发展变化又给予社会组织什么样的激励与约束?本章对1995年发展至今的上海市政府购买服务进行分析,从历时性的角度,以制度化过程为线索,考察政府购买服务场域形成的不同阶段中制度创业者的行动路径。同时,揭示政府作为制度创业者推动购买场域发展的制度结果,分析政府购买服务场域从萌芽、到新兴、再到成熟三个发展阶段的结构性特征。

一、上海政府购买服务的制度进程

1995年上海市浦东新区社会发展局委托上海基督教青年会运行罗山

[①] 陆春萍. 我国政府购买公共服务的制度化进程分析 [J]. 华东理工大学学报(社会科学版),2010(4):102—107.

[②] 黄晓春. 政府购买社会组织服务的实践逻辑与制度效应 [J]. 国家行政学院学报,2017(4):61—66+146.

市民会馆，成为国内政府向社会组织购买服务的先例。经过20多年的发展，政府购买服务成为我国各地政府提供公共服务的普遍方式和制度安排。本研究回顾上海政府购买服务的发展过程，以关键事件为节点，把上海市政府购买服务分为三个阶段。

第一阶段：单点的制度创新（1995—1999年）。

1995年，时任浦东新区社会发展局局长、后来担任上海市民政局局长的社会领域改革先锋马伊里，主导开启了政府和社会组织合作的先河。浦东新区社会发展局向上海基督教青年会购买服务，委托上海基督教青年会管理罗山市民会馆，以便为公众提供更好的社区服务。更确切地说，罗山市民会馆是由浦东新区社会发展局、浦东新区社会发展基金会、上海基督教青年会和罗山街道办事处共同创建，上海基督教青年会受托管理的一个集社区服务、社区教育和社区文化为一体的社区福利服务机构[1]。罗山市民会馆是浦东社会发展局和上海基督教青年会合作生产的"产品"，浦东社会发展局是服务需求方和购买方，上海基督教青年会是服务供给方。虽然政府向社会组织购买服务，开拓了社区公共服务领域的新模式，但罗山市民会馆项目在这一时期是"一枝独秀"，之后在发展中遇到不少制度上和合作上的困境[2][3]。这项制度创新在实施中日益艰难，无法进行制度性推广，仅仅是单点的制度创新。

第二阶段：局部的制度探索（2000—2008年）。

随着公共服务需求的快速增长、社会问题的频繁出现，自2000年起，上海政府部门开始以浦东新区为试点，在养老、禁毒、社区矫正、社区青少年管理等领域局部构建政府购买服务体系。这一时期关键性事件包括：①上海市民政局于2000年开始构建社区居家养老服务体系，在全市购买养老服务。其间，印发了《关于全面开展居家养老服务的意见》《上海市民政局关于进一步推进深化居家养老服务工作的通知》《关于全面落实2008年市政府养老服务实事项目，进一步推进本市养老服务工作的意见》等规范文件，对养老服务的提供者、资金保障和使用规则、社区养老组织网络的构建、养老服务的目标群体和内容等进行制度安排。在政府部门的主导下，区县居家养老服务指导中心与社区助老服务社、

---

[1] 杨团. 非营利机构评估：上海罗山市民会馆个案研究[M]. 北京：华夏出版社，2001：3.

[2] 华爱. 从罗山市民会馆看非营利组织的生存[J]. 上海城市管理职业技术学院学报，2006（3）：24—26.

[3] 陈统奎. 一所市民会馆的十年[J]. 南风窗，2006（2）：53—55.

社区老年人日间服务中心、社区老年人助餐服务点等组织构成了上海市居家养老服务组织体系。②中共上海市政法委员会于2003年成立上海市自强服务总社、上海市新航服务总社、上海市阳光社区青少年事务中心三大社团，并定向购买三大社团专项社工服务。三大社团服务限定于矫正、戒毒和青少年教育三大领域，在上海所有区县设立工作站点，通过承接上海市政法委员会专项拨款、定向购买服务的方式，从事社区矫正人员、"失学、失业、失管"社区青少年和药物滥用人员的相关社会服务工作。三大社团的设立，标志着政府购买服务在面上逐步铺开[①]。③上海市浦东新区政府购买服务的试点推行。浦东新区人民政府于2005年出台了《关于促进浦东新区社会事业发展的财政扶持意见》，为政府给予社会组织资助提供了政策依据，并且明确提出大力发展公益性民间组织，促进政府职能转变。2007年浦东新区人民政府出台《关于进一步转变政府职能，充分发挥街道办事处社会管理综合协调作用的若干意见》，对基层政府（即街道办事处）进行综合改革，推动街道办事处的工作重心转向社会管理和公共服务，为引进和委托社会组织提供公共服务创造机会。同年，浦东新区人民政府办公室印发了《浦东新区关于政府购买公共服务的实施意见（试行）的通知》，这是上海市首个政府购买公共服务的政策文件。该文件对政府购买服务的实施原则、工作目标、购买内容、购买方式、资金安排、组织实施等做了规定，为浦东新区试行政府购买服务设定了制度框架。总体而言，这一时期的政府购买服务仅在部分服务领域和区域试点推行，还没有作为普遍的制度安排进入政府视野。

第三阶段：整体的制度发展（2009年至今）。

从2009年起，上海政府购买服务进入制度化发展时期，上海市级、各区政府陆续出台政府购买服务的相关政策文件，政府购买服务成为一种普遍流行的制度安排。2009年上海召开全市社会建设推进大会，以会议文件形式下发了《关于进一步加强本市社会组织建设的指导意见》。文件明确提出，要"建立政府购买服务机制。政府部门要将购买服务的资金列入部门年度预算，并逐步扩大购买服务的比例"。这是上海市市级层面第一次以文件的形式明确政府购买服务[②]。同年，上海市民政局印发

---

① 肖春平，曾永和. 上海：探索完善政府购买社会组织服务机制[J]. 中国社会组织，2013（10）：15—17.

② 肖春平，曾永和. 上海：探索完善政府购买社会组织服务机制[J]. 中国社会组织，2013（10）：15—17.

了《关于福利彩票公益金资助项目实施公益招投标的意见》，运用福彩公益金及市区两级配套资金，通过社区公益招投标和公益创投的形式购买社会组织提供的安老、济困、扶幼、助残等公益项目。福彩公益金资助项目在全市范围内展开，构成上海市政府购买服务体系中的重要部分。自2010年起，闵行区、松江区、静安区、长宁区、杨浦区等各区政府的相关部门陆续出台政府购买公共服务的专项政策，对购买服务的组织领导及职责分工、购买领域、购买流程等做了规定。之后，上海市相继出台了《上海市市级政府购买公共服务项目预算管理暂行办法》《社区公益服务项目绩效评估导则》，进一步完善了政府购买服务相关制度。2014年中共上海市委办公厅、上海市人民政府办公厅印发的《关于组织引导社会力量参与社区治理的实施意见》指出，要进一步明确政府购买服务范围、规范政府购买服务流程、健全政府购买服务体系、强化政府购买服务绩效评价、加强资金保障等，以完善政府购买服务的制度体系。通过多年的制度探索，这一时期的政府购买服务已经进入制度规范化推行的阶段，实现了政府购买服务制度的全面发展。

二、上海政府推进购买服务制度进程的行动路径

上海市政府购买服务的制度化经历了三个阶段，从单点的制度创新，到局部的制度探索，再到整体的制度发展。很明显，地方政府是政府购买服务制度化的主导者和制度创业者，通过制定法律法规和政策，设置进入壁垒、资金资助、人才引导等制度，直接决定和推动了政府购买服务场域的发展。当然，在不同的发展时期，作为制度创业者的具体政府部门是不同的。在单点制度创新阶段，制度创业者是少数先锋派的政府官员，如浦东新区社会发展局的马伊里局长；在局部制度探索阶段，制度创业者是少数先试先行的政府部门，如上海市民政部门、中共上海市政法委员会；在整体制度发展阶段，制度创业者则是更广泛范围上的政府部门。在不同的阶段，政府推进购买服务发展的行动路径也存在差异。

（一）单点制度创新阶段（1995—1999年）：磨合中试行

20世纪90年代，政府购买服务在我国内地是新兴事物，并未进入到多数政府官员的视野当中。少数的政府官员，通过到国外考察和学习，尝试借鉴新的思路来解决国内面临的问题。1995年，时任浦东新区社会

发展局局长的马伊里推动了罗山市民会馆的成立，尝试探索社会福利社会化供给的路径。在浦东新区社会发展局向上海基督教青年会购买服务过程中，政府的主要行动路径包括以下三个方面。

1. 创新社会资源动员的组织形式，组建购买制度的试验载体

罗山市民会馆成立之前，社区服务由政府建立的社区服务中心统一提供，社区公共服务设施和服务提供所需费用，都由政府财政承担。在罗山市民会馆项目中，浦东社会发展局是会馆最主要的产权方和投资方[①]，通过协议的方式将会馆委托给上海基督教青年会独立管理。罗山市民会馆建设与管理的参与各方对机构的运作模式概括为"政府主导、各方协作、社团管理、市民参与"[②]。罗山市民会馆的承接方需要通过提供服务自负盈亏。这既引入了社会力量，有助提高服务的质量和效率，也带动社会资本投入社区服务，减少财政压力。这种"公办民营"的方式是政府购买服务的早期形式，该项目在很大程度上成为购买制度的试验田。

2. 选择合适的盟友，与具有专业运作经验的社会组织合作

现行制度中占主导的行动者更愿意维持现状而不愿意改变，甚至会阻碍改变[③][④]。制度创业者必须动员盟友、发展联盟和合作，而其盟友需要有共同的认同感、相关的利益和能力保障[⑤]。浦东社会发展局在选择承接方时考虑四点条件：组织可以承担启动运作所需的费用、组织人员受过社会服务工作的训练、组织具有社会公益服务的经验或意愿、组织最好是一个民间团体[⑥]。上海基督教青年会是一个具有社会公益服务传

[①] 将各单位对罗山市民会馆的投入进行货币化折算，罗山市民会馆投入总额是 856.20 万元人民币（只计现金、房产，不含土地价格），其中浦东社会发展局现金 218.60 万元，房屋 200.00 万元（估价）；浦东城工委现金 137.00 万元；浦东社会事业发展基金会现金 123.40 万元；金杨新村街道房屋 130.00 万元（估价）；上海基督教青年会现金 47.20 万元。见杨团. 非营利机构评估：上海罗山市民会馆个案研究［M］. 北京：华夏出版社，2001：7.

[②] 杨团. 非营利机构评估：上海罗山市民会馆个案研究［M］. 北京：华夏出版社，2001：7.

[③] DIMAGGIO, P. Interest and Agency in Institutional Theory [J]. In Zucker, L. (Eds.), Institutional Patterns and Culture, Cambridge, MA: Ballinger, 1988.

[④] LEVY, D. L. & Scully, M. The Institutional Entrepreneur as Modern Prince: The Strategic Face of Power in Contested Fields [J]. Organization Studies, 2007, 28 (7): 971—991.

[⑤] FLIGSTEIN, N. Social skill and institutional theory [J]. American Behavioral Scientist, 1997, 40 (4): 397—405.

[⑥] 朱又红. 第三部门中的社会创新［J］//杨团, 非营利机构评估：上海罗山市民会馆个案研究［M］. 北京：华夏出版社，2001：170—188.

统的社会团体,一直从事社区服务,其团体理念、组织管理水平、人员的专业素养都符合浦东社会发展局的要求。购买方和承接方达成共识,成为制度创新中的盟友,推动新制度发展。

3. 共同探讨建立制度框架和合作模式,给予承接方政策支持

制度创业者作为主导,必须和场域中其他盟友建立共同的制度规则,明确各自行动的边界以及双方合作的模式。罗山市民会馆项目中,浦东新区社会发展局扮演着购买者的角色,给予罗山市民会馆关注和指导,并提供政策上的支持和意识形态的宣传,同时承担监督和评估的职责。浦东新区社会发展局马伊里局长曾在访谈中提到,政府要支持和培育社会组织,要重视社会组织的能力建设[①]。而作为承接方的上海基督教青年会则通过派出管理人员、注入社会服务理念、投入启动资金、负责运营平衡、探索与衍生机构的关系等具体行动实现其角色和功能[②]。由上海基督教青年会运营的罗山市民会馆带有强烈的社会组织特征。在满足购买方的基本要求的情况下,承接方通过非营利性、服务专业化、社区需求为本、社会资源的引入等,使得服务产品呈现出社会组织的特征。这一服务形式是对传统街道管辖的社区服务中心的挑战,开拓了社区公共服务领域的新模式。制度创业者和承接者双方在制度创新中不断磨合,共同建立合作框架和模式。

(二) 局部制度探索阶段 (2000—2008年):体系内推行

在局部制度探索下,部分政府的需求是推进政府购买服务的主导因素。政府购买公共服务的动因之一是政府无法满足日益增长的公共服务需求[③],而政府购买服务有利于改善公共服务的质量和提升公共服务的效率。上海是高度老龄化的城市,养老的公共服务所带来的压力是政府面临的巨大难题。上海市民政局作为养老领域的制度创业者,从2000年开始构建政府购买居家养老服务的体系。又如,吸毒人员、刑释解教人员、闲散青少年等群体日益成为影响社会稳定的重要因素,构建预防和减少犯罪工作体系的重要性和紧迫性增强,上海市委政法委员会开始尝

---

① 蓝煜昕. 社会管理创新的上海实践:马伊里访谈录 [J]. 中国非营利评论,2012,9 (1):1—14.

② 杨团. 非营利机构评估:上海罗山市民会馆个案研究 [M]. 北京:华夏出版社,2001:54—57.

③ 苏明,贾西津,孙洁,等. 中国政府购买公共服务研究 [J]. 财政研究,2010 (1):9—17.

试通过组建民办非企业的服务团体，通过购买其专业社会工作服务的方式，提高工作的针对性和服务成效[①]。在局部制度探索阶段，政府购买服务基本上是在某一领域内或区域内集中开展，政府进行制度创业的行动路径包括以下四个方面。

1. 做好顶层设计，在局部领域建立政府购买服务的制度框架

制度创业过程中，制度创业者通过建立新的规则体系、价值观念等，营造有利制度变化的环境。作为制度推动者，这一时期的上海市民政部门、中共上海市委政法委制定了体系内的整体购买框架。

在养老领域，上海市民政局从 2001 年起陆续发布《关于全面开展居家养老服务的意见》《市政府办公厅转发市民政局等二十二部门关于加快实现本市社会福利社会化意见的通知》《上海市民政局关于进一步推进深化居家养老服务工作的通知》《关于全面落实 2008 年市政府养老服务实事项目进一步推进本市养老服务工作的意见》《上海市民政局关于鼓励社区设立老年人助餐服务点的通知》等政策文件，对政府购买养老服务的内容、经费、服务承接者等基本内容进行整体设计。

中共上海市委政法委 2003 年起出台了《中共上海市委政法委员会关于构建预防和减少犯罪工作体系的意见》《中共上海市委政法委员会 上海市社会治安综合治理委员会关于组建禁毒、社区矫正、青少年事务社团的指导意见》《中共上海市委政法委员会关于全面推进预防犯罪工作体系建设的实施意见》等，正式从政策层面上对构建预防和减少犯罪工作体系进行总体规定。文件指出，上海"要支持社会团体按照政府的委托和授权从事预防和减少犯罪工作""要通过政府购买服务，整合社会资源，探索替代性公共服务产品的生产、供应机制"[②]。文件还规定了三大社团的组织属性、组织架构与职责、编制、经费来源、与其他政府之间的关系等。相关政策文件的出台，为局部领域政府购买服务提供了制度合法性和行动指南。

2. 延续行政体系的思路，培育行政主导的服务供给者

政府进行制度创新必须基于特定的组织基础。2000 年，上海市民政局依托养老机构在 6 个区 12 个街道开展居家养老试点工作。当时购买服

[①] 李太斌. 治理理念下的政府和社会伙伴关系构建——以上海市阳光社区青少年事务中心为例 [D]. 上海：上海大学，2007：30-31.

[②] 李太斌. 治理理念下的政府和社会伙伴关系构建——以上海市阳光社区青少年事务中心为例 [D]. 上海：上海大学，2007：31.

务的方式分为两种：一是政府购买入住养老服务，对入住养老院、敬老院等养老机构的困难老人直接实行付费补贴；二是政府购买居家养老服务，对困难老人家庭护理服务直接实行付费补贴[①]，即采用凭单制进行购买。之后，面对巨大的养老压力和社会需求，政府无法独立承担，设计"社区居家养老服务"的制度安排。这一阶段的上海养老领域购买服务的制度创新，改变了服务承接的形式，但承接主体并没有较大的创新，没有在社会上培育新的承接主体，而是沿袭当时行政体制的路径和方向，建立了行政化的居家养老的服务体系。上海市民政局印发了《关于全面开展居家养老服务的意见》，明确在各区（县）的街道（镇）成立居家养老服务中心，并构建上海购买居家养老服务的供给体系：各级民政部门是居家养老服务的主管部门；居家养老服务中心是政府指定的居家养老领域的领导者，属于民办非企业单位性质，受政府部门委托，具体实施本地区内的居家养老服务指导工作，其下属的社区助老服务社为养老服务队伍、具体提供养老服务[②]。这是政府借助行政力量、按照行政体系构建的养老服务体系。

又如，中共上海市委政法委应政府需求组建了三大社团。由上海市司法局、上海市禁毒委员会、共青团上海市委员会分别担任上海市新航社区服务总社、上海市自强社会服务总社、上海阳光社区青少年事务中心三大社团的业务主管单位。在设立之前，由于当时三大社团还没有完成组建，所有的筹备工作，如组建相应的工作机构、组建社工队伍、对社工进行岗前培训、确定工作理念和方法等，都由政府来完成[③]。三大社团成立之后，政府通过购买服务的方式为社团提供经费，以维持社团的日常运作和支付社工的薪酬。在政府的推动下，半年左右三大社团的工作范围就由原来的四个试点区扩大到上海市所有区县。可见，作为服务承接方的三大社团是在服务购买方主导推动下成立，在行政框架内构建，并在政府购买服务推动下获得快速发展的体制内社会组织。

[①] 李慷. 关于上海市探索政府购买服务的调查与思考 [J]. 中国民政，2001（6）：23-25.

[②] 社区助老服务社，是上海市民政局发文要求组建非正规就业劳动组织形式的街道（镇）社区助老服务机构，结合市政府"万人就业"项目要求，招用失业、协保人员和农村富余劳动力从事居家养老服务。

[③] 李太斌. 治理理念下的政府和社会伙伴关系构建——以上海市阳光社区青少年事务中心为例 [D]. 上海：上海大学，2007：41.

3. 设立专项财政资金,保障政府购买服务的稳定性

制度创业伴随着资源的挖掘。制度创业者的成功很大程度上依赖于他们撬动稀缺资源和关键资源的能力[①][②]。上海民政部门从2000年开始探索购买社区居家养老服务,但各区县的做法并不统一,资金上也无保障,多数属于"摸着石头过河"的状况。直到2004年,社区居家养老服务被列入市政府实事项目,被纳入政府财政预算,解决了资金保障的问题,并建立了养老服务补贴制度,明确了资金使用的规则。上海市社区养老服务中心主任曾在访谈中提到,"社区居家养老,上海最早是从2000年开始探索的,当时也是摸着石头过河,没有统一的做法。各区县就是试点的状态,做法也不统一。你做你的,我做我的,资金也没有保证。直到2004年,当时上海大概有20件市政府实事,它(社区居家养老服务)被列入进去了。列进实事以后,大家的思路就比较清晰了,经过前面四五年的探索期,到2004年的时候我们就理出一个基本的政策框架。所以,2004年这一年对整个上海的社区居家养老服务来说是标志性的一年,一个是被列入(政府)实事,另一个是出了补贴的政策,资金有了保障"[③]。

此后,各区县购买养老服务的思路逐渐清晰,政策的基本框架也得以明确。其中,关键性的养老服务补贴制度是建立在对不同健康状况老人开展身体状况评估的基础上的。政府部门根据评估结果发放居家养老补贴,所有补贴由市、区财政平均分摊支付,以服务券的形式发放给居家养老服务对象[④]。政府购买服务资金的稳定,为购买居家养老服务提供了保障。

在顶层制度设计中,明确了中共上海市委政法委购买三大社团的经费。中共上海市委政法委与三大社团签订合同,通过政府购买服务的方式为社团提供经费。具体的购买主体,不仅包括上海市禁毒办公室、上海市社区矫正办公室、上海市社区青少年事务办公室,实际运作中还包

---

① Fligstein, N. Social skill and institutional theory [J]. American Behavioral Scientist, 1997, 40 (4): 397-405.

② Lawrence, T. B., Mauws M. K., Dyck, Bruno & Kleysen, and R. F. The Politics of Organizatonal Learning: Integrating Power into the 4I Framework [J]. Academy of Management Review, 2005, 20 (1): 180-191.

③ 上海市社区养老服务中心 K 主任(访谈 G2014121201)。

④ 章晓懿. 城市社区居家养老服务质量研究 [D]. 江苏:江苏大学,2012:105.

括市、区（县）、街道（镇）三个层面的多个机构[①]。《中共上海市委政法委员会关于全面推进预防犯罪工作体系建设的实施意见》中指出，"各区县政府服务费由区县财政局拨付到区县综治办，由社工站按社团的造册名单及金额按月发放。支付社工工资并缴纳各项税金后的剩余部分，用于本地区推进体系建设的相关支出"。政府购买服务经费被纳入政府财政预算中，很大程度上保障了政府向三大社团购买服务的稳定推进。

4. 推进区域制度创新，破除政府购买服务的制度障碍

上海市民政部门建立的养老组织网络、中共上海市委政法委建立的矫正、戒毒和青少年教育的社工服务网络在浦东新区各街镇也推行开来。已有的组织网络无法满足浦东新区社会公众的公共服务需求，特别是对服务的多元性以及服务质量和效率的要求。浦东新区政府需要社会组织帮助承担某些转移的职能，因而进行了区域的制度探索。浦东新区的区域制度创新主要包括以下三个方面。

（1）探索将财政资金转移支付给社会组织的方式。

2005年发布的《关于促进浦东新区社会事业发展的财政扶持意见》为政府给予社会组织资助提供了政策依据。该意见明确提出要大力发展公益性民间组织，以房租补贴、运营费补贴等"政府补贴"方式发展社会组织，促进政府职能转变。这一时期对"政府购买服务"还没有明确的规定，而是以房租补贴、运营费补贴等"政府补贴"的方式来促进社会组织的发展。政府职能转变也伴随着事业单位的转制。该意见规定，"对政府部分事务类职能向企业或民办非企业单位转移、事业单位整体改制为企业或民办非企业单位的，除政府购买服务时优先考虑外，经有关部门认定，三年内其原有财政保障力度不变，其实现的营业收入、利润总额形成的新区地方财力部分，给予100%补贴"。而对于政府鼓励的服务领域和新生的社会组织，政府采用的是运营费补贴的方式。"对为新区提供各类专业化服务的公益性民办非企业单位，如专业社工服务、科普教育、调解服务、法律服务、刑释解教人员矫治、问题青少年关爱、促进就业服务、居家养老服务、残疾人服务、精神病人日托康复、吸毒人员教育感化等，除政府购买服务外，经有关部门认定，根据实际工作量和受益范围，三年内给予每年不超过5万元的运营费补贴。"该意见以开放的态度支持社会公益事业的发展，涉及的领域广泛，鼓励社会组织参

---

① 李太斌. 治理理念下的政府和社会伙伴关系构建——以上海市阳光社区青少年事务中心为例[D]. 上海：上海大学，2007：41.

与到政府职能转变、优化社区服务、举办社会事业、推进养老助残和就业等社会公益事业中。

（2）以街道改革为契机，培育和发展社会组织为公共服务提供者。

2007年浦东新区人民政府印发了《关于进一步转变政府职能充分发挥街道办事处社会管理综合协调作用的若干意见》（浦府〔2007〕83号），对基层政府即街道办事处进行综合改革，转变街道办事处的职能，把社会管理重心下移，进一步推进政事、政社、政企分开。街道办事处不再直接从事招商引资活动，其工作经费由功能区域管委会按有关规定执行并提供保障，工作重心转移到社会管理和公共服务上。街道办事处的主要职责是履行社会管理和公共服务的职能，引导社会组织参与社区公共服务。该意见指出，"街道办事处要加强政社合作，注重培育社会组织，组织动员社会力量参与社会管理和公共服务。积极改革社区公共服务形式，通过政府购买服务、项目管理等契约方式，委托社会组织承接社区公共服务，并根据协议约定加强监管，切实降低运作成本，提高服务效率，努力实现社区公共服务的社会化、市场化"。街道要组织动员社会力量参与社会管理和公共服务，通过政府购买服务、项目管理等契约方式，委托社会组织承接社区公共服务。

（3）出台政府购买服务制度文件，为购买社会组织服务提供合法性。

2007年浦东新区人民政府办公室印发的《浦东新区关于政府购买公共服务的实施意见（试行）的通知》（浦府办〔2007〕18号）是上海市首个政府购买公共服务的政策文件。该文件对于政府购买服务的实施原则、工作目标、购买内容、购买方式、资金安排、组织实施等作了规定，推动了浦东新区政府购买服务实践的开展，但对政府购买公共服务的范围规定较为笼统，体现出效益导向、量化导向和市场运作的思路。《意见》要求，"采用政府购买服务的政府事务应符合下列条件：1.通过政府购买服务，有利于转变政府职能、提高工作效率、降低工作成本。2.项目适用于确定评估的量化指标。3.项目具备一定的市场化运作条件。4.资金已由新区财政安排"。此外，其对于服务供应方的身份也没有明确限定。

浦东新区政府购买服务是在社会需求增加、街镇职能转变、社会组织发育不足、购买服务制度尝试等综合背景下发展的。浦东新区对社会组织包容、开放的态度，以及对社会组织的支持措施，为社会组织的发展塑造了良好的环境，也推进了浦东政府购买服务向更深入的方向发展。

(三) 整体制度发展阶段 (2009年至今): 全体系推进

相较于局部制度探索阶段, 在政府购买服务制度全面发展的阶段, 制度创业者日益多元和丰富起来。国务院办公厅2013年发布的《关于政府向社会力量购买服务的指导意见》规定了购买主体的范围, 为购买服务的推行奠定基础。之后, 政府购买服务成为政府部门普遍推行的制度安排。上海市政府委办局等职能部门、街镇等地方政府、工青妇等群团组织都投入到政府购买服务中, 形成"条""块""党群"三大制度主体购买的格局[①]。政府购买服务已然成为政府提供公共服务的创新工具。在整体制度发展过程中, 政府部门进行制度创业的行动路径主要包括以下三个方面。

1. 推进各级政府购买服务制度建设, 明确购买服务的管理机构

从2009年起, 上海政府购买服务进入制度化发展时期。首先是上海市民政局运用福利彩票公益金购买社会组织服务, 出台了一系列政策, 为培育社会组织提供了政策支持。自2010年起, 上海闵行区、松江区、静安区等各区政府相关部门陆续出台政府购买公共服务的专项政策, 对购买服务的组织领导及职责分工、购买领域、购买流程等做出规定。街镇也逐渐成为购买服务的主体, 陆续出台购买文件。例如, 浦东新区T街道2013年出台了《T街道办事处关于购买社会组织服务的实施意见》《T街道办事处政府职能转变目录》《T街道办事处购买社会组织服务目录》《T街道社会组织承接服务资质目录》。这一时期, 政府购买服务制度更为丰富, 主体层级多元化, 具体的购买内容和程序规定更加全面和细致。政府购买服务相关法律和政策的出台, 为政府购买服务提供了明确的法律合法性和制度框架, 同时也给予各级政府部门一定程度的行为限制和约束。在政府购买制度不断完善的同时, 上海各区大多还规定了政府购买服务的统一管理、综合运作的机构。例如, 静安区和浦东新区由社区建设办公室来进行区级的政府购买服务, 杨浦区的政府购买服务则纳入区公共服务购买的统一平台, 由区民政局统一管理, 浦东新区共青团、妇联和工会都各自成立了部门化社会组织作为枢纽来管理各自领域的购买服务。制度及基础设施的完善和推行, 是制度创业成熟、显著的制度成果。

---

① 黄晓春, 嵇欣. 非协同治理与策略性应对——社会组织自主性研究的一个理论框架[J]. 社会学研究, 2014, 29 (6): 98−123.

2. 不同的制度创业者表现出差异化购买行为

制度整体发展阶段，政府购买服务成为普遍的制度规范，在某种程度上，制度压力推动了大范围的政府购买服务。然而，"条""块"等不同的制度创业者在购买服务内容和承接主体选择两方面呈现出差异性。从购买内容上来看，"条"以购买专业服务为主，"块"则以购买社区综合服务为主。上海市民政局以福彩公益金进行社区公益招投标购买，遵循福利彩票"扶老、助残、救孤、济困"的宗旨，资助为老服务、助残服务、青少年服务、帮困服务、其他社区公益服务等五大类项目。这些购买领域注重社区服务，属于专业服务范围。而街镇的购买服务则较为综合，主要包括两方面：街镇各科室的事务性或基础性辅助工作以及街镇各科室所需的公共服务。街镇在政府购买服务中往往由职能科室提出购买需求，将政府职能中的事务性、技术性、服务性工作进行立项，以项目化方式进行服务购买。从服务承接方选择上来看，"条"的承接主体较为广泛，在很大程度上为官办和民办社会组织提供机会空间和资源平台，"块"在选择承接主体时则偏重属地化的官办社会组织。以浦东新区社区公益招投标项目为例，2011—2015年，浦东新区社区公益招投标共购买259个项目，承接服务的社会组织共54家，其中，民办社会组织占到每年中标组织总数的三分之二，官办社会组织占到每年中标组织总数的三分之一[1]。社区公益招投标项目为上海民办和官办社会组织都提供了规模化发展的机会平台。而街镇在购买服务时支持和选择的社会组织则遵循以下的行为逻辑：一是在购买初期采用"表面购买、实质定向"的方式为官办社会组织设置缓冲带，培养官办社会组织各方面的能力；二是给予辖区内官办社会组织开办费补贴、人才引进费用补贴、定向的政府购买服务等作为支持，重点培育官办社会组织和辖区内社会组织；三是适当引进具有良好社会声誉的民办社会组织进入社区提供服务，以显示政府购买服务中"竞争""公平"等要素的存在。

3. 扩展政府购买服务资金的制度化投入

政府是公共服务购买的安排者和资金提供者。作为需求方，购买服务的政府部门的组织规模、资金数量以及购买内容，一定程度上决定了购买服务的发展水平。在制度整体发展阶段，明确购买资金的来源成为

---

[1] 许源. 购买场域中的组织特征及其制度逻辑：政府购买服务供给市场研究[J]. 学习与实践，2016（1）：76—86.

政府购买制度发展的重要内容。上海政府购买服务的资金主要有两类：政府财政预算和以福利彩票公益金为主的政府管理的社会资金，其中政府财政预算是政府购买服务的主要资金来源。上海市人民政府2015年印发的《上海市政府购买服务管理办法》明确规定，"政府购买服务所需资金应从部门预算经费或者经批准的专项资金等既有预算中统筹安排"。街镇向社会组织购买服务的经费一般按照部门预算管理规定，纳入街镇各科室和下属单位的年度部门预算。从街镇购买服务的规模看，各街镇购买服务的资金有较大差异，但总体上呈现不断增长的态势。浦东新区的T街道、W街道、C镇等街镇一直走在浦东政府购买服务的前列。W街道2013至2014年共购买公益服务36项，总额共计313万元；T街道2014年购买服务有46项，涉及财政资金约1450万元[①]。在普遍推行政府购买服务的过程中，街镇成为购买服务的有力生长点。此外，运用福利彩票公益金购买社区公益招投标项目，其购买金额总体呈现增长的趋势，成为了上海市资金规模最大的购买服务项目。以浦东新区社区公益招投标为例，浦东新区2011年至2015年共投入1亿余元向社会组织购买了259个项目，其中养老类项目占比为49.4%，金额占项目总金额的55.7%，而扶幼、助残、济困类则基本上占剩余项目数及金额的三分之一。[②] 相较于局部制度探索阶段，这一阶段政府购买服务的购买主体不断增加，资金规模不断扩大，资金来源通过制度化得以明确。在政府的制度创业下，政府购买服务的制度化得到进一步发展。

三、上海政府购买服务场域的演化发展

经过单点制度创新、局部制度探索、整体制度发展，上海政府购买服务制度化进程加快。政府作为制度创业者，在不同阶段运用了不同的行动路径，这会导致什么样的制度结果？总的来说，政府购买服务的稳定性提高、趋势性更加明显，具体表现为法律法规对政府购买的内涵规定更加细致、购买的程序化要求更加具体和严格、购买的资源供给纳入制度化的渠道。然而，仅仅从制度发展的角度，无法全面显示在政府推

[①] 浦东新区地区工作党委. W街道社会组织发展情况、T街道购买服务情况，关于召开"街镇如何进一步推广购买服务经验"研讨会材料，2014.

[②] 作者根据"上海市公益招投标网"网站信息归类计算所得。

动下场域的发展。上海政府购买服务所形成的场域，经历从萌芽、新兴到成熟的发展过程，不同阶段的场域具有各自的结构性特征（见表4.1）。

表 4.1　上海市政府购买服务场域的演化发展

	阶段一 （1995—1999 年）	阶段二 （2000—2008 年）	阶段三 （2009 年至今）
关键事件	• 1995 年，罗山市民会馆成立	• 2000 年，政府购买居家养老服务 • 2003 年，三大社团成立 • 2007 年，浦东新区试点推行政府购买服务	• 2009 年，福彩公益金购买社区公益招投标项目 • 2010 年起，上海各区县推行政府购买服务
场域结构	• 政府购买服务场域的萌芽 • 单点制度创新，还没有形成场域	• 新兴政府购买服务场域 • 局部制度探索，相对封闭的系统，外来者很难进入	• 成熟政府购买服务场域 • 整体制度推行，场域边界打开，形成开放系统
场域特征	• 前制度化，单点的探索，仅存在合作双方的契约约束 • 只有少数的行动者 • 购买者与承接者之间相互磨合、梳理定位	• 局部、封闭系统的制度化，体系内或区域内法规政策文件出台 • 体制内行动者为主，并在行政力量推动下，体制内行动者发展迅速 • 购买者与承接者之间主要是领导与被领导关系	• 整体的制度化，市、区县、街镇法规政策文件出台 • 体制内、体制外的行动者并存，且体制外行动者发展迅速 • 购买者与承接者之间关系多样，包括领导与被领导、委托代理关系

（一）阶段一（1995—1999 年）：单点制度创新阶段，形成政府购买服务场域的萌芽

这一阶段是政府购买服务场域的萌芽阶段。20 世纪 90 年代，公共服务的供给主要由政府部门负责。政府购买服务制度只受到少数的政府官员关注，在小范围内被引入我国，并通过"试点"来探索新制度的适用性。上海浦东新区社会发展局通过公办民营的购买方式与上海基督教青年会合作，在社区公共服务供给中提供了社会化尝试的思路。这一时期的政府购买服务处于前制度化的阶段，参与其中的行动者非常少，还是单点的制度尝试，仅能算作政府购买服务场域的萌芽期。政府作为制度创业者与其他行动者的关系处于磨合的过程中，双方并未形成固定的互动模式，而是在探索中进行相互磨合和梳理定位。

罗山市民会馆是政社制度创新的产品。购买服务的政府部门遇到现实无法解决的问题，将场所和服务委托给社会组织，一部分原因是希望

社会组织发展独立的服务能力,比政府部门更好地完成服务目标。但是在合作初期,社会组织的能力问题成为制约制度创新的因素之一。现实的问题是,社会组织取得的成效并没有现有的事业单位好。但是在制度创新的"捆绑"下,政府在购买服务的同时,也只能同步培养以提升社会组织的能力。政府与社会组织的边界一旦模糊,政府做了社会组织的事情,社会组织对政府的依赖程度就会越强,政府也可能承担因社会组织而产生的风险。社会组织的能力成长和独立性,成为影响政府购买服务成效的因素。

从社会组织的视角来看,上海基督教青年会在管理罗山市民会馆时遇到很多挫折,这些挫折与浦东新区社会发展局有关,但更多的是与我国的社会组织制度背景相关。见证罗山市民会馆发展的官员认为,直到10年后(即2005年)才出现同样的社区服务场所托管的形式。在罗山市民会馆作为政绩表现成为业界典型之后,更多的是要思考:托管罗山市民会馆这一政府购买服务模式,当时遇到了什么样的制度上和组织合作的困境?这项制度创新为什么日益艰难,无法得到制度性推广?2001年中国社会科学院对于罗山市民会馆的评估,2006年上海华爱社区服务管理中心[1]以机构名义发表的《从罗山市民会馆看非营利组织的生存》[2],另有《一所市民会馆的十年》[3]《一所市民会馆的生存课题》[4]等文章,从社会组织的角度,即从受托方上海华爱社区服务管理中心的角度反思了我国社会组织管理体制的局限。罗山市民会馆首要的组织困境在于无法获取制度合法性,特别是组织身份的制度性认可。"开办初期,罗山市民会馆的登记过程就一波三折,两次作为企业登记,被市、区两级工商部门否决;一次作为社团登记,又被市民政局否决。也就是说,罗山市民会馆既不是企业又不是社团,在当时的法律框架内没有它的位置。无法实行登记,使得会馆各项业务的开展受到限制。"[5]直到1998年底,我国《民办非企业单位登记管理暂行条例》出台,根据《上海市民政局、市社团局关于确认本市社会团体和民办非企业单位的业务主管单位的若

---

[1] 上海华爱社区服务管理中心由上海基督教青年会创办成立,于2002年12月在浦东新区注册为民办非企业单位,是罗山市民会馆的具体运作主体。

[2] 华爱. 从罗山市民会馆看非营利组织的生存[J]. 上海城市管理职业技术学院学报,2006(3):24—26.

[3] 陈统奎. 一所市民会馆的十年[J]. 南风窗,2006(2):53—55.

[4] 谢群慧. 一所市民会馆的生存课题[J]. 浦东开发,2008(11):21—24.

[5] 华爱. 从罗山市民会馆看非营利组织的生存[J]. 上海城市管理职业技术学院学报,2006(3):24—26.

干意见》，罗山市民会馆才注册为民办非企业单位。[1] 其次，组织困境在于制度对不同身份组织的差别对待。罗山市民会馆由上海基督教青年会托管，财务上独立核算、自负盈亏，作为非营利的公共服务机构，需要在社会效益和经济效益上取得平衡。相较于街道社区服务中心，罗山市民会馆的运营压力是巨大的，"处于边缘位置，主要表现在政府对非营利组织的投入和要求不对称。政府要求罗山市民会馆必须以最小的成本，获取最大的社会效益；而政府自己举办的类似服务，绩效考核标准偏低，甚至可以不计成本"[2]。可见，无法获取被制度认可的组织身份、制度对于不同身份组织的差别对待等原因，都使得罗山市民会馆这一制度创新产品的发展日益艰难，无法进行制度性推广。

社会组织的独立性和制度环境的包容性是相互影响的。作为"一枝独秀"的制度创新下的组织，汇聚着各种政府资源，也处于政府新旧体制变革中的尴尬地位，承担着非制度化框架下合作的脆弱性与不稳定性。

（二）阶段二（2000—2008年）：**局部制度探索阶段，形成新兴政府购买服务场域**

这一阶段是新兴政府购买服务场域的形成阶段。具体分析购买养老服务、三大社团所承接服务的场域，场域中的组织间关系模式清晰，可以被概括为形成行政化关系，在某种意义上逐渐发展为成熟场域。然而，从上海市整体的发展来看，政府购买服务场域无疑还在兴起之中，购买的制度逻辑不够清晰，制度的可预期性不够明朗，场域中的组织关系也不明确。这一时期的场域结构还具有一个重要特征：封闭性。在封闭的政府购买服务领域，购买服务场域在制度创业者的推动下迅速发展。新兴政府购买服务场域的发展表现为三个方面。

1. 局部领域内相应法律规范的出台

在购买养老服务、三大社团设立、浦东新区局部试点等领域都出台了相应的法规和政策文件，为相应领域的政府购买服务设立了制度框架，明确了合法性。

例如，在购买养老服务领域，随着相关法律规范出台，上海养老服

---

[1] 华爱. 从罗山市民会馆看非营利组织的生存[J]. 上海城市管理职业技术学院学报，2006（3）：24-26.

[2] 华爱. 从罗山市民会馆看非营利组织的生存[J]. 上海城市管理职业技术学院学报，2006（3）：24-26.

务内容不断理清、扩展、深入。2004年《上海市民政局关于进一步推进深化居家养老服务工作的通知》(沪民福发〔2004〕6号)明确规定,居家养老服务面向本市60岁及以上老年人;同时,政府采取服务券形式,为困难老人、特殊贡献老人、百岁以上老人、80岁以上其他老人(指以上三类对象之外的老年人)这四类老人购买服务或提供优惠。居家养老服务内容主要包括:①上门服务:日常生活照料、护理服务、精神慰藉服务;②日托服务:日常综合照料服务。为配合政府服务补贴政策,区分不同健康状况老人对居家养老服务需求程度的差别,上海市从2003年起在社区居家养老服务中开展老年人身体状况评估,每年都有50%以上的居家养老服务对象通过评估获得政府的居家养老服务补贴。所有补贴都由市、区财政平均分摊支付,并且都以服务券形式发放[①]。

2008年,上海市民政局、发展和改革委员会、财政局、劳动和社会保障局发布《关于全面落实2008年市政府养老服务实事项目进一步推进本市养老服务工作的意见》(沪民福发〔2008〕5号),制定了2008年上海市养老服务的发展目标,其中包括:①推进老年人助餐服务,2008年设立200个社区老年人助餐服务点,重点满足高龄老人中有助餐需求的独居、纯老家庭老年人及生活自理有困难的低收入老年人的助餐服务需求。②新建100家老年人日间服务中心,由市建设财力出资3000万元,对列入2008年市政府实事项目的100家老年人日间服务中心(日托站),依据其规模大小和投资额度予以一次性差别化建设补贴,区县应按不少于1∶1的比例予以配比,有条件的区县应增加配比。日托站建成后,区县、街道乡镇应对其日常运作予以补贴资助。《上海市民政局关于鼓励社区设立老年人助餐服务点的通知》(沪民福发〔2008〕12号),指出"各区县要调动和发挥街道乡镇的积极性,以社区为主导,充分挖掘利用社区内的公共资源,设立老年人助餐服务点,鼓励社会组织参与提供服务"。

根据2010年《社区居家养老服务规范》,上海市的社区居家养老服务组织主要由社区助老服务社、社区老年人日间服务中心、社区老年人助餐服务点等组织或机构构成。社区居家养老服务是指,依托社区养老服务资源,为60周岁及以上有生活照料需求的居家老年人提供或协助提供生活护理、助餐、助浴、助洁、洗涤、助行、代办、康复辅助、相谈、助医等服务。社区助老服务社是上门为居家老年人提供社区居家养老服

---

① 章晓懿. 城市社区居家养老服务质量研究[D]. 江苏:江苏大学,2012:59.

务的机构。社区老年人日间服务中心是日间集中为居家老年人提供社区居家养老服务的机构。社区老年人助餐服务点是社区中为老年人提供膳食加工配制、外送、集中用餐等服务的场所。随着社区居家养老服务制度的完善，购买内容不断深化，养老服务组织体系也不断发展。

2. 封闭场域中的承接主体得以发展

在养老服务领域，由政府发文组建居家养老服务中心，纳入"万人就业项目"，由大量"4050"人员[1]担任养老护理员，组建助老服务社，然后在全市各街镇推行。2004—2008年，上海市所有区县均已建立区县居家养老服务指导中心，市、区县、街镇三个层面的社区居家养老服务工作网络基本完善，社区居家养老服务覆盖全市所有街镇，服务对象的覆盖面不断扩大，服务队伍不断壮大，建立了规范的养老服务补贴和评估制度，形成了以"六助"（助餐、助浴、助洁、助行、助急、助医）和康乐、护理等为主要内容的社区居家养老服务体系。同时，社区日间服务机构和社区老年用餐服务点迅速发展，拓展了社区居家养老服务的内涵，并且积极探索集约化运作、项目化服务等适合国情的社区居家养老服务道路。2009年至今，上海社区居家养老服务朝着以质量为中心的标准化、规范化方向进一步发展[2]。截至2013年底，上海市社区助老服务社有230个（见表4.2），保持自开办以来的平稳状态；社区居家养老服务月服务人数为28.2万人，获得政府补贴的老年人有13万人；社区老年人日间服务机构有340家，日托老年人数1.2万人。

表4.2 上海市居家养老服务情况

指标/年份	2005	2006	2007	2008	2009	2010	2011	2012	2013
社区老年人日间服务机构机构数（家）	83	108	128	229	283	303	326	313	340
日托老年人数（万人）	0.21	0.35	0.33	0.64	0.80	0.90	1.10	1.10	1.20
社区助老服务社（个）	233	233	234	234	234	233	233	231	230
社区居家养老服务月服务人数（万人）	5.48	10.50	13.50	17.70	21.90	25.20	26.20	27.20	28.20

---

[1] "4050"人员是指处于劳动年龄段中女40岁以上，男50岁以上的，本人就业愿望迫切的，但因自身就业条件差、技能单一等原因，难以在劳动力市场竞争就业的劳动者。

[2] 章晓懿. 城市社区居家养老服务质量研究［D］. 江苏：江苏大学，2012：5-6.

续表4.2

指标/年份	2005	2006	2007	2008	2009	2010	2011	2012	2013
获得政府补贴的老年人（万人）	3.94	5.96	6.84	10.30	12.90	13.00	13.30	12.60	13.00

资料来源：根据2008—2014年《上海统计年鉴》统计数据整理[1]。

在禁毒、社区矫正、青少年教育等领域，从2003年9月起，上海在浦东、卢湾、闸北、徐汇等四区进行构建预防和减少犯罪工作体系的试点工作；2004年三大社团以民办非企业单位的法人身份注册，即作为禁毒工作实体的上海市自强服务总社，作为社区矫正工作实体的上海市新航服务总社，作为社区青少年管理工作实体的上海市阳光社区青少年事务中心。随后，在政府的推动下，工作范围扩大到整个上海市所有区县。上海市、区两级政法系统成立了上海市自强服务总社、上海市新航服务总社和上海市阳光社区青少年事务中心三个民办非企业单位，通过政府购买服务的方式，从事社区矫正人员、"失学、失业、失管"社区青少年和药物滥用人员的相关社会服务工作。上海三大社团在全市各区县、街道都设立社工点，服务体系遍布全市。

这一阶段，在封闭场域中，政府主导和支持下创办的体制内行动者发展迅速。然而，在封闭场域外的体制外行动者却很难进入政府购买服务场域中。

3. 场域内组织间形成较为稳定的主体间关系

组织之间出现明确的支配模式和联盟模式，是组织场域结构化的特征之一[2]。在社区居家养老服务领域，政府制定相关政策文件构造社区居家养老的体系。2001年上海市民政局印发《关于全面开展居家养老服务的意见》（以下简称《意见》），在全市全面推进居家养老服务工作。该意见回答了"由谁来提供服务"的问题，要求"在区（县）街道（镇）民政部门的指导下，各区（县）的街道（镇）要成立居家养老服务中心。区（县）居家养老服务中心属于民办非企业单位性质，其主要职责为受政府部门委托，具体实施本地区内的居家养老服务指导工作"。居家养老

---

[1] 上海市统计局. 2008—2014年上海统计年鉴［N/OL］. 上海市统计局官方网站，最后访问时间：2016-3-8. http://www.stats-sh.gov.cn/data/release.xhtml.

[2] ［美］迪马吉奥，鲍威尔. 关于"铁笼"的再思考：组织场域中的制度性同形与集体理性［J］// ［美］鲍威尔，迪马吉奥，姚伟，译. 组织分析的新制度主义［M］. 上海：上海人民出版社，2008.

服务中心是政府指定的居家养老领域的领导者。但是，关于哪些养老机构可以提供社区居家养老服务、参与竞争，《意见》的规定是模糊的，并没有规定社会养老类组织不可以参与。但是，《意见》要求街道（镇）居家养老服务机构发挥整合社区资源和服务网络等功能，这自然排除了大量的社会养老类机构。街镇居家养老服务机构主要依托社区养老机构，结合再就业工程，招聘下岗人员，特别是"4050"人员，将他们培训为居家养老服务人员并整合社区资源，构建社区为老服务网络。上海市民政局2001年发布了《关于全面开展居家养老服务的意见》，规定"街道（镇）居家养老服务机构可以依托社区养老机构，充分利用养老机构现有的各种为老服务资源和优势，为居家老人提供多种服务。还可以利用街道（镇）社区服务中心原有的各种为老服务设施和人员，进行资源整合和人员整顿，凸现原有资源的优势，提高人员素质，积极开展居家养老服务。街道（镇）居家养老服务机构要紧紧依托原有的社区三级为老服务网络，开展为老服务"。

2001年7月26日《市政府办公厅转发市民政局等二十二部门关于加快实现本市社会福利社会化意见的通知》（沪府办发〔2001〕34号），进一步推动了居家养老服务体系的构建。该《意见》提出了具体目标："到2005年，在本市基本建成以国家兴办的社会福利机构为示范，其他多种所有制形式的社会福利机构为骨干，社区福利服务为依托，居家供养为基础的社会福利服务体系。建成覆盖全市的市、区（县）、街道社区的机构养老服务网络和以日托护理服务和上门护理服务为主要内容的居家养老服务网络。"覆盖市、区（县）、街道社区的养老网络，是政府行政思维的延续，同时也是解决另一社会问题——下岗工人再就业的制度设计。

万人就业项目，是指政府出资购买、政府特许经营或收费以及无偿使用公共资源开展服务的社会管理和公共服务项目[①]。2003年上海启动的"万人就业项目"，主要是针对年龄较大、市场竞争能力较弱、就业比较困难的下岗失业人员设立的，涉及交通协管、道路交通设施维护、消毒保洁、物资循环利用、社区养老等社会公益服务项目。2004年《上海市民政局关于进一步推进深化居家养老服务工作的通知》（沪民福发〔2004〕6号）要求组建非正规就业劳动组织形式的街道（镇）社区助老服务机构，即"社区助老服务社"。按照市政府"万人就业项目"要求，

---

① 《上海市人民政府办公厅关于本市组织实施万人就业项目的试行意见》（沪府办〔2003〕67号），2003年11月24日颁布。

招用失业、协保人员和农村富余劳动力从事居家养老服务。该文件还规定，各级民政部门是居家养老服务的主管部门；市、区（县）、街道（镇）三级居家养老服务（指导）中心受政府部门委托，具体组织实施居家养老服务；社区助老服务社按照市场化运作方法，组织为老服务队伍，为老年人提供专业化服务；委托市社会福利行业协会开展对申请居家养老服务补贴老人身体状况的评估工作。

从制度设计可见，社区居家养老服务领域，由政府制定政策、发布文件，构造了社区居家养老的体系。社区助老服务社、社区老年人日间服务中心、社区老年人助餐服务点，成立之时就是因制度而生的、与政府同构的内生性组织，被纳入了封闭性的制度中。这一封闭性制度确定了居家养老服务中心是居家养老领域的天然领导地位，社区助老服务社是居家养老的唯一主体，两者在市场中的权力来源于他们所处的适当的位置。制度内生性组织依托某项制度而生，制度赋予组织天然的合法性，这类组织高度契合了制度环境的合法性机制，而弱化技术环节的效率机制，在组织、网络上高度依托政府建制，形成制度同构性。居家养老服务中心是在政府部门的指导下建立的，带有浓重的行政色彩。从程序上看，上海居家养老服务的政府购买服务是定向、非竞争的，这导致组织对政府依赖性强，机构定位、服务内容、人员招聘、资金来源等都存在明显的行政倾向；组织管理很大程度依赖于政府，将来极有可能发展为政府的行政分支，这不但不能减轻政府的负担，反而会在无形中扩张政府的职能，导致公共资源的滥用，与政府购买的初衷背道而驰[①]。

以上海市阳光社区青少年事务中心为代表的三大社团，是应政府需求而产生、被制度赋予天然合法性、在政府强势推动下所产生的结果。国内已有多篇论文对三大社团之一的上海市阳光社区青少年事务中心进行研究。李太斌、刘庆元、范明林等都对阳光社区青少年事务中心的成立背景、组织架构、运作机制等做了细致描述和深入研究。上海市阳光社区青少年事务中心在职能定位、组织架构、运作程序、工作队伍、业务扩展等方面具有深厚的行政化色彩[②]。张钟汝、范明林则认为，政府与上海市阳光社区青少年事务中心的互动是庇护性国家法团主义的类型，

---

① 李永敏. 解析上海居家养老政策——以政府购买民间组织服务为视角［J］. 社会福利，2011（4）：34—35.

② 刘庆元. 青少年工作中的政府采购——以上海市政府采购阳光中心服务为例［D］. 上海：复旦大学，2009.

政府和该组织结成了紧密的利益联盟，政府对该组织实施有力和全面的控制和保护，而上海市阳光社区青少年事务中心则通过对行政体系的主动吸附和向政府寻求保护以获得更多的资源与垄断性地位[1]。

对三大社团的政府购买服务，政府非常强势地介入、参与，甚至主导政府购买服务的进程。但是，这一时期所形成的政府购买服务场域是封闭体系，承接主体是固定的、占据垄断地位。这一事件对于上海政府购买服务的制度化建设、对"政社分开"话语下的社会组织培育缺乏实质性影响，只是原有制度体系的部门化延伸。这一时期场域内，制度创业者和体制内行动者的关系是行政性领导与被领导关系。

（三）阶段三（2009年至今）：整体制度发展阶段，形成成熟政府购买服务场域

这一阶段形成了成熟的政府购买服务场域。较之于局部制度探索阶段，整体制度发展阶段在制度建设、行动者发展、主体关系构建等方面有更全面的拓展。本研究重点对整体制度发展阶段的政府购买服务进行分析，以下简要概述场域发展的三个具体特征。

1. 各项制度文本的出台，制度化水平大幅度提升

自2009年上海召开社会建设大会，提出要大力发展社会组织、增强政府购买服务力度，购买服务的范围不断扩大。条、块、党群等购买主体在各自领域出台政府购买服务的相关规定，对购买内容、购买主体、承接主体、资金来源、监督管理等做了规定。2014年中共上海市委办公厅、上海市人民政府办公厅印发《关于组织引导社会力量参与社区治理的实施意见》等系列通知，特别提及政府购买服务的相关事项，强调政府购买服务的重要意义，进一步加强了政府购买服务的合法性。

2. 政府购买服务场域中行动者日益多元，且体制外行动者有更多机会进入购买场域，促进购买场域的开放化发展

作为购买需求方，上海市各委办局等职能部门、街镇等地方政府、工青妇等群团组织都投入到政府购买服务中，形成"条""块""党群"三大制度主体购买的格局。作为购买承接方，社会组织有其自身的发展逻辑，但在政府购买服务场域内，政府的支持促进了社会组织快速发展。

---

[1] 张钟汝，范明林. 政府与非政府组织合作机制建设[M]. 上海：上海大学出版社，2010：181.

截至 2015 年底，上海共计有社会组织 13355 家，其中社会团体 4003 家、民办非企业 9082 家、基金会 270 家；从 2005 年起，十余年间，上海社会组织总数量增长了 76.7%。此外，上海还有在各个街道镇备案的社区活动团队 2.3 万个[①]。社会组织已经成为上海经济社会发展中不可或缺的重要力量。值得注意的是，整体制度发展阶段，政府购买服务场域的开放程度提高，更多的体制外社会组织进入购买场域，成为承接公共服务的主体。以福彩公益金购买社区公益招投标项目为例，五年内参与到浦东新区购买服务项目的官办社会组织占到 1/3，民办社会组织占 2/3，并且有部分社会组织借助购买服务扩大了服务领域，成为行业内有影响力的明星组织[②]。

3. 政府购买服务场域中行动者之间的关系日益多元和稳定

场域中行动者的多元化，带来主体关系模式的多元化。相比局部制度探索阶段，这一时期由于政府购买服务场域中行动者的数量增多、互动频繁，虽然封闭性的购买场域依然存在，但购买场域的整体开放度提高。封闭性场域中行动者的关系主要是行政化的领导与被领导关系，而开放性场域中行动者的关系则由购买合同进行形式性的调节，呈现委托—代理的关系。政府购买服务场域中的行动者之间关系日益稳定，对政府购买服务的制度规则形成较高的认同感。

综上所述，本章主要分析了政府作为制度创业者在推进政府购买服务制度化进程的行动路径，以及政府购买服务场域的演化发展。上海政府购买服务经历了三个阶段：阶段一是单点制度创新阶段，形成政府购买服务场域的萌芽；阶段二是局部制度探索阶段，形成新兴政府购买服务场域；阶段三是整体制度发展阶段，形成成熟政府购买服务场域。在不同的发展阶段，政府作为制度创业者通过不同行动路径促进政府购买服务场域发展。通过对上海政府促进购买服务场域发展过程的分析，我们可以得到以下启发：第一，制度创业者推进了场域的演化发展。在单点制度创新阶段，制度创业者需要突破固有思维、克服制度性障碍，以创造性思维运用新颖的方式，来应对压力、解决问题。在局部制度探索

---

① 上海市社会团体管理局. 2015 年 12 月基本业务统计数据［N/OL］. 上海社会组织网站，2016-01-06，http://www.shstj.gov.cn/Info.aspx?ReportId=27714561-add6-4654-95d1-72b6bca0273f.

② 许源. 购买场域中的组织特征及其制度逻辑：政府购买服务供给市场研究［J］. 学习与实践，2016 (1)：76-86.

阶段，制度创业者重点要构建局部的制度安排，调动集中性资源，以推动局部制度和实践的发展。在整体制度发展阶段，制度创业者的构成开始多元，其创业动力、目标、策略等开始分化，但在整体制度环境的压力下，制度推进的趋势无法阻止，并带动了整个场域的组织间关系、结构性特征的演化。制度创业者运用各种行动策略或路径，改变着整个场域。场域作为一种结构性要素，构成制度创业的环境，也为制度创业提供了机会空间和行动限制。第二，制度化是场域发展的首要结构性特征。组织场域的结构性特征包括主导性制度逻辑的出现、组织间互动模式的稳定性、组织之间交往频度、不同组织群落的发展等不同维度。发挥框定场域边界、规范行动的关键作用的，则是场域内制度的发展。制度"包括为社会生活提供稳定性和意义的规制性、规范性和文化——认知性要素，以及相关的活动与资源"[①]。相关法律法规、政策文件等制度出台，明确了场域中管制、规范、认知的合法性，也提供了场域发展所需的资源。特别是政府作为制度创业者，出台相关的法规政策，是推进政府购买实践发展的重要行动路径。场域中制度的逐渐统一、规范、可预测，有助于行动者形成对场域发展的稳定预期，从而进一步推动场域各要素的建立和完善。本章以上海政府购买服务为例，分析政府购买服务制度化进程，尝试揭示政府在推进制度化进程中的行动路径及制度结果。当然，政府购买服务制度化进程是非常复杂、综合的过程，本研究以上海个案为研究对象而形成的结论需要进一步检验。以下章节，本研究将重点分析"整体制度发展阶段"的上海政府购买服务的组织环境与社会组织发展。

---

① ［美］斯科特. 制度与组织——思想观念与物质利益（第3版）［M］. 姚伟，王黎芳，译. 北京：中国人民大学出版社，2010：56.

第五章 政府购买服务场域的"资源—制度—技术"组织环境

作为服务供给方的社会组织,处于政府购买服务的组织环境中,会受到组织环境的引导、激励、约束、限制等多元影响。本研究把政府购买服务的组织环境分为资源环境、制度环境和技术环境,以上海市政府购买服务为研究对象,分别从政府购买服务的资源要素、制度体系和专业技术等角度分析社会组织所处的外部环境。

一、政府购买服务的资源环境

政府购买服务场域中存在政府部门、社会组织等组织行动者,各组织行动者带有不同的资源。在各方建立联系、制定规则、交换资源的过程中,政府购买服务的市场建立起来。政府购买服务场域中,政府部门是服务安排者与资金提供者。作为需求方,购买服务的政府部门的组织规模、资金数量、购买内容,一定程度上决定着该场域中社会组织能获取资源的多寡。而作为供给方,进入购买服务场域的社会组织是公共服务的提供者。社会组织的发展影响着政府选择供给方的范围及公共服务供给改善的程度。资源环境是需求方和供给方共同构建的基本的资源要素市场,是政府和社会组织在政府购买服务场域中进行互动的基础平台。

(一)需求方因素:政府资源的碎片化

若把上海市政府购买服务作为一个购买场域,想要梳理清楚政府购买数量、购买内容、购买方式,或者从资源的角度,有多少资源提供者、资源提供者对产品的要求如何、资源如何分配等问题有很大的难度。

从各区政府购买服务的情况看,自2005年起,浦东新区政府购买服务的实践进入整体推进阶段,购买服务(包括补助)的资金逐步增加。

第五章　政府购买服务场域的"资源—制度—技术"组织环境

"据不完全统计，2006年新区有关部门委托社会组织承接公共服务项目的资金近6000万元，2008年这一数字上升到1亿元。2007年，区民政局安排逾3000万资金，将30多个公共服务项目委托100余家有资质的社会组织承接；2008年，民政部门第一次有了预算内的购买服务资金400万元。"[①] 杨浦区全区2013年度向社会组织购买公共服务项目133个，涉及资金2635.9万元；2014年购买社会组织公共服务项目191个，涉及资金3460万元。服务项目主要涉及养老服务、助残服务、救助服务、青少年服务、外来人口服务、妇女儿童服务、婚姻家庭服务、文体服务、法律服务等领域。[②] 上海A区2012年向30家社会组织购买179个项目，涉及金额4449余万元；2013年向31家社会组织购买226个项目，涉及金额4834余万元；2014年向26家社会组织购买183个项目，涉及金额3300余万元；2015年度向社会组织购买205个项目，涉及金额3707余万元。[③] 虽然由于政府各部门间购买的统计口径不一，导致政府购买服务的整体财务数据缺乏，但随着政府购买服务的逐渐推行，政府购买服务的资金逐年增加。政府购买服务资金的增长，表明社会组织提供公共服务的市场规模在扩大。

政府购买服务的资金来源，既有政府财政预算资金，又有政府管理的社会资金，如民政部门管理的福利彩票公益金。政府购买服务的主体，则主要有各委、办、局等职能部门，街、镇等地方政府，工、青、妇等群团组织，即所谓的"条""块""党群"。

本研究具体分析民政部门主管的福利彩票公益金购买服务（即"社区公益招投标"），街、镇购买服务，群团购买服务三类资源环境。

1. 社区公益招投标

本章研究的社区公益招投标的购买资金来自福利彩票，属于民政部门管理的社会资金。2009年上海民政部门的社区公益招投标是运用体制外的资金，规模化和制度化探索公共服务的一种新型供给方式。福利彩票的宗旨是扶老、助残、救孤、济困。公益招投标购买服务大致依循福利彩票的宗旨，属于资助安老、助残、扶幼、济困的项目。

[①] 句华. 政府如何做精明的买主——以上海市民政部门购买服务为例[J]. 国家行政学院学报, 2010 (4): 84-87.

[②] 杨浦区民政局. 杨浦区政府购买社会组织公共服务工作情况, 内部资料, 2015.

[③] 曾永和. 国家与社会关系视角下的枢纽型社会组织建构——以上海A区社会组织联合会为例[D]. 上海: 上海交通大学, 2016: 120.

2011年3月上海市民政局发布"2011年度社区公益服务招投标项目目录表",把资助项目细分成为老服务、助残服务、青少年服务、帮困服务、其他社区公益服务五类,共46个项目。2014年上海市民政局发布《上海市社区公益服务项目目录》,共分列30个三级分类,其中,扶老类8个、助残类5个、济困类7个、救孤类7个、其他类3个。

以为老服务为例(见表5.1),社区公益招投标资助的主要是以"人"为对象的社会服务,是社会组织擅长的领域。值得注意的是,居家养老和日间照料"六助"服务、老年活动室运营服务、为老综合服务等项目,在购买之前已经由各街、镇居家养老服务中心、老年协会等机构开展实施,项目已获得部分政府财政保障,将其纳入社区公益招投标项目目录,一方面是扩大服务对象的范围,开放社会组织进入和竞争的空间,同时也为官办社会组织进入相关领域埋下伏笔。

表5.1 2011年度和2014年度上海市社区公益服务招投标项目目录表("为老服务"部分)

项目分类	序号	2011年度项目明细	2014年度项目二级分类	2014年度项目三级分类
为老服务	1	居家养老和日间照料"六助"等服务项目	健康保健服务类	健康干预服务项目
	2	孤老、独居和纯老家庭结对关爱服务项目		心理关怀服务项目
	3	家庭困难、行动不便老人生活服务项目	精神文化服务类	老年活动室服务项目
	4	失能老人关爱康复服务项目		老年人文化教育项目
	5	失智老人关爱服务项目	权益保障服务类	老年人普法维权服务项目
	6	老年心理关怀服务项目	社区照顾服务类	结对关爱服务项目
	7	老年人健康干预服务项目		失能(智)老人关爱服务项目
	8	老年活动室运营服务项目		为老综合服务项目
	9	老年文体活动项目		
	10	老年人维权服务项目		
	11	护老者敬老护老能力和意识培育服务项目		

资料来源:2011年《上海市民政局关于实施2011年社区公益服务项目招投标方案通知》(沪民计发〔2011〕32号)附件《2011年度社区公益服务招投标项目目录表》,2014年《上海市民政局关于印发〈上海市社区公益服务项目目录〉的通知》(沪民计发〔2014〕23号)附件《上海市社区公益服务项目目录》。

政府购买服务的资金分配体现政府侧重于对某些急迫性、普遍性、公共性服务的投入。上海老龄化程度持续加深，大量的老人需要依托社区开展居家养老。于是上海市自2003年即开启了政府对养老服务的购买。当时的服务承接主体主要是政府自己成立的居家养老服务中心和助老服务社。自2009年上海市社区公益招投标开始以来，养老服务领域皆受到很大重视。以浦东新区为例，浦东新区2011年至2015年共投入1亿余元购买259个项目（见表5.2），其中五年合计养老类项目占总项目的49.4%，金额占项目总金额的55.7%；而扶幼、助残、济困类项目数及金额则基本上各占剩余项目数及金额的三分之一。购买大规模的养老服务资源，切合了上海迫切的养老需求，给养老领域的社会组织带来更多的发展机遇。

表5.2 2011—2015年度浦东新区社区公益招投标中标项目与金额汇总

年度 项目数、金额 种类	2011年度	2012年度	2013年度	2014年度	2015年度	五年合计
合计（个）	40	45	59	54	61	259
安老类	20	18	36	26	28	128
扶幼类	10	9	9	11	10	49
助残类	4	9	7	7	17	44
济困类	6	9	7	10	6	38
总金额（万元）	1574.8	1949.1	2740.8	2185.0	2035.5	10485.2
安老类	869.0	827.1	1876.5	1257.6	1008.9	5839.1
扶幼类	377.7	376.0	277.5	288.3	248.8	1568.3
助残类	182.4	340.0	281.1	320.5	454.8	1578.8
济困类	145.7	406.0	305.7	318.6	323.0	1499.0

资料来源：根据"上海市公益招投标网"网站信息归类汇总所得。

民政主导的社区公益招投标项目资金规模较大，覆盖的地域范围广泛，其购买目标不仅是提高公共服务质量，还包括借此培育和推动社会组织发展。通过社区公益招投标，民办社会组织得以进入政府开放的公共服务供给空间；官办社会组织能够获得重要的体制外资金来源。

目前，社区公益招投标已成为上海市最为集中、规模最大的政府购买服务场域。

2. 街、镇购买服务

街、镇政府购买社会组织服务基于其政府职能转变的背景，是街、镇自主意识和倒逼机制结合作用的产物。2007年，浦东新区街道职能从招商引资转变为社会管理和公共服务，促使街道开始建立与社会组织的合作。

> "2007年政府职能转变，我们街道办事处的职能全部发生变化，街道不再管经济了，街道的任务回到社会管理。街道就觉得，原来全部都在管经济，很多原来出租的门面得收回来了，收回来干什么呢？就做社区服务啦，社区服务没有那么多人，但又要有服务内容，怎么办？于是开始允许民办非企业登记，培育各类社会组织。而让他们做事情，要给他们钱吧。2007年浦东新区因为政府职能转变的需要，开始出台一系列文件，明确转移出去的职能由社会组织承接；且以政府购买服务的方式承接。另外出台了一个配套的、政社分开的文件，这是在2007年的时候。2007年还出台了一个购买公共服务的实施意见，这是浦东（新区）出台的第二个比较规范化的文件，明确了财政的钱怎么给社会组织。"①

街、镇政府购买服务的内容主要为两方面：一方面，街镇各科室的事务性或基础性辅助工作及街镇各科室所需提供的公共服务。在政府购买服务大规模推行之前，街、镇已经在转移职能的过程中组建了相应的社会组织，即一批因政府购买服务而成立的，由街、镇主管的，以民办非企业单位为法人身份的官办社会组织。另一方面，街、镇相关的公共服务机构依然缺乏，部分街、镇随即出台政策对公共服务领域的社会组织给予扶持。浦东新区W街道2012年出台《W街道扶持社会组织发展的若干意见（试行）》和2014年《W街道关于向社会组织购买服务的若干意见（试行）》，强调突出重点，对从事扶老助残、慈善救助、青少年帮教、社区矫治、调解维权、医疗康复、环保宣传等社区公共服务的社会组织给予重点扶持；支持向社会组织购买社区养老服务、助残扶幼服务、公共卫生服务、慈善帮困服务、社区维权服务、文化体育服务、特殊人群帮教、矛盾纠纷调解、市容环境维护、文明风尚倡导、社区事务

---

① 访谈浦东新区民政局D处长。(G2014122201)

管理等公共服务。

浦东新区 S 街道 2014 年发布《关于鼓励公益性社会组织参与社区服务的实施办法（试行）》，重点加强对社会救助、社会保障、社区养老、青少年教育、残疾人扶助、便民生活服务等领域的项目开发和资金支持。

浦东新区 T 街道一直走在上海市街、镇政府购买服务的前沿。2013 年先后出台《T 街道办事处关于购买社会组织服务的实施意见》《T 街道办事处政府职能转变目录》《T 街道办事处购买社会组织服务目录》《T 街道社会组织承接服务资质目录》（简称"一意见三目录"）。2014 年 T 街道购买服务 46 项，涉及财政资金 1450 万左右，主要涉及社区公共服务、综合管理、民生保障、社会稳定等领域[①]。

街镇在政府购买服务中往往由职能科室提出购买需求，将政府职能中的事务性、技术性、服务性工作进行立项，再以项目化方式提出购买。每个街道设置多个科室，以 T 街道为例，有劳动科、民政科、市政科、群文科、综治办等 16 个职能科室，因此购买服务类别众多（详见表 5.3）。

表 5.3　T 街道办事处政府职能转变目录和购买社会组织服务目录

政府职能转变目录		购买社会组织服务目录	归口职能科室
一级目录 （6 项）	二级目录 （24 项）	项目类别（24 项）	
组织公共服务	劳动就业	劳动就业	劳动科、民政科
	社会救助	社会救助	市政科
	文化体育	文化体育	群文科、民政科
	生活服务	生活服务	民政科
	健康卫生	健康卫生	市政科、群文科、民政科
实施综合管理	安全管理	安全管理	综治办
	市容管理	市容管理	市政科、综治办
	市场管理	市场管理	市场办

---

① 浦东新区地区工作党委. 关于召开"街镇如何进一步推广购买服务经验"研讨会，T 街道办事处副主任报告，2014-12-30.

续表5.3

政府职能转变目录		购买社会组织服务目录	归口职能科室
监督专业服务	监察专业管理	监察专业管理	监察审计科
	项目评估	项目评估	民政科、党政办
	项目评审	项目评审	党政办
指导自治组织	居民自治	居民自治	民政科
	业主自治	业主自治	市政科
	社会组织自治	社会组织自治	民政科、群文科
	社区共治	社区共治	共治办
协调社区资源	区域化党建	区域化党建	综合党委、组织科、宣统科、文明办
	智慧社区	智慧社区	信息办、党政办、宣统科
	志愿者服务	志愿者服务	宣统科、民政科、综治办
	双拥工作	双拥工作	民政科
	安商稳商	安商稳商	综合经济协调领导小组
维护社会稳定	综合治理	综合治理	综治办
	信访调解	信访调解	司法所
	法律援助	法律援助	司法所
	矫正安帮	矫正安帮	司法所

资料来源：2013年《T街道办事处政府职能转变目录》《T街道办事处购买社会组织服务目录》。

紧跟T街道步伐，浦东新区W街道、C镇、Y街道等街、镇也已大力推行政府购买服务。

从街、镇政府购买服务的规模看，2013年至2014年，W街道共购买公益服务36项，金额共计313万元，项目覆盖扶老助残、慈善救助、青少年帮教、社区矫治、调解维权、医疗康复等多个方面[①]。C镇则明确资金渠道，"对各办申报的项目，为体现购买服务的初衷，在不额外安排财政预算的前提下，由各办在部门预算中统筹解决；对各社区申报的项目，为加快培育社会组织，在社区日常经费外，为每个社区增加20万元左右的购买

---

① 浦东新区地区工作党委. 关于召开"街镇如何进一步推广购买服务经验"研讨会，"W街道社会组织发展情况汇报"材料，2014-12-30.

服务专项资金"。[①] C镇"2015年有28个政府购买社会组织服务项目在平台上实施,其中职能办公室拿出13个项目,资金为227.5万元;社区设计15个项目,资金为71.5万元"[②]。Y街道向社会组织购买则以社区公共设施的委托管理和服务为主,如购买老年人日间服务场馆、社区体育俱乐部、老人助餐点、便民服务等社区便民利民场所[③]的委托管理和服务。

从街、镇政府购买服务的资金来源看,街、镇向社会组织购买服务的经费一般按照部门预算管理规定,纳入街、镇各科室和下属单位的年度部门预算。从街、镇政府购买服务的方式看,以W街道为例,依据《W街道关于向社会组织购买服务的若干意见(试行)》规定,"立项后,费用在10万元以下的项目由职能科室自主选择社会组织承接;10万元以上的项目,原则上要通过招投标来选择社会组织承接(年度连续承接的项目除外)。招投标由街道社会组织服务中心操作。因能够承接服务的社会组织较少而难以实行公开招投标的项目,也要通过价格比选、竞争性谈判等方式确定承接主体"。

相较于民政部门运用福利彩票公益金集中购买"安老、助残、扶幼、济困"公益服务,街、镇政府主要根据属地化的公共服务与政府社区管理的需要,结合服务领域的针对性,集中购买公共服务和社区管理服务。街、镇所需要的社会组织类型也集中于公共服务领域。

3. 群团购买服务

依照2013年《国务院办公厅关于政府向社会力量购买服务的指导意见》规定,"纳入行政编制管理且经费由财政负担的群团组织,也可根据实际需要,通过购买服务方式提供公共服务",工会、共青团、妇联等群团组织也是政府购买服务的重要制度主体。

群团组织的政府购买服务行为是伴随着其角色的转变而发生的。群团改革带来编制人员的精简,群团组织框架向扁平化发展,功能也转为枢纽型组织。

以工会、共青团、妇联为代表的群团组织在购买服务方面具有以下

[①] 浦东新区地区工作党委. 关于召开"街镇如何进一步推广购买服务经验"研讨会,"C镇推进政府购买服务工作汇报"材料,2014-12-30.

[②] 浦东新区地区工作党委. 关于召开"街镇如何进一步推广购买服务经验"研讨会,"C镇推进政府购买服务工作汇报"材料,2014-12-30.

[③] 浦东新区地区工作党委. 关于召开"街镇如何进一步推广购买服务经验"研讨会,Y街道"完善购买服务机制 不断促进社区发展——Y街道购买社会组织服务的实践探索"材料,2014-12-30.

特点。

第一，工、青、妇等群团组织通过成立枢纽型组织，承担政府购买服务的中介功能。多数群团组织成立民办非企业单位充当枢纽，专门实现政府购买服务的功能，开展政府购买服务的平台运作，进行政府购买服务的项目管理。2006年，以共青团上海市委员会为业务主管单位的上海青年家园民间组织服务中心成立，2010年，以上海市妇女联合会为业务主管单位的上海市女性社会组织发展中心成立，2014年，以浦东新区总工会为业务指导单位的上海浦东公惠社会工作服务中心成立。上述三家民办非企业单位即为购买青少年、妇女家庭、职工等领域服务和组织培育的枢纽式平台。

第二，工、青、妇等群团组织的政府购买服务内容与业务领域高度相关，体现部门化特点。群团组织的政府购买服务具有较强的群体化、领域化、部门化特征，较为注重结合群团组织的宗旨和服务群体。《上海市妇联向社会力量购买妇女儿童家庭服务项目目录（2015年）》规定，2015年向社会力量购买妇女儿童家庭服务的范围包括：老三八红旗手关爱、家政员关爱、家庭暴力干预服务、失独家庭关爱、重症妇女关爱、社区亲子教育指导服务六大板块。依据《2015年浦东新区工会购买社会服务项目招标书》，浦东新区把政府购买项目的范围分为文化素养提升服务项目、生活关爱服务项目、岗位竞赛服务项目、法律维权服务项目、经费审查服务项目、工会组建服务项目、职工综合服务项目，以项目化形式购买服务。服务内容包含基础性工作和专业服务。其中，基础性工作可以由工会组织、妇联组织等官办组织提供，专业服务可以由社会组织等社会力量提供，这就为不同类型的社会组织都创造了一定的发展空间。

第三，工、青、妇等群团组织内部层次多，政府购买服务资源较为分散。群团组织实行分级管理，在政府购买服务中，各级群团组织都被调动参与到购买服务中。例如，《上海市浦东新区总工会关于进一步深化枢纽型组织建设、推进购买社会服务的意见》规定，"在坚持区总工会、社区、镇、开发区工会作为购买主体的同时，要结合基层的实际，鼓励和引导企业工会，区域性、行业性工会联合会，联合工会购买具有针对性、小型化的项目，使购买服务项目更接'地气'，更受一线职工的欢迎。既可以由一个工会组织独立购买，也可以多家工会组织联合购买，降低项目运营边际成本"。群团组织的内部管理层级特征，使得其政府购买服务的资源分散，运作主体多元，管理也具有分层化特点。

第四，工、青、妇等群团组织成为相关领域购买社会组织服务的重要主体。据媒体调查显示，2014年，共青团上海市委机关层面约投入大约200万元用于向社会组织购买服务。区级团委则投入更多资金购买服务。例如，浦东新区团委2014年投入约700万元用于购买青年社会组织的服务[1]。2014年浦东新区总工会投入100万元作为"种子资金"，推动基层工会组织购买社会服务。最终有20个浦东新区基层工会与23个服务职工项目成功对接，项目资金达到300万元，2015年浦东新区工会启动该年购买社会服务项目招标时，共计划购买59个项目，配套资金约1000万元，围绕文化素养提升、生活关爱、岗位竞赛、法律维权、经费审查、工会组建、职工综合七大服务项目进行购买[2]。上海市妇联2014年向社会组织购买妇女儿童家庭服务项目达72个、项目资金564.8万元，2015年向社会组织购买妇女儿童家庭服务项目达87个、项目资金644.2万元；区、县、街、镇妇联2014年向社会组织购买妇女儿童家庭服务项目达110个，项目资金1002万元；2015年向社会组织购买妇女儿童家庭服务项目142个，项目资金1064.3万元（见表5.4）。妇联系统成为妇女、儿童、家庭领域服务较大的需求方和购买方，为该领域的社会组织提供了更多机遇空间。2014年上海市、浦东新区两级妇联，在浦东新区购买27个项目，承接服务的社会组织达到20家；2015年上海市、浦东新区及街道三级妇联在浦东新区购买34个项目，承接服务的社会组织达到28家；2014—2015年市区街镇三级妇联在浦东新区共购买61个项目，承接服务的社会组织达到40家（具体见表5.5）[3]。

群团组织购买项目数量、项目金额、承接服务的组织数等指标和趋势都表明，群团组织已成为政府购买服务场域中重要的制度主体，在其所在领域成为促进社会组织发展的重要力量。

---

[1] 王烨捷，周凯. 上海：团组织成青年社会组织服务最大"买家"[N/OL]. 中国青年报，2015-01-20. http://zqb.cyol.com/html/2015-01/20/nw.D110000zgqnb_20150120_1-07.htm.

[2] 浦东新区工会. 2015浦东工会购买社会服务项目招标启动[N/OL]. 中国上海网，2015-05-08. http://www.ccgp.gov.cn/gpsr/zhxx/df/201505/t20150508_5271396.htm.

[3] 上海市妇女联合会. 2014—2015年上海市妇联系统向社会力量购买妇女儿童家庭服务项目概况[N/OL]. 上海市妇联购买服务平台，2016-1-9. http://www.shwngo.org/InfoDetail-10024.html.

表 5.4　2014—2015 年上海市妇联系统向社会组织购买妇女儿童家庭服务项目概况

购买方	2014 年 项目数（个）	2014 年 项目资金（万元）	2014 年 项目承接社会组织数量（家）	2015 年 项目数（个）	2015 年 项目资金（万元）	2015 年 项目承接社会组织数量（家）
市妇联	72	564.8	54	87	644.2	71
区、县、街、镇妇联	110	1002	87	142	1064.3	110
合计	182	1566.8	127	229	1708.5	163

备注：承接多个妇联项目的社会组织未重复计算数量。

资料来源：上海市妇女联合会内部资料《当我们一起走过：上海市妇联系统向社会组织购买妇女儿童家庭服务项目概况（2014—2015 年）》，上海市女性社会组织发展中心编撰，2016 年。

表 5.5　2014—2015 年上海市与浦东新区妇联落地浦东新区的政府购买情况

年度	委托方	项目实施地	项目数	承接服务的组织数
2014	市妇联	全市	11 个	8 家
2014	市妇联	浦东新区	6 个	5 家
2014	浦东新区妇联	浦东新区	10 个	9 家
合计			27 个	共计 20 家（社团 10 家，民非 10 家）
2015	市妇联	全市	9 个	7 家
2015	市妇联	浦东新区	7 个	6 家
2015	浦东新区妇联	浦东新区	8 个	7 家
2015	浦东新区街镇妇联	浦东新区某街镇	10 个	10 家
合计			34 个	共计 28 家（社团 9 家，民非 19 家）
2014—2015 年度合计			61 个	共计 40 家（社团 14 家，民非 26 家）

资料来源：根据上海市妇联网站数据"2014—2015 上海市妇联系统向社会力量购买妇女儿童家庭服务项目概况"整理分析所得。

综上可见，虽然"条"、"块"、党群等制度主体存在部门差异与不同需求，但是政府购买服务的资源市场总体上由政府主导构建。政府内部的条、块、党群等制度主体带着资源的高度部门化、碎片化、层次化的特点进入政府购买服务场域。

组织场域理论把碎片化、中心化视为场域的重要结构特征。"碎片化"涉及场域所依赖的非协同的组织或社会行动者的数量。"中心化"涉及场域中是否出现支配性行动者，能够通过法律权力、资源依赖或规范的社会化来支持和强化普遍运行的逻辑，形成巩固的权力结构，影响组织行为[1]。高度碎片化、适度中心化的组织场域中，组织面临着不一致的制度逻辑以及它所带来的压力。

在上海市政府购买服务场域中，资源供给者的数量难以计量。每一个条线职能部门，街、镇政府，群团组织都可以向社会组织购买服务，提出购买的服务要求、制度规则等。同时，也并不存在统一的、支配性的政府权威可以引导和实际操控其他部门和下属机构的政府购买服务实践。社会组织面对的是高度碎片化、适度中心化的购买主体的整体结构，要应对不同的资源供给者，以及可能出现的冲突性的制度要求。虽然，在政府购买服务市场中，单一购买主体的委托项目并不会接收到所有承接者的应标，单一供给主体也并不需要应对和处理所有的购买信息。同时，受业务领域、地域范围、组织性质、组织规模、人员结构等多重因素影响，单一供给主体仅会关注和争取有限的购买机会。但是，政府购买服务资源市场的碎片化分割在社会组织整体生态层面仍然影响着组织的发展预期，以及组织应对环境的行为模式。

（二）供给方因素：社会组织发育不足

政府购买公共服务的本质是政府将公共服务交由更适宜的主体来生产。当政府意识到内部生产无法满足公共服务需求时，社会组织作为具有社会性的组织群体被寄予期望。但公共服务制度的转变却无法一蹴而就，政府需要在延续旧有组织的基础上，挖掘、培育、扩展新的组织要素。也就是说，公共服务的供给市场并不自然存在，政府有时购买的服务根本没有预先存在的市场，政府需要建立一个市场，负责定义产品、确定合理价格、设定质量标准[2]。

随着我国公共服务需求日益增长，政府意识到仅依靠政府无法解决诸多问题，应对供给市场、服务资源短缺的局面，必须加大对社会组织的培育力度。但是，经过多年的政府购买服务实践，以社会组织为主体

---

[1] PACHE ANNE-CLAIRE, & SANTOS FILIPE. When Worlds Collide: The Internal Dynamics of Organizational Responses to Conflicting Institutional Demands [J]. Academy of Management Review，2010，35：455—476.

[2] 唐纳德. 权力共享——公共治理与私人市场 [M]. 孙迎春，译. 北京：北京大学出版社，2009：25.

的公共服务供给市场发育仍不成熟，依然被部分政府官员视为政府购买服务中的较大难题。

"政府意识到，（仅靠政府自己提供养老服务）这样做下去（是）不行的，自己也没这个能力做，而且服务越做越僵化。同时，不让渡给社会力量来做，社会力量越来越弱，政府想到让社会力量来加入，像养老机构，就是社会力量承办的，社区的养老服务也一样可以。但是，政府这个阶段很苦恼。苦恼在哪里呢？一是，没有那么多好的社会组织，社会组织的基础是很薄弱的……（社会组织）就那么几个，全部给你做，组织都不够，都不能覆盖我的需求。我需求有20个，有多出的10个淘汰，那这个叫竞争。但现在根本形成不了竞争机制，就那么几家，都进来做，我还有很多块没人做。到什么时候可以（产生）竞争？就是社会组织很多，都很成熟，各有专长的时候，（政府就不再苦恼了）现在政府苦恼在于，社会组织太少了，挑都没法挑。"[1]

较全国其他省市，上海市社会组织的发展应算是走在前列，而浦东新区的社会组织发展又走在上海市前列。但即使浦东新区的社会组织数量逐年增长（如图5.1所示），也仍无法满足多元化的社会需求。截至2016年2月25日，浦东共有社会组织1912家，其中民办非企业单位1531家、社会团体377家、基金会4家。按照服务的主要领域划分，1531家民非中有社会服务类615家、教育类540家、文化类116家、体育类49家、农业及农村发展类46家、卫生类39家、科学研究类30家、工商服务类29家[2]。

---

[1] 上海市社区养老服务中心K主任（访谈G2014121201）。
[2] 浦东新区社团管理局．上海市浦东新区社会组织发展基本情况，内部资料，2016．纳入统计范围的社会组织，是以浦东新区社团管理局为登记机关的社会组织。其中，在浦东社团局登记的基金会有4家。还有54家基金会在上海市社团管理局登记，机构办公场所位于浦东新区。

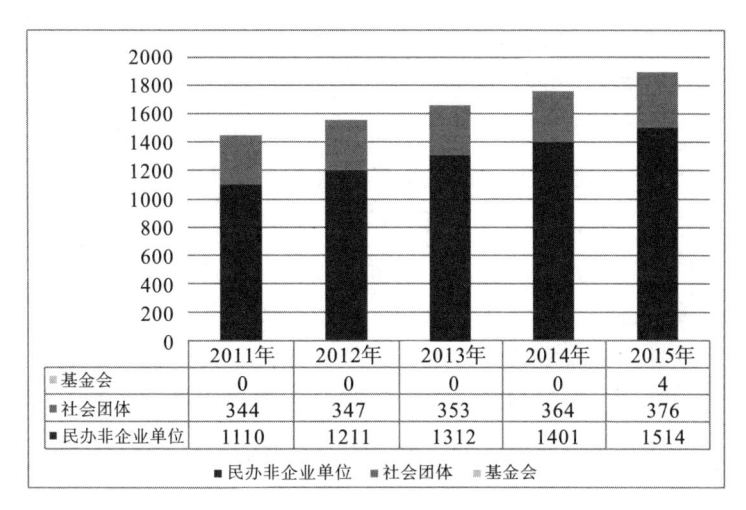

图 5.1　浦东新区社会组织数量

年份	2011年	2012年	2013年	2014年	2015年
基金会	0	0	0	0	4
社会团体	344	347	353	364	376
民办非企业单位	1110	1211	1312	1401	1514

浦东新区各街镇所辖区域内社会组织的数量并不均衡（见表5.6），部分街镇对社会组织支持力度较大，其辖区内社会组织数量也较多。

表 5.6　浦东新区各街镇所辖区域内社会组织数量

街镇名称	社会组织数量（家）	街镇名称	社会组织数量（家）	街镇名称	社会组织数量（家）
陆家嘴街道	129	惠南镇	149	大团镇	33
塘桥街道	114	川沙新镇	126	书院镇	33
洋泾街道	108	张江镇	99	泥城镇	32
潍坊新村街道	76	康桥镇	58	新场镇	30
金杨新村街道	72	高桥镇	54	宣桥镇	29
花木街道	61	周浦镇	52	合庆镇	28
周家渡街道	43	祝桥镇	46	高行镇	26
南码头路街道	42	三林镇	44	唐镇	21
浦兴路街道	39	金桥镇	43	南汇新城镇	19
上钢新村街道	27	航头镇	43	高东镇	18
沪东新村街道	26	北蔡镇	40	老港镇	17
东明路街道	21	曹路镇	34	万祥镇	16

资料来源：浦东新区社团管理局内部统计数据（截止日期：2015年6月15日）。

浦东新区社会组织所开展的服务包括老年、青少年、妇女、学校、医务、社区矫正、禁毒、助残、外来民工子弟、少数民族事务、家庭、计生、慈善救助、儿童收养、临终关怀等多个领域。但是与社会需求相比，目前社会组织所能服务的领域类型还有限，只能承接一部分政府转移的职能。以 W 街道为例，W 街道的社会组织以社区服务类的居多，涉及养老、助残、慈善救助、青少年帮教等服务，而参与社区治理类的较少，在业委会选举、物业纠纷调处、议事规则应用、居民公约及章程制定指导、新社区融合等方面存在空白[①]。社会组织发育不足的问题不仅存在于浦东新区，在杨浦区政府购买服务中也遇到了公共服务供给方竞争不足的问题，不得不通过变通组织领域、修改招标方式等方法解决。

"2013 年杨浦区 40% 的项目只有 1 家社会组织竞标，反映出来社会化运作的组织发展是不足的。我说我区有 200 家社会组织，但其实（应该）要去掉阳光之家之类（的组织）的。社会化运作的组织或草根组织要生存，就得积极竞标。比如，去年市容局拿出一个垃圾分类的项目，（属于）宣传培训之类的活动，结果找不到这样的社会组织，只好用综合类的社会组织来代替。反映出来某些专业领域的社会组织很少或没有。目前，养老、妇联类的社会组织多……"[②]

当政府转移出部分职能，但没有社会组织能够承接时，政府部门成立对应的官办社会组织就成为解决问题的途径之一。

以资源依赖理论的解释，组织生存的关键是获取和维持资源的能力。在和其他组织构成的环境中，组织依附于其他组织来获取关键资源[③]。在政府购买服务场域中，社会组织的体制关联性，即官办社会组织、半官办社会组织和民办社会组织和政府部门的联系，影响了不同身份社会组织发展特征的形成。

官办社会组织内生于政府系统，其组织目标、组织结构都来自政府的设计，对政府的依赖是这类社会组织应对环境的先天策略。官办社会

[①] 浦东新区地区工作党委. 关于召开"街镇如何进一步推广购买服务经验"研讨会、"W 街道社会组织发展情况汇报"材料，2014-12-30.
[②] 杨浦区民政局 Y 局长（访谈 G2014120801）.
[③] 菲佛，萨兰基克. 组织的外部控制：对组织资源依赖的分析 [M]. 闫蕊，译. 北京：东方出版社，2006：2.

组织以政府资源为组织唯一或最重要的来源，其活动范围局限在某一领域或地域，专业服务能力和市场开拓能力弱，机构自主意识和自治能力不强。

> "体制内的社会组织分两种，一种是政府出资的，一种是街道出资的，两者业务主管单位都是街道。浦东新区WA社区服务管理中心是街道办事处出资的，属于在社区里土生土长的草根型组织。这类机构的劣势主要是机构人员不专一、不专业，人员流动性比较大，财务不独立；从机构发展方面来说，因为是依托街道来做事情，所以缺乏像企业一样的远景规划。"①

民办社会组织产生于社会领域，由某种社会需求、创始人的价值或使命等意愿驱动而成立。按照萨拉蒙对非营利部门的"结构—运作式定义"②，民办社会组织本应是我国最符合非营利部门组织性、私立性、非利润分配性、自治性、志愿性特征的组织。但我国民办社会组织普遍的问题在于人才流失大和服务落地难。社会组织工作人员的工资待遇普遍较低，很难留住具备工作经验和专业技能的人才在基层提供服务，导致人才培育方面出现"培养一批，流失一批"的现象③，以致民办社会组织人才队伍往往呈志愿者化或实习生化，中层人才缺乏，专业化和职业化水平较低，所提供的公共服务也难以向更高水平提升。以上海RX社区服务中心为例，上海RX社区服务中心是浦东新区一家做青少年教育的民办社会组织，其人员结构分为"总部+园地"两级管理，如同大多数民办社会组织一样，该组织也面临专职团队和志愿者队伍人才流失的难题。

> "（园地的老师）是我当时为项目招的，这种服务（晚托班）一般是常态服务，（服务人员）必须本土化，住在附近，对当地环境熟悉，最好是在当地有知名度和可信度。一旦这个项目没了，老师就流失了。你把老师调到其他点？不现实。他也不去。从T街道到D

---

① 浦东新区WA社区服务管理中心C主任（访谈S2013042401）。
② 萨拉蒙，等.全球公民社会：非营利部门国际指数[M].陈一梅，译.北京：北京大学出版社，2007：12-13.
③ 浦东新区地区工作党委.关于召开"街镇如何进一步推广购买服务经验"研讨会，"W街道社会组织发展情况汇报"材料，2014-12-30.

镇不可能。这种服务还带有点志愿精神,他们多是年纪大的、退休的(老师),不希望志愿服务对自己生活造成影响,路上三四个小时(就太长了)。所以我们的人员经常性地流失。我对团队人员的计划,我团队要怎么发展,我机构应该配备什么岗位。今年做第二年的,会有很多不可预计的因素。比如我第二年没有项目,那我这些人怎么养?……从人员结构上,机构是两级管理,总部的人员也不稳定。总部负责统筹、宣传、沟通、资源招募,(保障总部人员)是必须的。但总部没有项目去养他。而总部这部分人应该是精英,社会组织工作很忙,要求很高,项目从创意到实施到评估,都有一整套严格规范,不专业不行,没有文化背景也不行,文字工作量特别大……但他们现在报酬很低、带有奉献精神。社会组织严重缺少专业的社会工作者。每年高校社工专业毕业生很少到社会组织就业,不是不热爱社工工作,主要是没办法生存,非常矛盾。毕业到社会组织,最起码 5000 元/月,养得起吗?……即使工作几年,因家庭压力也会流失。我很痛心,我们是真的留不住。我团队到今年 6 月,(成员)基本上全换掉。"[1]

政府购买服务的资源环境中,社会组织作为供给方是承接政府购买服务的组织主体。社会组织的发育不足导致社会组织供给方市场发育不成熟,以致现有政府购买服务的竞争市场在总体上还未实现,限制政府实现制度目标。

在制度变迁和组织发展中,路径依赖成为政府推动社会组织发展的惯性选择,成立官办社会组织是政府培育社会组织、保护自我利益的可行办法。所以,从成立起,官办社会组织、民办社会组织就因和政府之间的关联性不同而带有不同的组织目标、结构与行为属性。从政府的角度来看,政府购买服务是政府职能转移的必然趋势。制度的变迁首先需要有保护带的调整,以维持制度内核的相对稳定状态,从而使一种制度在渐进的状态下逐步地实现制度变迁的社会过程[2]。这也是政府为何热衷于成立官办社会组织来承接政府购买服务的原因之一。

---

[1] 上海 RX 社区服务中心 W 主任(访谈 S2015093001)。
[2] 李汉林,渠敬东,夏传玲,等. 组织和制度变迁的社会过程——一种拟议的综合分析[J]. 中国社会科学,2005(1):94-108+207.

（三）行政逻辑主导下的政府购买服务市场

政府购买服务市场的形成和发展，除了需要有需求方和供给方作为主体要素存在和发展，政府购买服务市场运作的规则也是重要的基础性要素，构成了主体要素行动的活动框架。

政府购买服务市场按照什么规则来运行？政府的角色是什么？实践和理论，国内与国际的发展，都存在一定的差距。理论分析认为，在政府购买服务的安排中，政府是精明的买主，其理想的角色定位是：①公共物品和服务需求的确认者；②精明的购买者；③对所购物品和服务有经验的检查者和评估者；④公平赋税的有效征收者；⑤谨慎的支出者，适时适量对承包商进行支付[1]。政府购买服务是政府职能转变的方式之一，政府应由"划桨"向"掌舵"转变，加强对服务供给方的市场培育、服务监管、资源配置，更好地把社会组织、企事业单位等主体纳入公共服务供给当中。

根据欧美国家政府购买服务的经验和研究，政府购买服务主要存在三种模式：竞标模式、谈判模式、合作模式。具体采用何种模式，则受到以下因素影响：①外部环境的特征，特别是服务供给者的数量；②组织资源的水平（如人力、资金、时间、专业性等）；③购买资金、服务技术等不确定性程度，以及服务产出与预期成效之间的因果关系。[2] 其中，竞争性购买服务（竞标模式）被视为政府购买服务的理想类型。政府能够从一些竞标者中以最低的价格挑选出最合适的服务供给者；市场契约代替政府直接资助成为政府与社会组织互动的主要方式；公开招投标成为最主要的遴选社会组织供给方的筛选程序；市场竞争是被公众普遍接受和认可的意识形态。

然而，理想状态很难在现实中获得生存条件。实际上，我国政府购买服务的需求方和供给方市场规模都不够大，无法充分发挥市场竞争、优胜劣汰的遴选机制。

政府购买服务市场的需求方和供给方各带着资源和限制进入市场，并影响和塑造着市场规则。上海政府购买服务的组织基础和社会环境，

---

[1] 萨瓦斯. 民营化与公私部门的伙伴关系 [M]. 周志忍, 译. 北京：中国人民大学出版社，2002：73.

[2] DEHOOG. Competition Negotiation or Cooperation Three Models for Service contracting [J]. Administration & Society，1990，22：317-340.

使得上海的政府购买服务未能完全按照竞争性市场和契约治理的逻辑发展，而是出现了政府治理和行政逻辑主导的政府购买服务现状。集中表现为：政府权力介入影响市场运行规则，影响市场竞争；公共服务市场不是纯粹的竞争市场，而是行政逻辑主导的市场。

行政逻辑主导具体表现为：

第一，政府购买服务立项环节，部分政府部门操作"阴阳"项目。

政府购买服务是转变政府职能的重要方式，有助于提升公共服务供给的绩效，但同时也带来不同层级政府部门的权力关系变化。有学者研究发现，政府购买服务尤其是竞争性招投标项目的创新实践，反映上级政府试图通过政策干预，抑制由体制内生的基层政府与社会组织之间的管家关系[①]。基层组织处于低治理权的结构位置[②]，在上下级行政部门"层层发包"运行模式出现张力、下级灵活性与弹性不足时，基层政府会更注重通过发展社会组织来解决自身遇到的难题，进而形成"借道"机制[③]。目前已有相关研究反映基层政府和上级政府间利益分化和目标偏移等问题。

部分基层政府利用政府购买服务的机会，寻求部门利益的实现。以上海市社区公益招投标项目为例，该项目由福利彩票公益金出资一半，街、镇1∶1配套资金，有些基层政府部门便将自己运作的项目或部门工作包装成公益招投标项目，或者将以往交由事业单位或自己培育的社会组织的项目申报为公益招投标项目，变相套取上级拨款，以提高自己部门的工作经费。明面上是政府购买服务项目，实质却是政府部门本身的工作或者已经有财政资助的项目。操作这些"阴阳"项目，需要信任度极高的社会组织参与配合，这意味着在政府购买服务立项环节即已出现破坏市场公平竞争的因素。

第二，政府购买服务招标环节，评选内定、陪标现象频出。

在政府购买服务招标环节，作为服务需求方的区政府职能部门、街镇具有较大的操作空间。他们报送项目需求至公共服务购买平台，参与评标，需求方对申报社会组织的意见会直接或间接影响评审专家，从而

---

① 敬乂嘉. 社会服务中的公共非营利合作关系研究——一个基于地方改革实践的分析[J]. 公共行政评论，2011，4（5）：5−25+177.

② 陈家建，赵阳. "低治理权"与基层购买公共服务困境研究[J]. 社会学研究，2019，34（1）：132−155+244−245.

③ 黄晓春，周黎安. 政府治理机制转型与社会组织发展[J]. 中国社会科学，2017（11）：118−138.

促使在投标前就有意向中标的社会组织。评选内定的现象，使得公开招投标流于形式。

此外，部分政府购买服务存在社会组织之间互相陪标的现象。由于评选内定，相关领域缺乏充分的投标者，内定中标的社会组织会邀请关系较好的社会组织陪同竞标，以满足竞标过程的程序条件，以获得政府购买服务订单。

学界把政府购买服务程序分为竞争性和非竞争性，把政府和社会组织关系分为独立性和依赖性，总结出我国政府购买服务的三种模式：依赖关系非竞争性购买（即形式性购买）、独立关系非竞争性购买、独立关系竞争性购买[①]。政府和社会组织的关系很大程度上决定着政府购买服务的流程与效果，每一种购买模式都有各自的问题。上述评选内定、陪标的现象都是形式性购买的内容。形式性购买服务表现为：一是政府自己创办社会组织来承接政府购买服务，将自身行政任务通过社会组织承接运行的形式予以执行；二是与个别社会组织建立了长期合作关系，虽然进行公开招标，但实际上通过陪标、打招呼等方式内定了某家社会组织，使得公开招标流于形式，失去竞争的内核。形式性购买服务所带来的欠缺契约精神、不符合社会化购买方向、垄断行政资源等问题，造成政府购买服务不仅没有实现政府职能转移，反而加重政府财政负担，也导致部分社会组织在财政与人事上更加依赖政府。

第三，政府购买服务实施环节，部分政府部门违反与社会组织签订的购买合同。

政府购买服务被视为公共管理的新工具。政府作为公共服务的购买方、社会组织作为公共服务的承接方，双方就服务供给的内容、指标、资金等进行合同约定，并按照合同履行各自职责。合同治理以契约化关系为核心，即双方是平等的民事责任关系，而非行政管理中上级与下属关系。即理论上，政府和社会组织在购买服务中是"伙伴关系"、而非"伙计关系"，任何一方出现违约行为，都应受到合同约定的处罚，承担相应的责任。但在政府购买服务实践中，常出现政府单方违约，违背契约精神的行为。例如，要求社会组织承担合同规定之外的行政性活动、不按照约定时间拨付购买服务的资金、将社会组织视为下属部门进行行政化和等级化的指导、干预社会组织内部的组织管理等。

---

① 王名，乐园. 中国民间组织参与公共服务购买的模式分析 [J]. 中共浙江省委党校学报，2008（4）：5—13.

政府部门作为公共权力机构是强势的，而社会组织为了获取政府资源，不得不做出妥协，适应政府节奏，调整组织行为。以政府购买服务资金拨付为例，政府购买服务中资金拨付延迟是通病，受到政府财政拨付的流程影响。基于合同，政府应该按时拨付款项，若不遵守合同，社会组织可以到法院起诉政府部门。现实实践中，多数社会组织不会起诉政府，因为起诉就意味着断绝与政府合作的机会。但资金延缓拨付确实可能造成社会组织项目启动延迟、人员经费短缺等情况发生，并会影响社会组织选择性实施"不花钱""少花钱"的活动，致使组织垫付大量资金，甚至向外借贷，从而影响社会组织承接政府购买服务的积极性以及提供公共服务的质量。政府部门违反合同的行为，破坏了政府购买服务的合同治理基础，没有充分尊重和发挥出社会组织的主体优势和专业能力，影响了社会组织的长远规划，实质上也破坏了政府购买服务绩效的实现。

综上所述，政府购买服务市场是多种逻辑交织的综合场域。政府部门具有行政逻辑，按照政府规则、官僚化管理的规则行动；社会组织具有社会逻辑，按照社会组织公正性、专业性等规则行动；而公共服务市场则是围绕公共服务特征形成的多方主体交互的空间。目前，上海政府购买服务市场更多是政府的行政逻辑占主导，政府权力介入和引导着政府购买服务项目立项、招投标、实施等多个环节，影响着市场竞争的公正性和公共服务供给的发展方向。

二、政府购买服务的制度环境

组织制度学派认为，组织处于一定的制度环境中，通过强制、模仿、规范等机制成为制度化的组织，在组织结构和行为上趋同[1]。如同"权力""文化"等重要而难以界定的概念，"制度"一词也有不同的内涵。组织学者斯科特对制度做了一个综合性定义，认为"制度包括为社会生活提供稳定性和意义的规制性、规范性和文化－认知性要素，以及相关

---

[1] 迪马吉奥，鲍威尔. 关于"铁笼"的再思考：组织场域中的制度性同形与集体理性[J]//鲍威尔，迪马吉奥，姚伟，译. 组织分析的新制度主义[M]. 上海：上海人民出版社，2008：72. 本章最初发表于《美国社会学评论》，1983 年第 48 期，第 147-160 页。

的活动与资源"①。这是一个内涵十分丰富的定义，在这个定义中，"制度具有多重的面相，是由符号性要素、社会活动和物质资源构成的持久社会结构"②。迪马吉奥和鲍威尔认为，制度是"被认可的实践做法，包括易于辨识的角色，以及支配和治理这些角色占有者之间关系的规则或惯例的集合"③。制度环境是以民族国家－政府授权的调节机构、专业协会或行业协会等为来源，形成的规则和要求环境④。本研究认为，政府购买服务的制度环境是政府购买服务场域中的主导行动者所制定的制度体系，既包括政府出台的与政府购买服务相关的法律法规、政策文件，也包括政府购买服务实践中形成的惯例。

从上海政府购买服务的制度化进程可见，政府是最为重要的制度创立者与场域行动者。当然，社会组织的行为能力不能被完全忽略，其对政府购买服务制度的影响被政府相关法规政策所吸纳。在政府购买服务场域中，政府对不同身份社会组织的差别化信任，是政府购买服务具体制度的潜在基础。政府出台的法律法规、政策文件，以及在购买服务中形成的实践惯例等，都是政府购买服务制度的载体和外化表现。制度带有强制性和规范性的要素，并隐含着相应的物质资源。政府法规、政策、惯例等制度环境，通过设置进入壁垒、资金资助和补贴、人才引导等机制，决定了商业的规则、市场的结构，影响到社会组织的人力构成、成本结构与市场规模。制度设置了组织行动者活动的结构性空间，支持和限制着组织行动者的作为。单个组织为了获取制度支持和合法性，必须遵循这些规则和要求。进入政府购买服务场域中的社会组织，为了维持和获取政府购买服务场域中更为有利的位置，需要认识、接纳、运用、应对甚至内化政府购买服务制度环境中的制度要素。在不同的制度支持和约束下，各种不同类型的社会组织产生、被塑造和被影响。

同时，政府并非抽象的、整体性的，而是由具体的不同层级、不同职能的政府构成。随着政府购买服务在不同层级政府部门间展开，制度环境也会出现差异，因此，须区分不同层级政府所形成制度环境及其逻

---

① 斯科特. 制度与组织——思想观念与物质利益（第3版）[M]. 姚伟，王黎芳，译. 北京：中国人民大学出版社，2010：56.
② 斯科特. 制度与组织——思想观念与物质利益（第3版）[M]. 姚伟，王黎芳，译. 北京：中国人民大学出版社，2010：56.
③ 迪马吉奥，鲍威尔. 组织分析的新制度主义[M]. 姚伟，译. 上海：上海人民出版社，2008：9.
④ 斯科特，迈耶. 社会部门组织化：系列命题与初步论证[J]//鲍威尔，迪马吉奥，姚伟，译. 组织分析的新制度主义[M]. 上海：上海人民出版社，2008：133.

辑对社会组织的影响。在上海政府管理体制背景下，本研究将分别从地方政府（上海"市、区"政府）、基层政府（上海"街、镇"政府）两个层级，分析政府购买服务的制度环境，讨论购买服务的制度特征及其活力以及其对于不同身份的社会组织产生的激励与限制。

（一）制度基础：政府与社会组织的信任关系

政府购买服务场域中，政府购买服务的环境对社会组织行为产生的影响，从根本上是政府行为对社会组织发展的影响。在分类控制体系中，政府为了自身利益，根据组织的挑战能力和提供的公共物品，对不同社会组织采取不同的控制策略[1]。政府购买服务的制度设想是，政府要选择政治属性较弱、对政府权威挑战度低的服务类社会组织，发挥该类社会组织的服务属性和提供公共物品的功能。

国务院 96 号文肯定了全国范围内政府向社会组织购买服务的做法，但除民政部门外，中央政府和地方政府的多数部门对社会组织的认识仍有所欠缺。政府购买服务中，政府和社会组织互动关系的基础是政府对于社会组织的认识、定位和态度，换言之，是政府对社会组织的信任程度，而建立信任的重要途径是"了解"和"共事"。而购买社会组织服务的行政机关、行政性事业单位和群团组织对社会组织的了解并不多，或者说随着政府购买服务的深化，不同的政府购买主体才逐渐把社会组织纳入视野当中。总体来说，我国对待社会组织的思路仍然是监管大于合作。在政府购买服务的制度架构中，政府部门缺乏与社会直接对接的"口子"，一些相关部门还设置事业单位等中间组织来委托管理购买事务。例如，上海社区公益招投标是上海市民政局计划财务处部门职责，计划财务处委托给事业单位——上海市社区服务中心开展日常运作；浦东新区政府购买服务先由浦东新区民政局主导，再由浦东新区财政局主导，而浦东新区民政局则委托给浦东新区社区建设指导中心开展日常运作。社会组织的功能、价值、诉求，也容易在"由下向上"的层层转达中失真。在无法对所有信息都掌握的情况下，严格控制过程和形式成为规避风险的途径之一。相较于市区各职能部门，基层政府以社区为基础面向全部人群服务，残联、妇联、团委等群团组织以某一群体为服务对象，有和社会组织形成更多合作交集的可能。但是，由于基层政府和党群部

---

[1] 康晓光，韩恒．分类控制：当前中国大陆国家与社会关系研究［J］．社会学研究，2005（6）：73—89．

门的领域限制,再加上原本的公共服务多由官办社会组织来实现,因此两者所认识的社会组织范围相对单一,并会受到属地化、领域化的影响,容易形成天然的地方保护。

在政府购买服务中,社会组织内部群落庞杂,政府与不同性质和身份的社会组织的关系也呈差序格局。学界对于政府购买服务的非竞争性多有诟病,发现有政府购买者倡导成立,甚至为承接服务而专门成立社会组织,造成政府购买服务的内部化[1],给予官办社会组织在购买服务中的天然优势。

相较于官办社会组织的优势地位,民办社会组织必须先获取政府信任才能获取和维系长期的项目合作。有些民办社会组织在第一次和新的政府购买主体建立关系时,宁愿在经济上贴补政府项目,也要和政府部门在"共事"中培养信任关系以建立长期的购买关系。可以说,政府和社会组织的信任关系是两者关系重要的基础,政府对社会组织的信任程度影响了政府给予社会组织的行动权利和资源数量,从根本上决定着两者的关系模式[2]。

(二) 地方政府购买服务的制度逻辑与机制

政府作为购买服务场域的主导行动者,即使属于同样的群落,也会由于组织目标、资源、权力关系等不同而存在行为逻辑的差异。政府购买服务涉及中央到地方各级政府部门,而不同层级政府在购买服务时对社会组织塑造的制度环境,对社会组织的治理逻辑和机制是存在差异的。

以上海市区级政府购买服务为例,其制度环境特征与制度逻辑如下。

1. 政府购买社会组织服务制度的多元化

政府购买服务的制度化有助于确保政府购买服务的稳定性、连续性与可预期性。与购买服务相关的法律法规的建立与完善,对购买服务的目标、程序、规范等有较一致的价值认同,是政府购买社会组织公共服务制度化基本内涵的重要组成部分[3]。

---

[1] 王浦劬、萨拉蒙,等. 政府向社会组织购买公共服务研究 [M]. 北京:北京大学出版社,2010:28.

[2] 田凯. 政府与非营利组织的信任关系研究——一个社会学理性选择理论视角的分析 [J]. 学术研究,2005 (1):90—96.

[3] 徐家良. 政府购买社会组织公共服务制度化建设若干问题研究 [J]. 国家行政学院学报,2016 (1):68—72.

目前，我国政府购买服务的制度化程度不足，存在购买服务制度多元化和碎片化的问题。从法律层面来看，我国没有专门的政府购买社会组织公共服务的法律规范，实践中遵照《政府采购法》进行购买。而《政府采购法》对购买"公共服务"也缺乏具体而专门的规定。2013年国务院办公厅颁布《关于政府向社会力量购买服务的指导意见》，对购买服务做了原则性规定。全国各地也随即出台政府购买服务的指导意见、实施办法等文件，但由于缺乏明确的上位政策依据，各地对向谁购买、购买什么等内容的规定差异较大，社会组织实际从购买政策中的获益也不均衡[①]。

自2009年起上海市以社区公益招投标为标志进入制度化购买阶段，各区陆续出台区域性的购买服务文件，构建各自的政府购买服务制度框架。浦东新区2007年颁布《浦东新区关于政府购买公共服务的实施意见（试行）》，对浦东新区政府购买服务奠定基础框架。经过多年实践，浦东新区于2015年出台《浦东新区政府购买服务管理暂行办法》，对政府购买服务的组织保障、购买主体、承接主体、购买内容、预算管理、绩效管理、监督管理等做了更细致的规定。静安区于2011年印发《上海市静安区关于政府购买社会组织公共服务的实施意见（试行）》。杨浦区于2012年印发《杨浦区政府购买社会组织公共服务实施办法（试行）》，并通过《上海市杨浦区人民政府印发关于进一步促进杨浦区社会组织发展实施意见（试行）的通知》（杨府发〔2015〕2号）等文件对政府购买服务制度加以完善。上海市一级的政府购买服务文件出台相对较晚。上海市财政局于2012年印发《上海市市级政府购买公共服务项目预算管理暂行办法》，上海市政府于2015年印发《上海市政府关于进一步建立健全本市政府购买服务制度的实施意见》，为完善全市政府购买服务制度明确了基本原则和方向。

从上海市区不同的政府购买服务场域看，市、区政府各自形成了基础性的制度框架。但是市、区两级政府的行政法规一般仅作原则性、方向性规定，无法面面俱到。政府各职能部门，街、镇，党群等在系统内购买服务时，往往制定系统内政府购买服务文件，对系统内政府购买服务做具体化规定。以购买内容为例，《上海市政府关于进一步建立健全本市政府购买服务制度的实施意见》规定，基本公共服务、社会管理性服

---

① 周俊. 政府与社会组织关系多元化的制度成因分析［J］. 政治学研究，2014（5）：83-94.

务、行业管理与协调性服务、技术性服务、政府履职所需辅助性事项、其他适宜由社会力量承担的服务事项等服务应纳入政府购买服务指导性目录。《浦东新区政府购买服务管理暂行办法》将购买服务内容分为三大类：第一类为增加国民福利、受益对象特定，政府向社会公众提供的公共服务，包括以人为对象和以物为对象的公共服务；第二类为保障政府部门自身正常运转需要向社会购买的服务；第三类为政府部门为履行宏观调控、市场监管等职能需要向社会购买的服务。此外，还规定"应当由政府直接提供、不适合社会力量承担的公共服务，以及不属于政府职责范围的服务项目，不得向社会力量购买"。区一级的规定不仅包括公共服务的范畴，还包括为保障政府自身服务而开展的后勤服务和管理服务。《T街道办事处关于购买社会组织服务的实施意见》指出，街、镇在具体操作时需要结合街、镇职能科室的具体工作，"由职能科室以需求、问题、项目为导向，将政府职能中的事务性、技术性、服务性工作以及居民提出的各类需求进行立项，以项目化方式提出购买服务。"《T街道办事处购买社会组织服务目录》明确了包括劳动就业、社会救助、文化体育、生活服务、市容管理、市场管理、居民自治、社会组织自治、区域化党建、双拥工作等24项购买服务，这些都与政府转移出的职能相对应。

虽然上海市、区两级政府出台了政府购买服务的规定，但实际的操作权和裁量权在政府购买服务的具体主体，街镇、职能部门、党群部门等，能够确定购买什么、向谁购买、怎么评价购买。此外，不同的资金来源，如福利彩票公益金购买，则有专项的购买服务规定，如《上海市民政局关于进一步规范上海社区公益服务项目招投标工作的通知》《上海市民政局关于印发〈上海市社区公益服务项目目录〉的通知》等。对于承接主体社会组织来说，不同的政府购买服务所面临的制度规范是不同的，所面临的制度空间是多元化、碎片化的。

2. 政府购买服务的项目制运作机制日益规范

项目制是一种新的国家治理体制[1]，形成权力和资源配置的新逻辑和新路径。在既有财政体制的常规分配渠道外，按照中央政府意图，项目制是以自上而下专项化资金方式进行资源配置的政府运作形式和制度安排。"项目制"超出某种项目的运作过程的技术范畴，更多的是一种能

---

[1] 渠敬东. 项目制：一种新的国家治理体制[J]. 中国社会科学，2012（5）：113-130+207.

够将国家从中央到地方的各层级关系以及社会各领域统合起来的治理模式。① 从项目过程看，项目制形成国家部门"发包"、地方政府"打包"和村庄或企业（或其他基层社会组织）"抓包"三种机制，产生了"分级治理"的效果。② 政府购买服务项目制成为一种普遍的运作机制。加之模仿、强制、宣传等共同作用，政府购买服务成为政府部门供给公共服务的通行做法，部分政府部门"甚至为了购买而购买"。

上海市政府购买服务经历了制度化与项目制发展过程。项目制政府购买服务以政府体系的科层结构为基础，以科层化的方式制定和出台文件、规定制度框架，按照科层规则拨付资金和监管，进行项目"发包"和"接包"。目前，上海各区县财政资金购买服务分为分散购买和集中购买两种形式。其中大多数区县以分散购买为主，"条"上各部门拥有政府购买资金的决定权，可自行购买服务，实施购买流程，而没有集中到统一平台，也没有按照统一规则操作。而杨浦区、静安区等少数区县则以集中购买为主，区级政府建立政府购买服务平台，条块政府购买服务必须经过统一平台发布项目和进行管理。2012年7月，杨浦区委办、区府办联合印发《杨浦区政府购买社会组织公共服务实施办法（试行）》（杨委办发〔2012〕49号），成立区"政府购买社会组织公共服务联席会议"，由区政府分管区长担任召集人，区发改委、区社建办、区机关事务管理局、区监察局、区民政局、区财政局、区审计局等为成员单位，并将办公室设在区民政局（区社团局）。2012年8月，杨浦区区联席会议办公室建立区政府购买社会组织公共服务网站，将全区政府购买服务项目纳入统一平台进行管理，对项目立项评审、项目发布、项目招投标、签订合同、项目资金拨付、项目绩效评估、项目资金审计、项目结算等环节加以规范。试行期间，涉及政府购买社会组织公共服务的大部分委、办、局和街道（镇）都积极配合，主动将项目纳入平台统一规范管理。杨浦区通过搭建全市首个区级政府购买社会组织服务网站，将全区各委、办、局和街道、镇需要委托社会组织承接的事项，统一交由这一平台操作，在方便社会组织了解掌握项目信息，有效对接项目的同时，也使政府购买服务的程序和机制更加合理、公开、透明③。

---

① 渠敬东. 项目制：一种新的国家治理体制［J］. 中国社会科学，2012（5）：113-130+207.

② 折晓叶，陈婴婴. 项目制的分级运作机制和治理逻辑——对"项目进村"案例的社会学分析［J］. 中国社会科学，2011（4）：126-148+223.

③ 杨浦区民政局. 杨浦区政府购买社会组织公共服务工作情况，内部资料，2014.

随着政府购买服务的发展，政府购买服务的项目制程序和机制不断完善，呈现出技术治理的特点。规范化的政府购买服务制度框架逐渐形成。政府购买服务构建起项目立项、项目申报、资质认定、竞标评审、签订合同、资金拨付、项目管理、绩效评估等项目管理的基本流程（如图5.2所示），且以"条"、"块"、党群等为制度主体的政府购买服务流程也具有较大的相似性。此外，政府部门还逐步完善政府购买服务机制，解决政府购买服务运作之初，暴露政府购买服务的部分问题，如政府购买实践中资金使用不规范、服务效果不显著等。政府部门开始对相应制度和环节加以完善，并加大服务项目的监管力度。为提升政府购买服务项目效果，政府还建立和完善了购买服务的绩效评估机制。杨浦区民政局于2013年9月印发《杨浦区政府购买社会组织公共服务项目绩效评估办法（试行）》，对服务项目的评估原则、内容、方法、程序、分值和结果应用等做出明确规定，并将评估结果与次年的招投标挂钩。绩效评估以服务对象满意程度、项目资金运作规范情况、公共资源投入产出效益等内容作为重点考核因素，由第三方评估机构在项目期中、期末两个时段开展。对评估结果为"优秀"的项目，在同等条件下，负责该项目的社会组织获得次年承接政府同类购买服务项目的优先权。与此同时，为提升政府购买服务资金管理绩效，政府部门还实行项目资金审计制度。从2014年起，杨浦区委托第三方会计师事务所，对全区2013年度标的金额在10~50万元的项目进行财政资金专项审计，通过审查服务提供方资金运作和使用情况，进一步规范和加强政府购买社会组织服务项目的资金管理，有效提高财政资金的使用效益[①]。

---

① 杨浦区民政局. 杨浦区政府购买社会组织公共服务工作情况，内部资料，2014.

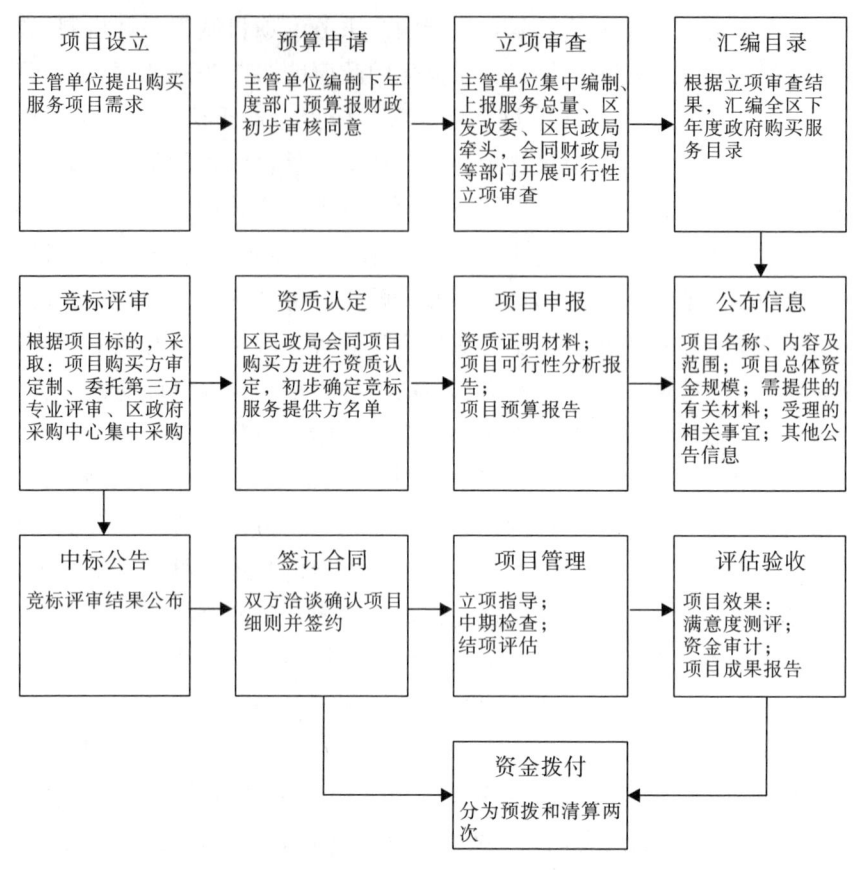

```
┌─────────────┐   ┌─────────────┐   ┌─────────────┐   ┌─────────────┐
│  项目设立   │   │  预算申请   │   │  立项审查   │   │  汇编目录   │
│主管单位提出 │──▶│主管单位编制 │──▶│主管单位集中 │──▶│根据立项审查 │
│购买服务项目 │   │下年度部门预 │   │编制，上报服 │   │结果，汇编全 │
│需求         │   │算报财政初步 │   │务总量、区发 │   │区下年度政府 │
│             │   │审核同意     │   │改委、区民政 │   │购买服务目录 │
│             │   │             │   │局牵头，会同 │   │             │
│             │   │             │   │财政局等部门 │   │             │
│             │   │             │   │开展可行性立 │   │             │
│             │   │             │   │项审查       │   │             │
└─────────────┘   └─────────────┘   └─────────────┘   └─────────────┘
                                                             │
┌─────────────┐   ┌─────────────┐   ┌─────────────┐   ┌─────────────┐
│  竞标评审   │   │  资质认定   │   │  项目申报   │   │  公布信息   │
│根据项目标的,│◀──│区民政局会同 │◀──│资质证明材料;│◀──│项目名称、内 │
│采取：项目购 │   │项目购买方进 │   │项目可行性分 │   │容及范围；项 │
│买方审定制、 │   │行资质认定, │   │析报告；项目 │   │目总体资金规 │
│委托第三方专 │   │初步确定竞标 │   │预算报告     │   │模；需提供的 │
│业评审、区政 │   │服务提供方名 │   │             │   │有关材料；受 │
│府采购中心集 │   │单           │   │             │   │理的相关事宜;│
│中采购       │   │             │   │             │   │其他公告信息 │
└─────────────┘   └─────────────┘   └─────────────┘   └─────────────┘
       │
┌─────────────┐   ┌─────────────┐   ┌─────────────┐   ┌─────────────┐
│  中标公告   │   │  签订合同   │   │  项目管理   │   │  评估验收   │
│竞标评审结果 │──▶│双方洽谈确认 │──▶│立项指导;    │──▶│项目效果;    │
│公布         │   │项目细则并签 │   │中期检查;    │   │满意度测评;  │
│             │   │约           │   │结项评估     │   │资金审计;    │
│             │   │             │   │             │   │项目成果报告 │
└─────────────┘   └─────────────┘   └─────────────┘   └─────────────┘
                                            │
                                    ┌─────────────┐
                                    │  资金拨付   │
                                    │分为预拨和清 │
                                    │算两次       │
                                    └─────────────┘
```

图 5.2 杨浦区政府购买社会组织公共服务工作流程图

如图 5.2 所示，上海市杨浦区政府购买服务管理制度不断完善，日益规范的政府购买服务管理机制为社会组织进行项目管理提供稳定预期，也推动了社会组织服务的专业化发展。

3. 政府购买服务目录限制性与目标数目化管理

政府购买服务和政府职能转变有直接关系，特别是把政府部门预算作为购买资金的情况下，社会组织承接购买服务是完成政府职能的方式之一。政府部门在明确购买服务内容、进行项目立项时，实行的是自上而下，以政府职能为主导，而非以公众需求为主导的政府购买服务项目立项过程，这样的立项方式在地方政府、基层政府的条条块块中普遍存在。"政府部门先梳理政府职能，把能够转移出去让社会组织承担的项目目录梳理出来，项目购买方应紧贴群众需求和管理服务需求，要在目录范围中科学设立购买服务项目，同时对项目要精心设计，充分考虑项目实施的目的、成效、内容、要求并合理的测算出所需经费的预算，尽可能地详尽和具体"①。各级政府试图出台政府购买服务项目目录，进一步提升政府购买服务的规范性，将政府购买服务限定在可控范围内。

出于项目管理的效率和风险考虑，政府购买服务项目目录和内容设置具有较强的限定性和数目化绩效导向特征。政府购买服务的绩效和政府工作人员的合同管理能力密切相关，政府人员必须做一个精明的管理者以避免服务供应方在合同实施中的失职、投机、财务腐败等行为。但是，精明的管理者更多是理论上的假设，实践中，政府工作人员的工作量大，专业能力不平衡，也缺乏尽职监管和积极推动的充分动力。因此，在科层结构下，政府部门保障购买绩效和降低购买风险的最为便利的方式是，从源头上，即从购买要求上确定限制性框架，以合理程序和达成数目保证政府行为的合理性和有效性。政府购买需求对服务内容、服务方式、服务对象数量等制定严格而具体的规定，形成限制性和封闭性的项目结构。

另外，政府购买服务项目往往设置数目庞大的任务量。例如，一个老年类项目要求在 12 个月内完成对几千人的服务，体现出政府所期待的"大数目""普遍覆盖"的任务指标倾向。再如，2011 年 11 月上海市民政局细化对社区公益招投标的购买目录，对项目名称、受益人群及数量、项目目标、项目服务主要内容和方式进行精细化设定，并对项目预算编制和项目经费支出的标准做出规定。这一规定提高了社区公益招投标购买内容的限制性和封闭性，很大程度上限制了社会组织优势的发挥。以老年健康干预项目为例（见表 5.7），所有街镇的需求书都按照上海市目录来制作，导致社会组织投标书中的项目目标、服务对象、服务内容、服务形式、服务数量、项目预算也都按照规定动作来进行。2014 年上海市民政局对公益服务项目目录进行调整，在对项目经费进行严格控制的前提下，对"项目服务内容"灵活放开，也不再设置单项项目参考单价。和民政部门主导的社区公益招投标相比，区级政府职能部门，街、镇的政府购买服务招标书的规定相对灵活，在购买目录的限制性上有较大差异，但整体仍以封闭化的需求书为主。

---

① 杨浦区民政局. 杨浦区政府购买社会组织公共服务工作情况，内部资料，2014.

表5.7 2011年度和2014年度上海市社区公益服务项目目录及基本指标（节选）

年度	项目名称	受益人群	项目目标	项目服务主要内容	项目参考单价
2011年	老年人健康干预服务项目	60岁以上老年人群，最低受益人数3000人	1. 帮助老年人形成科学、健康、文明的生活方式； 2. 提升老年人在健康生活方面的意识和知识储备； 3. 提供健康生活方式咨询培训服务，帮助老年人更好地掌握相关健康技能，推广"健康生活，自己有责，身体力行，互助康乐"的健康理念； 4. 通过个案服务的方式，提升有特殊需求老年人的健康水准	1. 每周开展科学、健康生活方式指导和咨询； 2. 每周开展心理咨询和辅导活动； 3. 每月请专业人员对受益对象进行家庭照料指导和交流； 4. 每月开展健康专题论坛讲座； 5. 每季度聘请健康管理师为会员讲解健康的生活方式； 6. 为部分有特殊需求的老人提供个案服务； 7. 组织六大慢性病、常见病健康干预小组； 8. 在社区建立老人服务体验馆，提供基本的健康干预服务； 9. 建立健康互助小组，建立老人健康生活方式档案，每月对其中90岁以上的老年人提供上门咨询检查服务	参考价85～120元/年/人（3000～10000人），其中：6000人以下：120元/年/人；6000人以上：85元/年/人
2014年	健康干预服务项目	60岁以上老年人群	1. 开展老年疾病预防工作，做好老年人常见病、慢性病的健康指导和综合干预，培养老年人健康自我管理互助意识； 2. 发展老年健康保健事业。广泛开展老年健康教育宣传，普及保健知识，增强老年人运动健身和保健意识，帮助老年人形成科学健康的生活方式	—	—

资料来源：2011年《上海市民政局关于社区公益服务项目目录及基本指标等有关事项（试行）的通知》（沪民计发〔2011〕102号）附件《上海市社区公益服务项目目录（试行）》，2014年《上海市民政局关于印发〈上海市社区公益服务项目目录〉的通知》（沪民计发〔2014〕23号）附件《上海市社区公益服务项目目录》。

现有的政府购买服务立项程序、目录限制与绩效导向等，对社会组织发展具有深远影响。第一，在立项环节，政府部门是提出立项需求的主体，决定着政府购买服务的内容、方式、产出等要素，而这些购买要素未必符合服务对象的真实情况和真正需要。当社会组织承接并提供服务时，偏离真正需求的服务很难被服务对象所接受或者获得如期的服务效果。立项中的需求偏差在项目初始就影响了项目成效,而这点是社会组织无法改变的。第二,在目录限制方面,由于政府购买服务需求书对于服务的内容、方法、预算等都有明确规定,社会组织只需要按照模板化的任务书执行即可,并不需要发挥差异化的服务能力,设计个性化和专业化的服务方案。限制性和封闭性购买目录更多的是基于风险控制的思路,试图把软性的服务分拆为可控的硬件,而不是鼓励服务创新的制度设计,缺乏对社会组织专业能力和创新能力的激励,相反,还为专业性不足的社会组织提供了竞争的机会。第三,在目标导向方面,政府预算资金的性质决定了其"大数目""普遍覆盖"的指标考核倾向。与此同时,政府购买服务在政府职能转变,自上而下分解任务的行政逻辑下,不太需要较多有专业能力的社会组织承接者,而仅需社会组织完成政府要求的任务,成为政府实现指标的工具。"大数目"的任务指标成为筛选社会组织的机制。缺乏行政网络和社会资本支持的社会组织很难完成项目,从而造成不同身份、不同优势的社会组织的分化发展。

政府购买服务项目目录的严格规定,体现了政府购买服务制度环境的强制性。国家法律法规是组织趋同的强制性制度力量。以行政力量为主的制度逻辑占据政府购买服务场域,而以专业为主的技术逻辑没有发声渠道,社会组织在强制的"模式化"下也无需创造。欠缺专业发展和创新的环境,公共服务的供给质量便难以提升。对社会组织的影响是,政府购买服务的封闭性立项和指标考核制度导致部分社会组织服务表面化、甚至造假。中标社会组织在一定程度上只是政府服务的工具,只需要按照政府标书中规定的服务内容、方法、频次做活动,而不能、也不会系统考虑一个项目的产出、成效、社会影响和社会效益等。

从资源依赖的视角,政府给予社会组织资源,社会组织需要向购买主体负责,即"向上负责",因此更为注重政府需要,而对服务对象的真正需求关注不足,开展的服务活动化,不但没有提升公共服务的质量,还有部分社会组织存在投机和做假、财务管理不规范、服务档案弄虚作假等问题[1]。

4. 政府购买服务绩效评估的效果不佳

政府购买服务并非严格的市场行为,不能仅从购买结果,而是要从项目确立、项目实施、项目结果等各个环节加以控制,甚至对项目实施

---

[1] 徐家良,许源. 政府购买社会组织公共服务的制度风险因素及风险治理[J]. 社会科学辑刊,2015(5):45—49.

中的社会组织行为都要严格监控和监管。按照购买合同，上海社区公益招投标中承接服务的社会组织必须每月到相关的项目管理网站更新项目信息，说明组织在承接项目期间一直在结构和程序上遵从合同要求，并定期向政府购买主体提交报告，汇报项目指标完成情况、项目实施效果、项目人员构成、财务使用情况等，以便项目监管方对购买项目实施过程性监管。

实际上，随着政府购买服务的大规模开展，政府部门缺乏全过程监管能力和手段的问题日益显现。在购买服务的同时，部分政府部门会购买第三方机构来做项目评估。例如，上海 YL 公益事业发展中心承接了 2011—2013 年浦东新区社区公益招投标项目评估，对中标项目进行季度监测、中期评估、结题评估，并出具相应的监测和评估报告，提交委托方。2012 年上海市就公益项目评估出台地方标准《社区公益服务项目绩效评估导则》，从项目完成情况、服务满意率、财务状况、组织能力、人力资源、综合效能等方面规定了项目评估的内容和方法。各区也陆续就购买服务绩效评估出台指导意见，以提升政府购买服务的规范性和服务成效。

然而，虽然政府购买服务中加入项目绩效评估环节，但购买服务的评估却难以达到预期效果。

从购买服务立项环节分析，社区公益招投标购买服务中，政府对于需求立项的限制性和封闭性设置导致大多数组织在项目实施中出现困难。社会组织，特别是民办社会组织，难以在短期内完成几千人次的项目指标。为了应付评估，社会组织或是弱化服务的专业性，开展容易实施的活动，或是在项目档案上加以处理。前一行为无利提升公共服务质量，后一行为则属违规操作。

从公共服务评估的专业性分析，政府购买服务项目的复杂性为第三方评估机构制定评估标准提出很大难题。政府购买服务涉及有具体服务质量标准的硬服务，也涉及服务质量标准不易量化的软服务[①]，且政府购买服务项目还存在各个专业领域的知识差异。公共服务供给的数量、形式等产出容易在短期实现，而其成效和影响则无法在短期内呈现。第三方评估如果用统一、原则性的评估标准来评价所有项目，则其评估结果的有效性则大打折扣。2014 年上海市出台地方标准——《社区公益服务项目绩效评估导则》，设置了"完成情况""服务满意率""财务状况""组织能力""人力资源""综合效能"六大指标和 26 个二级指标。上海

---

① 李军鹏. 政府购买公共服务的学理因由、典型模式与推进策略[J]. 改革，2013 (12)：17—29.

YL公益事业发展中心依据这一标准进行指标细化，然而由于指标的解读无法避免主观性，且指标无法完全的量化和具体化，致使在实际评估中仍存在无法准确反映项目绩效的情况。

从评估相关方的互动关系分析，第三方评估机构受政府购买方委托，面临评估本身的技术难题、同时还需综合考虑政府、社会组织、自身组织的长期合作以及购买制度的合理延续，最终只能以项目指标完成情况考核为主。在政府、社会组织、评估机构的多方互动中，存在个体各自的困难和应对策略。

受政府购买服务立项、公共服务评估技术限制、评估相关方互动等因素影响，政府购买服务项目评估未能达到推动政府购买制度完善的目的。主要表现为，第三方评估未对下一轮的项目招标产生实际影响，评估结果未被有效应用，未能成为推动政府购买制度改善的有效机制。由于项目招标的周期要早于第三方评估结论产生，且政府购买服务中部分政府部门与社会组织形成管家关系，第三方评估机构出具的评估报告并不能影响下一年度项目的承接。一些评估结果较差的社会组织，仍能够获得下一年度的项目标的；评估结果较好，也未必意味着下一年度能在评标中有更高成功率或者获得其他优惠。有社会组织反映，之前评估得到高分后，希望之后的评估能减少工作环节，然而再投标时也没有感到评估高分带来任何的优势或简化程序。项目评估未达到推动完善政府购买制度的目的，无法纠正和影响整个政府购买服务制度的绩效偏差。可见，虽然政府购买服务加入了项目评估，但政府购买服务第三方评估也不易达到预期效果。在效果上，项目评估无法纠正和影响整个购买制度的绩效偏差，而只能以最简单、基本的要求来考察项目实施效果，反而加重了社会组织的台账任务和形式主义。

> "感觉准备评估文档工作好复杂，比较累。现在发觉，审计的时候（发的表格）和评估的（时候）发给我们的表格不一样。审计发给我们的表格我们基本上是重新填写的，与评估表格差别很大，是两个系统。审计是（评估）半年后重新填写，这（大大）增加（了）工作量。希望能够整合，统一。另外（评估）半年之后才审计，早就忘记了。事情已经做了，又花时间做这些，会牵扯到精力。之前的评估给了高分，希望以后评估能够减少工作环节。还有，今年投标时候没有感到去年项目评估得高分带来的优势，还是按原来程序

走下来。"①

5. 政府购买服务制度的不稳定性

与常规制的制度安排不同，项目制具有不确定性和间断性特点②。政府购买服务往往以项目化方式运作，具备短期性、临时性、不确定的特征，易产生系统性风险。当年存在某一领域、某一方向的政府购买服务，第二年这方面的政府购买服务也许就不存在了。以社区公益招投标为例，造成政府购买服务系统性风险的主要原因在于政府购买服务的非制度化，项目的短期性、主管领导对于购买重点的转变、街镇的预算分配调整、资金的稳定与否等都会造成政府购买服务的不可预期。

>"政府的预算制度是善变的，现在很多项目性的购买，政府是觉得有需求就买，没需求就不愿意购买。比如养老服务，现在（通过）公益项目招投标这里（购买），有很多问题是什么，因为他的资金来自福利彩票公益金，不是一个恒定的量，是变化的，（公益金）取决于福利彩票的销量，销量好钱就多，就可以多购买，销量不好，购买的项目就会少。这是市场的因素在起作用。"③

上海社区公益招投标的政府购买服务实行分配制，区一级的政府购买服务指标分到街、镇，街、镇，根据市级目录制作项目需求书。但是如何分配政府购买服务指标，街、镇无从知晓。对基层政府与社会组织的关系来说，即使合作良好，也无法保证下一年合作的继续。

政府购买服务的非制度化不利于社会组织的长远发展。对于社会组织而言，政府购买服务的市场是不可预期的、不连续的，稳定性欠缺。承接政府购买服务的社会组织，无法从欠缺稳定性的制度环境中形成稳定的市场预期，用以判断组织在近年内的人力配置、战略方向等，也无法准确配置组织资源，因而在实施购买项目的过程中容易出现机会主义和短期行为。部分社会组织开始呈现工具主义的发展特征，形成以资源汲取为发展导向的组织策略，频繁跨越专业领域中标购买服务项目，而

---

① HY心理咨询工作室L主管（访谈S2013051601）。
② 周雪光. 项目制：一个"控制权"理论视角[J]. 开放时代, 2015 (2): 82-102.
③ 浦东新区民政局D处长（访谈G2014122201）。

未有明确坚持的组织目标和愿景[①]。

从获取资源的角度，社会组织始终面临开拓资源的压力，多途径寻求资源，才能带来组织资源结构多元化发展。一位承接浦东新区QC公益服务社的社会组织负责人早早意识到政府购买服务的不稳定性，开始缩减单一政府购买主体的项目，开发更多的其他街、镇、党群、基金会的项目，以使得组织资源多元化。

（三）基层政府购买服务的实践逻辑与机制

上海市基层政府（上海"街、镇"政府）在政府购买服务中也是非常活跃的制度主体。浦东新区T街道于2013年，C镇于2014年陆续出台地区性的政府购买服务文件，对街、镇政府购买服务做了具体的制度安排。和地方政府不同，基层政府治理权低[②]，但经常面临自上而下的多重、临时、紧急的任务。所以，基层政府往往借助社会组织来完成任务，大多将发展社会组织理解为社区建设的绩效指标，用一种工具主义的态度来发展和管理社会组织，对不同类型社会组织采取进一步的分类管理与控制，将政府购买社会组织服务作为重塑自身灵活性与弹性的策略[③][④]。但是，基层政府综合治理的方式和社会组织专业化治理的运作逻辑存在张力，会造成社会组织承接政府购买服务的困境。虽然从表面上看"公开招投标"成为政府购买服务的普遍形式，符合要求的社会组织都可以承接某个政府购买主体的某项或某类服务，但实际运作中基层政府热衷培育自己主管的社会组织，即官办社会组织，同时再引进几家知名的民办社会组织。政府购买服务中，政府对社会组织的培育和选择显示以下几种实践逻辑。

1. 政府购买服务分步走，给官办社会组织成长搭建缓冲带

在推行政府购买服务的大形势下，官办社会组织受到竞争的压力。官办社会组织的行政化程度高，对政府资源依赖程度大，服务的专业能

---

① 黄晓春. 当代中国社会组织的制度环境与发展[J]. 中国社会科学，2015（9）：146-164+206-207.

② 陈家建，赵阳. "低治理权"与基层购买公共服务困境研究[J]. 社会学研究，2019，34（1）：132-155.

③ 黄晓春. 当代中国社会组织的制度环境与发展[J]. 中国社会科学，2015（9）：146-164+206-207.

④ 黄晓春，周黎安. 政府治理机制转型与社会组织发展[J]. 中国社会科学，2017（11）：118-138.

力有限。基层政府部门设置一定的缓冲时间,在政府购买服务的初期采取"表面购买、实质定向"的方式,培养官办社会组织的竞争意识、管理能力和服务能力,使之逐渐适应公开招投标的机制。为官办社会组织设置缓冲带,成为基层政府购买服务的普遍做法。以Y街道为例,其购买方式经历了定向委托到公开招投标的探索和转变。2011—2012年,Y街道采用的是定向委托购买服务,选择具备承接条件且在本行业中有一定规模影响的社会组织,委托开展场馆的运营管理和提供专业服务;2013年,Y街道改变单一委托方式,通过浦东新区"供需对接——一站式服务平台"面向全市进行公开招投标。经公开招投标确定承接主体,政府和社会组织的合作关系更加清晰,责任更加规范和细化,过程也更加公开和透明。

部分基层政府购买服务的制度化走在全市前列,在制度设计中给了官办社会组织转型的压力,同时也潜在或直接地给予官办社会组织调整的空间。T街道在2013年出台《T街道办事处关于购买社会组织服务的实施意见》《T街道办事处政府职能转变目录》《T街道办事处购买社会组织服务目录》《T街道社会组织承接服务资质目录》。当然,制度文本的确定并不意味着实践的立即转变。据T街道公开招投标平台负责人S主任介绍,总体来看,2014—2015年两年中标的社会组织以T街道主管的社会组织居多,公开招投标的形式以单一来源为主。C镇设定以"三步走"的方式推进购买服务工作目标:"第一步,2014年,重在制度建设,通过定向委托的方式进行项目试点,作为日后推进的样板;第二步,2015年,作为过渡期,采取邀标的方式进行供需的对接;第三步,过渡期后将采取公开招投标的方式进行购买。"[①] 以上皆为基层政府为官办社会组织搭建的缓冲带,以帮助官办社会组织适应购买服务的市场规则,调整组织的人才和管理结构的实例。对于民办社会组织而言,其竞争者是在需求方的保护下成长的。

2. 重点培育官办社会组织和辖区内社会组织,"自己的孩子自己带"

政府购买服务最终诉求是公共服务质量的提升,但由于我国社会组织的规模、能力、规范性等还有待提升,各地政府出台和实施政府购买服务政策的同时,往往提前或同步出台对相关社会组织的支持和培育政

---

① 浦东新区地区工作党委.关于召开"街镇如何进一步推广购买服务经验"研讨会,"C镇推进政府购买服务工作汇报"材料,2014-12-30.

策。基层政府对于社会组织的培育具有属地化特征，一般实施社会组织分类管理，重点培育街、镇主管的社会组织和注册在该街镇内的社会组织。这一政策行为和每个街、镇内都已有一定数量的社会组织有关（如表5.8所示）。在浦东新区社会组织发展前列的T街道，梳理出辖区内社会组织的数据："截至2013年9月，T街道辖区共有社会组织81家，符合购买服务资质的社会组织共77家。其中，民非组织61家、社团14家、基金会2家。其中，T街道作为业务主管单位的民非组织20家，注册在T街道辖区范围内的民非组织41家，T街道作为业务主管单位的社会团体6家，注册在T街道辖区的社会团体8家，注册在T街道辖区范围内的公益基金会2家。"[1]以街、镇为主管单位的社会组织，往往是街、镇出资或者街、镇和居委退休人员出资举办。大多数官办社会组织就是为了承接政府购买服务而成立的，并在街、镇社会组织中占相当的比例。此外，社区里的群众团队也需要街、镇和居委给予一定的资源扶持。

表5.8 浦东新区部分街镇辖区内社会组织数量（数据截至2013年9月）

	辖区内社会组织数	以街镇为主管单位的社会组织数	备案的群众团队
T街道	81家	26家	—
Y街道	85家	24家	175个
C镇	109家	27家	—

资料来源：根据2014年12月30日浦东新区"中共浦东新区地区工作委员会'浦东新区街镇购买服务工作研讨会'学习资料"整理[2]。

在公开招投标程序公正和机会平等的压力下，基层政府纷纷出台扶持官办社会组织和辖区内社会组织的政策，试图尽快提升官办组织的竞争力。2012年《T街道关于进一步培育和规范社会组织的实施意见》提出"重点培育街道作为业务主管单位的社会组织，业务开展在辖区范围内的社会组织和有自我发展、自我管理能力的社会组织"；2012年《W

---

[1] T街道，《T街道社会组织承接服务资质目录（第一批）》，2013年发布。
[2] 浦东新区地区工作党委. 关于召开"街镇如何进一步推广购买服务经验"研讨会，"W街道社会组织发展情况汇报"材料，2014-12-30。W街道社会组织的数据：2014年底"注册在W街道辖区内的社会组织有85家，其中24家以街道作为行业主管单位；备案的群众团队有175个。近年来，街道还引进了22家社会组织，广泛参与社区公共服务。"C镇社会组织的数据："目前注册在C镇的社会组织109家，其中镇政府担任业务主管的有3家，镇政府担任行业主管部门的有24家，直接登记的有3家，其他是以教育局等为行业主管部门的机构。在前30家机构中，达到4A级评估等级的有2家、3A级的有5家、2A级的有1家。"

街道扶持社会组织发展的若干意见（试行）》提出，"注重培育和引进相结合，……培育立足于本社区实际的草根型社会组织发展壮大……积极发展服务民生的公益性、支持型社会组织，其中登记成立民办非企业单位、并由街道办事处担任业务主管单位或注册地和办公地在W街道内的，经有关部门审定，街道一次性给予开办费补贴20000元"。2014年C镇人民政府发布《C镇关于扶持社会组织发展的若干意见（试行）》则明确界定所扶持社会组织的范围是："1. 业务主管单位是C镇人民政府的社会组织；2. 行业主管单位是C镇人民政府的社会组织；3. 注册地在C镇且有项目落地C镇并到C镇社会组织服务中心备案的社会组织。"《T镇关于扶持社会组织发展的若干意见（试行）》也有类似的规定。2014年S街道《关于鼓励公益性社会组织参与社区服务的实施办法（试行）》规定，通过项目购买、补贴、奖励、岗位购买等多种形式，吸引社会力量举办更多公益性社会组织，设立专项资金主要用于街道辖区内公益性社会组织的培育和发展。

基层政府对于辖区内官办社会组织的扶持有几个方面：①给予开办费补贴。W街道积极发展服务民生的公益性、支持型社会组织，其中登记成立民办非企业单位，并由街道办事处担任业务主管单位或注册地和办公地在W街道内的，经有关部门审定，街道一次性给予开办费补贴20000元。②给予人才引进费用补贴。《C镇关于扶持社会组织发展的若干意见（试行）》规定，"符合扶持范围的社会组织吸收C镇户籍的全日制大学本科及以上应届毕业生就业，自2014年起签满二年劳动合同者，两年内按每人每年20000元的标准给予该社会组织补贴，同一社会组织补贴累计不超过80000元"。此外，对符合扶持范围的社会组织招录社工师、心理咨询师等专业人才给予组织补贴。③给予符合条件的社会组织奖励。部分街、镇对承接政府购买服务项目绩效评估的机构和对社区贡献突出的组织和个人给予奖励，并通过设定一定金额的奖励鼓励官办社会组织加强组织规范化建设。C镇为鼓励社会组织积极参与上海市社会组织等级评估，对符合条件的社会组织给予奖励，"业务主管单位或行业主管单位是C镇人民政府的社会组织首次获得社会组织规范化建设等级评估1A级的奖励5000元，2A级的奖励8000元，3A级的奖励11000元，4A级的奖励14000元，5A级的奖励17000元"[①]。基层政府给予官办社会组织更为全面的扶持，对机构的开办费用、人员经费、组织运营

---

① 浦东新区C镇人民政府，《C镇关于扶持社会组织发展的若干意见（试行）》。

费用等方面都给予了大力补贴,同时通过定向的政府委托服务,提升官办社会组织项目运作和服务能力,以期在短期内促使官办社会组织具有一定的独立自治能力。

3. 引入明星民办社会组织,显示政府购买服务的公平和效率

基层政府在培育官办社会组织的同时,也引进具有良好社会声誉和较强服务能力的民办社会组织。养老领域的上海 HBJJ 养老服务社、上海 XT 社区健康促进社、上海 LQ 社工服务社,青少年教育领域的上海 RX 社区服务中心、XJY 社区青少年中心、HPJY 社区青少年发展服务社等民办社会组织,凭借专业服务和创新能力在业界拥有较大的名气,也成为政社合作中的明星组织。浦东新区各职能部门、街、镇等政府购买服务的承接主体中都有一定数量的民办组织。而引入社区外部专业组织和培养公益人才也成为政府购买服务的工作亮点。W 街道近年来引进社会组织 22 家,包括浦东新区 SQS 发展中心、上海 GY 社工师事务所等优秀社会组织,都被引进参与到街道公益事业中来。W 街道还重点扶持由归国留学生创办的上海 HBJJ 养老服务社,给予其服务平台和扶持资金,将其先进的养老理念运用到社区养老事业中,取得了良好社会效应。①

萨瓦斯(2003)认为,"任何民营化努力的首要目标是(或者说应该是)将竞争和市场力量引入到公共服务、国企运营和公共资产利用过程中"②。他也用大量数据证明,与政府内部机构相比,合同承包从总体上看服务成本更低,节省费用的可能性非常高,而服务质量至少毫不逊色③。民办社会组织的出现与发展是政府购买服务中的社会力量与市场力量,体现着"竞争"和"公平"因素的存在。此外,社会组织的优势在于其差异化的服务和创新性。通过引入民办专业社会组织,还能为社区建设增加"创新"力量。诚如浦东新区社区建设指导中心 Z 副主任所说:"社会建设的主要力量在社会组织,社会组织的舞台主要在社区。平时这些社区干部虽然知道要社区创新,但是却不知道通过什么方式创新,通过招投标让组织进去后,让专业的人士提供服务,做有关平台和模式

---

① 浦东新区地区工作党委. 关于召开"街镇如何进一步推广购买服务经验"研讨会,"W 街道社会组织发展情况汇报"材料,2014-12-30.

② 萨瓦斯. 民营化与公私部门的伙伴关系[M]. 周志忍,译. 北京:中国人民大学出版社,2003:124.

③ 萨瓦斯. 民营化与公私部门的伙伴关系[M]. 周志忍,译. 北京:中国人民大学出版社,2003:153.

的事情，而这些社区干部在与这些组织沟通交流的过程中也学到了不少东西，对社区管理创新也有启发和真实的感受。其实我们在社区中说社区自治和共治，但是这两个概念是有很多层次的。有些组织是发动了社区内部的力量，让年轻点的老年人帮助年老一点的老人，这种动员的模式影响更广泛，让更多人加入进来，这大大地激活了社区的活力。"① 在社会建设和社区管理中，民办社会组织可以发挥专业思维和能力，贡献差异化的发展思路，提供创新的人力资源。

4. 注重社会组织融入和扎根社区的能力，强调在地性特征

自从街道的职能更多地向社会管理和公共服务转移，如何满足社区居民的公共服务需求成为街道的重要任务。政府购买服务成为街道提供社区服务的基本形式。和市、区政府职能部门购买服务更注重专业性相比，街、镇政府购买服务更注重服务的落地性，更关注社会组织融入和扎根社区的能力。基层政府会通过一些机制来考察试图落地社区的社会组织及项目。静安区C街道通过培育资金来运作公益创投项目。中标社会组织把有创意的项目带到社区实施一年，在此期间，看社会组织在社区是否有生命力、执行力、项目管控能力。通过试验期，街道会把效果良好的项目纳入区级购买服务，也会与社会组织建立长期的合作关系。

基层政府购买服务也会运用公开招投标的购买流程。从开放性来看，市场面向所有符合条件的社会组织。然而，市场竞争仅是挑选社会组织的形式，基层政府更为关注项目落地和持久性、社会组织的社区融合性。这些潜在要求为部分社会组织设置了隐形壁垒，把没有社区网络、社区动员能力的民办社会组织阻止在外，形成有限竞争格局。

"（政府购买服务项目）这个是完全对社会放开的，你要来就来。去年也有很多组织跟W老师（备注：静安区GYCS管理服务中心负责人）竞争。但是我们的确是要考虑几个方面：首先，社会组织拿出来的方案要有可操作性。还有更重要的是，社会组织要了解我们静安C街道的情况。如果说有一个组织它在我们街道承接过其他项目，相对来说，我们把项目交给它会更好一点。零基础的话，我们会觉得心里不踏实。当然W老师（的）机构中标，也是因为他们整个操作不断完善，可操作性非常强，所以，最后还是以他自己（组

---

① 浦东新区社区建设指导中心Z副主任（访谈G2013010901）。

织）的竞争力承接了我们的项目。"①

"因为我们面向的是居民老百姓，社会组织面向的更是居民老百姓，（服务）平稳很重要。社会组织如果能够在平稳的基础上，不断提高自己的能级，让居民感觉到越来越好，我们就觉得是非常好的事情。突然换了一个组织，居民会有一个非常大的不适应，导致项目做得不好，我们也因此淘汰了很多组织。例如，（有的社会组织）和社区的融合有问题，宣传推广动员能力都有问题，我们也会考虑更替掉这些组织。（问：社区融合的问题在哪呢？）比如，W老师的好处在于，我们要搞一个活动，从社区的动员到所有活动的策划组织，他都是整个做掉的。他有号召力，跟我们的居民沟通非常好，有一个整体的融合，大家的合作也比较流畅。问题是有的组织没有，你交给它一个项目，它告诉你，你要帮我组织人，策划可能特别好，到了实施就不行了，也缺乏去做推广宣传的意识。如果它不能帮我宣传，还要靠在我们身上，这对项目的长足进步而言效用又小了一块，能受益的人群也没办法很好的延伸。"②

基层政府购买服务注重服务落地和持续，希望在部门合作间更加顺畅，减少因政府购买服务而增加的行政成本。官办社会组织因产生于社区，长期服务于社区，和社区居民已经建立联系，或者有社区服务的资源网络，在项目落地上更具有优势，与街道的沟通更为顺畅，更易中标基层政府购买项目。当然，基层政府购买服务并非完全不给民办社会组织机会。在基层政府购买服务逻辑下，部分民办社会组织适应并调整行为，也逐渐扎根社区。冲破社区关系网络，能够获得机会的社会组织具有两个特征：一是组织定位比较清楚，专注于组织使命，愿意深入社区与居民建立联系；二是组织专业较强，通过专业化服务获得特定对象的支持、拓展服务市场。

综上可见，政府购买服务场域的制度环境由各级政府部门为社会组织承接服务塑造的制度要素组成。政府购买服务中的制度环境及对社会组织的影响，基于政府对社会组织的信任。官办社会组织内生于政府体系，天然获得政府对其组织行为的信任。民办社会组织则在提供公共服务的同时，具有挑战政府权威、组织集体行动的可能性，受到政府的警

---

① 静安区C街道Z工作人员（访谈G2015102101）。
② 静安区C街道Z工作人员（访谈G2015102101）。

惕地监管。政府对官办社会组织、民办社会组织的信任是有差序的。民办社会组织必须通过承接政府服务的过程逐步建立政府的信任感。

政府购买服务的正式制度规定和潜在实践逻辑，构成政府购买制度环境的外显形式以及对社会组织的影响机制。我国政府购买服务的法律规范不足，各省、市、区等政府各自出台相关规定，致使社会组织处于制度多元化的环境，必须适应不同的制度要求。政府购买服务具有项目制特征，日益规范的制度和程序促进社会组织规范化运作。但在具体的政府购买制度规定和实施中，政府购买服务的限制性目录与数目化管理束缚社会组织发挥差异化服务优势，无法激发社会组织的创新活力，加强了社会组织的工具性作用。而这种社会组织的功能发挥局限，部分缘于政府行政逻辑仍在政府购买服务场域占主导。政府工作人员的合同管理能力不足，在短期内无法成为"精明的买家"，所以试图在项目需求确定、项目招标、项目实施、项目评估、财务监管等环节做出合理化的制度设计。但各个环节设置的"合理"，并不一定带来整体的制度绩效良好。从政府购买服务的绩效评估这一环节来看，末端的服务绩效有待提升即反映了前端制度对组织行为的引导偏差。而从未来发展看，不稳定的购买服务制度环境是社会组织面临的风险，会影响社会组织对组织资源的合理配置。

除了地方政府购买服务的制度逻辑和实践，基层政府购买服务的实践逻辑更体现了社会组织所处的制度环境特征。街、镇通过分步改革政府购买服务的形式，重点培育官办社会组织，为其成长提供充分的资金支持，构建了有利于官办社会组织发展和转型的制度空间。而民办社会组织的机遇在于它所体现的"效率""公平"因素，以及能够带来服务的创新。政府购买服务的制度环境给予官办社会组织和民办社会组织不同的进入机会和发展平台。对官办社会组织而言，与政府的体制关联性，给予它天然的优势，其挑战在于技术提升。对民办社会组织而言，政府购买服务的技术环境带来的发展机遇要大于制度环境。

三、政府购买服务的技术环境

制度环境与组织合法性相关，技术环境则与组织绩效密切相关。技术环境是组织生产产品和服务、在市场中进行交换，因对其生产系统有效的和充分的控制而能获取回报的组织环境[①]。在技术环境中运行的组织，会集中组织所有精力控制和协调组织的技术过程，并试图防止组织核心技术受到环境变动的影响。公共服务的技术环境下，社会组织凭借其不同于或优于政府的专业服务，承接政府转移的服务功能，建立与政府不同的组织边界。政府购买服务的技术环境是需求方政府和供给方社会组织共同建立的。政府需要怎样的专业化、技术化的服务，提出了怎样的服务需求，构成需求方对技术环境的需求限制；而社会组织在实现需求方的技术要求过程中，则构成供给方对技术环境的供给限制。

（一）政府部门对技术环境的需求限制

政府购买服务的制度安排中，政府的理想角色之一是公共物品和服务需求的确认者[②]，政府首先要提出服务需求，包括需要社会组织承接什么服务、服务的内容和形式等。但是，政府在提出服务需求时受到多种因素的限制。例如，公共服务的种类繁多、无法对所有服务进行具体化的规定，政府部门对服务供给内容和形式缺乏想象力，在需求领域中社会组织的规模和能力有限等，这使得政府购买的公共服务从需求提出时就限定在一定的技术水平上。

上海政府购买服务的技术环境相当复杂。在政府购买服务的制度环境下，不同服务项目中的技术标准的设定呈现不同面貌。一般情况下，由政府工作人员提出的需求多为非专业人员的一般想象，大多数特定服务领域中的社会组织都具有实现的可能。而在特定情况下，政府将其确立需求、制定标书的权力交由特定社会组织来实施[③]，这样的情况下，政府购买服务的需求就可能是按照特定社会组织来量身定做的，技术性高低取决于社会组织的专业化程度。

政府购买服务对技术要素的规定主要涉及服务内容和服务形式两方面。以 H 街道委托管理老年人日间服务中心为例（见表 5.9），其购买服务需求主要涉及建立个人档案、提供基础性的生活服务、提供文娱类和知识普及类的活动、提供个体化的专业服务、打造社区志愿者队伍等。此项目的服

[①] 斯科特，迈耶. 社会部门组织化：系列命题与初步论证 [J] // [美] 鲍威尔，迪马吉奥，姚伟，译. 组织分析的新制度主义 [M]. 上海：上海人民出版社，2008：133.

[②] 萨瓦斯. 民营化与公私部门的伙伴关系 [M]. 周志忍，译. 北京：中国人民大学出版社，2003：73.

[③] 敬乂嘉. 社会服务中的公共非营利合作关系研究——一个基于地方改革实践的分析 [J]. 公共行政评论，2011（5）：5—25.

务内容和形式,在上海政府购买服务的服务需求中具有一定的普遍性。

表5.9 H街道老年人日间服务中心委托管理项目需求书(节选)

H街道老年人日间服务中心委托管理项目
1. 服务内容要求 (1) 为老年人建立个人信息档案; (2) 为老年人提供生活照护服务(包括:助餐、助洁、助浴、助医服务等); (3) 为老年人提供文体康乐、主题活动、专家讲堂(包括:身心娱乐、体育、节庆活动、咨询讲座等); (4) 为有需要的老年人提供个体康复训练、群体康复等服务; (5) 为日托打造一支社区志愿者队伍。 2. 服务频次要求 (1) 为每位入托老人建立包括基本信息、健康状况、社会关系在内的个人档案; (2) 基本生活照护服务:为每位入托老人提供助餐(每日午餐、点心)、助洁(每月1次理发、足浴)、助浴(按需每周1次)、助医服务(每日测量血压、按需代理配药); (3) 文体康乐活动:开展各类文化娱乐活动和小型体育康乐活动,项目周期内开展不少于10次,全年参加活动人数不少于300人次; (4) 主题活动:通过为老年人提供敬老节、春节、元宵节、端午节等主题活动,丰富老人业余生活,弘扬敬老爱老传统,项目周期内不少于8次,每次参加活动人数不少于30人。

资料来源:浦东新区公益服务项目"供需对接·一站式服务"平台资料[1]。

政府购买服务需求的设立,在服务形式上还具有一定参考意义,但在服务内容上,各社会组织对政府提出的服务需求可以有不同的解释,特别是对那些质量难以测定的服务更是如此。由政府主导设立购买服务的技术要求,很可能导致技术因素受到制度因素的限制而无法实现。部分政府部门与社会组织在招标前已建立长期合作的委托代理关系,甚至是管家关系。公开招标仅是政府购买服务的形式要件,部分政府购买与承接关系在竞标之前已经确定购买服务的内容、形式等也因竞争不足而缺乏选择空间,从而限制了政府购买服务的技术因素。本研究对杨浦区2014年政府购买服务需求书的分析可见端倪。

杨浦区政府各职能部门、街镇、群团组织等购买主体需要通过统一的网络平台来运行政府购买服务项目。在提交政府购买服务平台之前,各级政府部门都需按照程序填写《杨浦区政府购买社会组织公共服务项目招标信息表》(以下简称《项目招标信息表》)。《项目招标信息表》的格式内容包括:①项目基本信息:需求单位、项目名称、项目类别、经费来源、项目周期等;②项目需求信息:项目背景、服务对象(受益人)

---

[1] 浦东新区GYXM促进会. H街道老年人日间服务中心委托管理项目需求书. 浦东新区公益服务项目"供需对接·一站式服务"平台资料,2015.

和人数、项目要解决的社会问题及需求的分析、项目目标（成果）、衡量目标达成的评估指标、服务内容、服务要求、对项目实施机构的要求（资质、业务经验、专业能力等）、项目监管要求、项目结题要求、其他要求、需求方责任。

本研究对杨浦区2014年121份政府购买服务需求书逐个进行文本分析得出：杨浦区2014年通过政府购买服务公共平台管理的项目数共计121个，预估项目总金额为2009.79万元[①]。项目资金来源于区级的共80个、街镇共41个。按照项目类别统计，社会服务类项目共55个、涉及资金918.97万元，公共设施类项目共30个、涉及资金608.15万元，社会事务类项目共32个、涉及资金367.67万元，虚拟平台类项目共4个、涉及资金115.00万元。

本研究进一步分析了杨浦区政府购买服务需求书的"组织专属性"程度，即通过需求书判断在竞标之前购买方与承接方明确购买关系的可能性大小。本研究按照服务需求书内容进行分级："一级专属性"，即购买方规定笼统的服务内容，无具体活动与服务频次的要求，需要投标方提供具体方案；"二级专属性"，即购买方未区分活动类别或明确活动名称，但有较具体的活动与服务频次要求；"三级专属性"，即购买方明确活动类别或名称，有很具体的活动与服务频次要求（一般来说，该需求书是社会组织撰写的，有针对性地设计具体的活动，体现出专业思路）；"四级专属性"，即购买方明确指明了承接方，列出希望承接服务的组织或具体名称，明确活动类别或名称，有很具体的活动与服务频次要求。专属性级别越强，可反映出服务购买方与承接方在立项阶段即存在较为明确的委托关系。统计发现（见表5.10），需求书中"一级专属性"有54个、"二级专属性"有38个、"三级专属性"有23个、"四级专属性"有6个。通过服务内容对社会组织有明确倾向性的"三级专属性""四级专属性"共29个，占总项目数的24％。在"一级专属性""二级专属性"中，部分购买方虽然未对服务内容有专项性指定，但在"机构要求"中则提出很强的针对性要强。其中，在"一级专属性"中，8个需求书对机构有很强的针对性要强；在"二级专属性"中，9个需求书对机构有很强的针对性要强。通过对政府购买服务需求书的总体分析，估计有46个政府购买服务项目（占总数38％）在立项之前已明确购买关系。形式

---

① 该数据是笔者通过计算杨浦区2014年121份需求书所得，经费按照需求书预估计算；由于其中有1个项目需求书未列明资金，所以，项目资金按照120份计算。

化的政府购买服务需求书可反映出内嵌于其中的政社关系。

表 5.10　杨浦区 2014 年政府购买服务需求书文本分析

组织专属性	项目数	文本举例：项目内容	文本举例："机构要求"特例
一级专属性	54 个	K 社区便民服务点托管项目： 服务内容 1. 监管入驻商户的服务质量和服务价格； 2. 每日对商户进行出勤考核； 3. 每日统计商户服务量及金额； 4. 为社区居民提供至少 4 次免费便民服务活动； 5. 及时妥善处理居民投诉和纠纷 服务要求 1. 监管商户每季度组织服务对象回访，形成记录和报告上报中心管理部； 2. 确保商户准时到岗，不提前离岗； 3. 统计数据准确、真实。上报管理部及时； 4. 开展的公益便民服务活动，需独立完成； 5. 妥善解决投诉或纠纷后形成情况说明上报管理部	"长白民生服务在线"运作管理项目： 实施机构是依法登记注册的社会组织，成立时间在 10 年以上，内部有专业社工、拥有等级证书的服务员等，有呼叫中心运作经验的优先，后台有能提供生活服务类资源的优先
二级专属性	38 个	2014 年残联重度残疾人"太阳花"个案护理项目： 服务内容 1. 对 100 名重度残疾人进行上门评估，建立电子档案和关爱记录手册，对每次上门探访做好记录； 2. 以服务对象需求为本，分类关爱 100 户重度残疾人家庭，提供专业化、个性化的康复服务，旨在提高残疾人及家庭的生活质量； 3. 为 100 名重度残疾人缓解心理压力，提高生活技能 服务要求 1. 为每一名重残无业人员建立一本包括家庭基本情况及需求等的电子档案和关爱记录手册； 2. 每周至少提供 1 次不少于 1 小时的基础养护、物理康疗法、慢性疾病康复护理和用药指导等康复服务； 3. 每周开展 1 次不少于 1 小时的生活能力训练、职业技能训练或心理辅导服务	杨浦区来沪女性关爱项目： 1. 项目实施组织需具备全职社会工作师 3 人，全职助理社会工作师 7 人；2. 投标组织需配备相应的服务志愿者，以居委计生干部或街镇计生干部为主；3. 投标组织需具有同类项目运作经验

续表5.10

组织专属性	项目数	文本举例：项目内容	文本举例："机构要求"特例
三级专属性	23个	2014年残联P街道"三阳"机构社会化项目运作项目： 服务内容 1. 建立康复档案，制定训练计划，并建立服务记录，提升学员的个人价值感和服务成效； 2. 以学员需求为本，开设活动课程，提升康复服务内涵； 3. 为阳光心园学员提供康复评估，及时检测康复成效、调整康复计划，对恢复较好的学员指导其从事阳光基地的简单劳动； 4. 组织阳光之家学员参与阳光基地的简单劳动； 5. 开展就业推荐会； 6. 帮助阳光心园开发特色手工作品，并形成产业链，推广到社会，增加学员收入，提高他们自信心，让更多的人们了解阳光心园； 7. 在阳光基地开展就业技能培训和实训； 8. 配备1名专业社工（持有社工证），在工作中运用社会工作理念，提升服务水平 服务要求 1. 为96名学员建立康复服务档案，对阳光心园学员每日实施记录； 2. 每个机构每天开展丰富多样的课程（包括文化体育、康复服务、心理咨询、就业辅导、社区融合活动等），至少有10个课程项目，每次参加人数不少于10人，每个课程不少于24个学时； 3. 每季度为阳光心园学员进行1次系统化、专业化的评估，对恢复较好的学员指导其从事阳光基地的简单劳动； 4. 每周组织2～3次阳光之家学员参与阳光基地的简单劳动，每次不少于2小时； 5. 全年开展2次就业推荐会，参加学员人数不少于总人数的20%，每次参与的机构和企业不少于6家，争取推荐每个阳光基地有1～2名学员实现社会就业，且每年成功推荐1名学员，并签订一年以上劳动合同； 6. 聘请专业老师进行指导，帮助阳光心园开发特色手工作品，形成"一街镇一特色"； 7. 每周在阳光基地开展1次就业技能培训和实训，每次至少10名学员参加，促使学员的工作能力提升，并形成1～2个拳头产品。实现学员全年劳动报酬同等工作量下（工作量不得超过每周7个半天），比2013年度提升30%以上； 8. 配备1名专业社工（持有社工证），在工作中运用社会工作理念，提升服务水平	—

续表5.10

组织专属性	项目数	文本举例：项目内容	文本举例："机构要求"特例
四级专属性	6个	2014年Y街道助老服务社委托管理项目： 项目背景 Y街道现有60周岁及以上老年人44077人，占总人口的31.54%。目前，享受居家养老服务的老人3400名，其中政府补贴769人。根据杨浦区民政局《关于委托HY老年事业发展服务中心承接部分街道居家养老服务试点工作方案》要求，委托社会组织HY老年事业发展服务中心承接本街道居家养老服务	—

政府对于公共服务的技术要求是作为需求方提出的。技术要求适度地提高，有利于促进公共服务技术的竞争性提升。但目前，政府对于公共服务技术环境的促进作用未完全发挥，受到政府与社会组织合作关系、政府部门专业能力、市场竞争不足等因素影响，政府购买服务场域中出现了技术要素被制度要素限制的现象。

（二）社会组织对技术环境的供给限制

在纯粹的技术环境中，服务供给者仅需要提升组织内部的服务生产质量、优化服务生产的流程，使得服务能有效实现预期目标，在服务手段和服务结果之间建立合乎逻辑的联系。和政府提供公共服务相比，社会组织承接政府服务，成为服务供给主体，需要用更专业化、更差异化的服务来区分出社会组织优势。

但是在不纯粹的技术环境中，社会组织的内部技术要素组合实现，受到组织内外部各种因素的影响。近年来我国社会组织虽然在组织数量、活动领域和地域、服务能力等方面获得较大幅度的发展，但是政府购买服务中，政府仍然认为"社会组织能力不足"是影响服务提升的因素之一。政府的判断可以从服务需求方的角度来解读。而从社会组织的内部发展来看，不同社会组织确实还存有较大的专业差距。

以老年服务为例，社会组织提供老年服务的内容具有不同的专业性要求。第一类是基础性生活照料。例如，上海的社区居家养老服务，包括生活护理、助餐、助浴、助洁、洗涤、助行、代办、康复辅助、助医等内容，一般由"4050"再就业人员经过培训即可上岗提供，对服务人员的专业性要求不高。第二类是娱乐、社群类活动，组织社区老人互动，开展各种社区活动，组建兴趣活动小组，促进社区融合。第三类是护理、康复、心理咨询等专业化服务，为失智失能、身体机能弱化、患有精神疾病等老人提供个性化的、技术性强的服务。不同的社会组织，因在人员结构、专业规范、项目开发等方面的差异，所能提供服务的专业深度、服务效果方面有较大差异。

官办社会组织和民办社会组织的身份差异，对专业性没有必然的影响。官办社会组织中"三大社团"具备专业社工队伍，在问题青少年教育、社区矫正、戒毒等领域具备极强的专业优势，但也存在大量专业不强、效率不高的官办社会组织。民办社会组织的内部构成也纷繁复杂，部分社会组织具有专业理念和服务手法，提供了差异化和专业化服务，但也存在部分民办社会组织项目管理混乱、服务质量欠佳的问题。

技术环境强调的是公共服务领域的技术标准，涉及规范合理的专业流程，行之有效的服务内容和服务手法，专业人才队伍的建立和壮大。政府购买服务的技术环境，是政府和社会组织在公共服务领域各自发挥组织优势的基础。

四、政府购买服务的"资源—制度—技术"环境

服务需求方和供给方各带资源形成的要素市场，是政府购买服务的资源环境；法律法规、制度规范、实践逻辑等规则和要求，构成政府购买服务的制度环境；在政府的需求限制和社会组织的供给限制下，公共服务领域的技术标准、专业人才、服务绩效等构成政府购买服务的技术环境。

政府购买服务的资源环境、制度环境和技术环境并不相互排斥，三类环境共存，有时相互作用，构成了政府购买服务的"资源－制度－技术"环境的综合作用体系。资源环境不够发达的政府购买服务场域，因没有相应的需求方和供给方及其资源，制度环境和技术环境一般也不发达，社会组织要想发展和繁荣是很困难的。资源环境发达的政府购买服务场域，有些情况下，如政府对低技术化官办社会组织的垄断地位的保护，导致高技术化民办社会组织的技术创新资源不足。制度要素对技术要素的发展可能起到抑制作用，获得制度支持的组织则能够快速发展。组织生存于环境中，受到组织环境的影响。政府购买服务的"资源－制度－技术"环境产生不同的"理性的"组织，促使社会组织采取适应性的组织行为。

第六章 政府购买服务场域的组织行为

政府购买服务场域作为资源环境、制度环境、技术环境的集合体，其主导的制度逻辑对场域中社会组织产生引导或规制的影响效应，促使社会组织产生某种导向的行为，以适应场域发展、获得场域中有利位置、维护自身利益。政府购买服务场域存有多种制度逻辑，如政府主导的行政逻辑、非营利部门的社会逻辑、高等院校的专业逻辑、公共服务市场的竞争逻辑，这些制度逻辑同时对政府购买场域中的社会组织的行为进行引导。具有不同组织身份的社会组织，其行为模式表现出行政化、社会化、专业化、市场化等导向的特征。单一社会组织可以表现出多个行为特征，但通常某一类行为导向在特定社会组织中表现明显。

一、政府购买服务中的行政化导向

政府购买服务中社会组织呈现出行政化行为逻辑，其实质在于运用行政体制内资源或动员能力作为基础要素促成购买服务项目的完成。很多官办社会组织按照政府需求成立，甚至是为承接政府购买服务而成立，该类组织自设立起就带有强烈的政府行为烙印、和政府部门有较亲近的联系。社会组织的行政化行为较多体现在官办社会组织的表现中，其特征和表现包括以下四个方面。

（一）"避开专业领域"，不承接需要太多专业要求的项目

某一体系内的政府职能部门或基层政府，在需要社会组织承接政府职能转移出来的服务时，往往通过几条路径来生成体系或区域内的社会组织：一是，以往为政府某一公共服务而成立的体制内组织，如居家养老服务中心、助残服务社等，充实社会人员，以"民办非企业单位"的法人身份转变为社会组织；二是，以街镇出资或主管，按照政府需求，

由街镇或居委人员现职或退休创办一家民办非企业单位。体系内或区域内官办社会组织的生成过程，使得组织带有创建时的"印痕"，其成立是以功能为导向，而不是以使命为导向的。并且，很多官办社会组织的人员较少，构成也较为多元，以退休人员为主，有兼任其他政府部门或组织的工作，一般不具有社会服务的专业能力。官办社会组织在投标时会选择性避开对专业性要求高的项目，而承接服务要求低、服务频率高、服务趋于日常化和活动化的项目。以浦东新区 EA 协会为例。浦东新区 EA 协会成立于 2007 年，成立之时，获得区政府拨付的 200 万元开办费，2008 年又获拨款 80 万元。从 2009 年，浦东新区民政部门不再给浦东新区 EA 协会拨款，而以购买服务形式支持组织发展。2012 年起，浦东新区 EA 协会开始承接社区公益招投标项目，项目包括市招标的老伙伴计划项目、居室适老改造项目、老年活动室项目、精神文化服务项目、癌症患者关爱项目等，每年承接 20 多个项目、2012—2015 年获得购买服务经费达 2900 多万元[①]。以浦东新区 EA 协会为代表的官办社会组织，虽然承接大量项目，但项目的服务内容专业性要求不高，组织一般选择不需要特别专业服务、和其以往活动形式相似、能以行政化方式推行的项目进行投标。"我们需要做项目，但没有钱，需要政府发下来。政府要有人帮助它做这个项目。有些组织，政府比较担心。有些社会组织也做不了，它们只能做儿童、妇女、智障老人、癌症病人、涉及专业、心理、医疗方面的知识。我们这些项目就不投，我们不去碰太专业的服务。项目定位是老年人服务，跟过去政府的做法比较像，过去老年人的活动也在做的，比如唱歌、跳舞、体育活动，但是之前不规范。"[②] 老年人服务是上海各级政府购买服务的重点，也是官办社会组织更具优势的服务领域。而入户探访、知识讲座、兴趣小组等形式是老年服务的常见内容和方法。官办社会组织和民办社会组织在老人服务领域和手法上具有很大的重叠。有选择地进入特定的政府购买服务市场，是官办社会组织对政府购买服务环境的应对性行为。

（二）"下面有脚"，建立体系内人员分级服务网络，或搭建区域中内生组织分工网络

部分规模较大的官办社会组织建立体系内或区域内的资源网络，为

[①] 上海 YL 公益事业发展中心. YL 浦东评估三年总结沙龙，浦东新区 EA 协会 H 会长发言，2015-3-20.

[②] 浦东新区 EA 协会 G 副秘书长（访谈 S2015112501）。

承接政府购买服务奠定了强大的人力基础。浦东新区 EA 协会形成体系内组织网络，具有区、街镇、村居三级组织网络。各街镇 EA 协会是浦东新区 EA 协会的团体会员，各村居 EA 协会是浦东新区各街镇 EA 协会的团体会员。2011 年，浦东新区民政局局长为 EA 协会授旗，成立区老年志愿者大队。EA 协会、志愿者队伍是一套班子、两块牌子，浦东新区 EA 协会是老年志愿者大队、各街镇 EA 协会是老年志愿者中队、各村居 EA 协会是老年志愿者小队。到 2013 年底，在浦东新区 EA 协会登记注册的助老、助乐、助健、维稳的低龄老年志愿者有 41461 名[①]。正如浦东新区 EA 协会工作人员所言，"（我们和其他社会组织比较）老年活动室的主要优势是项目落地比较方便，比如说是 HN 镇的，我们投好标之后，通过 EA 协会落实下去，但有些社会组织下面没有'脚'，我们下面有'脚'，可以通过他们来组织落实"[②]。而老年志愿者成为公益服务提供的主力，"他们定期不定期地到受助老年人家里进行陪聊，开展精神慰藉，帮助老年人解决'急难愁'问题，为老年人改造适老房做好安全、质量等保障服务，带领老年人走出家门融入社区，组织老年人开展文化娱乐体育活动，带领组织各种兴趣小组活动，为老年人表演文艺节目，帮助老年人进行冬季生活安全检查，为老年人进行健康、心理、法律讲座及咨询活动等等"[③]。区、街镇、村居三级 EA 协会、三级老年志愿者队伍建立，三级网络为浦东新区 EA 协会开展工作提供了便利、庞大的网络，使得政府购买服务项目大量服务指标得以完成具有可能性。

在承接政府购买服务的官办社会组织中，有些组织建立区域内的服务分工网络，通过分包服务动员或促进内生组织发展。以浦东新区 QC 公益服务社和浦东新区 WA 社区服务管理中心为例。浦东新区 QC 公益服务社成立于 2012 年 10 月，是由 C 镇社会组织服务中心和个人出资成立的民办非企业单位。浦东新区 QC 公益服务社是 C 镇社会组织服务中心原项目部孵化的组织，和 C 镇社会组织服务中心是同一法人。QC 机构不直接提供服务，而是将大多数服务分配给区域内其他官办社会组织来实施，特别专业的活动板块与外部专业社会组织合作实施。QC 机构成为 C 镇这一区域范围内官办社会组织的二级资源结构中心。QC 机构

[①] 浦东新区 EA 协会. 浦东新区老年志愿者大队助老服务的做法与体会. 内部资料，2015－4－28.

[②] 浦东新区 EA 协会 G 副秘书长（访谈 S2015112501）。

[③] 浦东新区 EA 协会 H 会长（访谈 S2015112501）。

承接政府购买订单，以网络化形式分包服务给区域内的居家养老服务中心、助老服务社、老年协会、助残服务社等内生组织。浦东新区 WA 社区服务管理中心也存在类似的项目运作模式。浦东新区 WA 社区服务管理中心于 2010 年成立，其业务主管单位是浦东新区 W 街道办事处。WA 机构于 2011 年承接浦东新区社区公益招投标项目，为 W 街道老人提供理发、扦脚、聊天、团康活动、大型节庆活动等五大类服务。项目所涉经费达 90 余万，服务指标比较庞大，如为 1126 名独居老人提供上门聊天服务、总服务次数 13512 次；在潍坊街道的 27 个居委会轮流开展团康活动 50 场、每场不少于 80 人；了解 4404 位独居和纯老户老人的个人实际情况和生活需求状况等；为 4404 位独居和纯老户老人提供扦脚服务。WA 机构在工作人员有限的情况下，和内生组织、高校等机构合作，较好地完成服务指标。其强大的组织动员能力在于 WA 机构具有人员和资源上的特殊性。"WA 机构是比较特殊化的……WA 机构大部分是兼职人员，我们俩是 WA 机构的负责人，我是社区服务中心主任，刘女士是社区组织服务中心主任，所以资源全部掌握在我们自己手上，社会组织的资源、社区服务的资源、养老设施的资源、大量的人力、大量的物力。所以在 W 街道能把项目做好，但是在其他街道就比较困难。"[①] 项目期间，WA 机构与 W 街道 27 个居委会、W 街道老年协会、W 街道慈爱服务社、为老服务工作站、NX 养老事业发展中心等形成了良好的合作关系。其中，为老服务工作站主要协助项目执行机构招募义工，W 街道老年协会则合作开展大型节庆活动，W 街道慈爱服务社提供扦脚服务支持，NX 养老事业发展中心提供康复器械、场地以及"金拐杖"中的康复服务部分。WA 机构能调动内生组织与其合作，源于其组织人员和内生组织有良好的合作基础、实现双赢。"WA 机构本来周围就有一批社会组织，如老年协会。我们的老年协会，会员有二三百人，骨干有十几个人，各司其职，运行良好。老年协会和 WA 机构合作，会觉得是锦上添花，能把成本降低，项目能产生好的效果。举例说，本来老年协会想搞一个红歌会，向街道申请了一批资金。WA 机构也想搞个红歌会，那么与 WA 机构合作后，老年协会就能把这笔资金省下来用在别的活动上，同时老年协会参与的积极性会很高。所以，WA 机构的周围已经有一定的基础，才能把项目委托给人家做。如果没有基础的话，项目开展起来

---

① 浦东新区 WA 社区服务管理中心 C 主任（访谈 S2013042401）。

就会比较难。"① 在枢纽型、资源型官办社会组织的带领和推动下，区域内生组织间的分工网络形成，为合作完成购买服务奠定基础。

（三）建立分包网络中的功能分工，发挥不同组织的协同优势

官办社会组织运用体系内或区域内的组织网络开展服务，并形成分包网络中的功能分工。承接服务的官办社会组织承担投标、签署合同、项目管理、财务管理、质量把控等管理责任，而分包网络中的体系内分级网络或区域内的内生组织则负责具体的项目实施。以浦东新区 EA 协会承接的"浦东新区 S 镇老年活动室项目"为例。浦东新区 EA 协会是该项目的直接承接法人。中标之后，浦东新区 EA 协会与 S 镇 EA 协会对接，签订《浦东新区老年活动室项目——项目实施委托书》。浦东新区 EA 协会负责整个项目的统筹管理、协调督促、经费管理等，S 镇 EA 协会结合镇的实际情况，制定项目的管理制度、实施方案、人员分工。S 镇 EA 协会成立项目管理小组，由镇 EA 协会会长担任组长，镇 EA 协会秘书长担任副组长，镇老龄干部两人担任组员。64 个活动室组建志愿者管理小组，由各村居老龄干部担任组长，各挑选 4 名志愿者骨干担任活动室管理小组组员，开展日常工作。浦东新区 EA 协会项目组成员大多为退休政府官员、企业骨干，而 S 镇三位 EA 协会工作人员同时是 S 镇老龄办的工作人员，他们熟悉社区，具有很强的社区资源动员能力。另外，项目中有 75 名核心志愿者，分别是各居委会老龄干部、各村老龄书记和 EA 协会会长，主要负责联络、组织、策划活动等。街镇 EA 协会是区 EA 协会的团体会员，和区 EA 协会关系紧密。以往街镇 EA 协会开展活动内容比较简单、缺乏经费，通过分担区 EA 协会的项目内容，可以提升其活动质量。所以，区 EA 协会和街镇 EA 协会的体系内合作是顺畅的。"协议主要是我们（区 EA 协会）是投标方，他们是具体实施方，他们要有一个代表负责这个项目，下面组织一个团队，保证按照协议的要求实施好。没有拒绝的，有些经费上的也要给他们……我们有网络，直接发通知，事后打电话确认有没有收到通知……我们培训做得好，每个项目都培训，即使过去做过的也培训，报表怎么做有什么要求什么时候自评，效率很高……拿到项目我们就分下去，项目里有很明确的要求，街镇 EA 协会有自己的项目小组，我们就是项目组，要做什么很明

---

① 浦东新区 WA 社区服务管理中心 C 主任（访谈 S2013042401）。

白。"① 在经费管理方面，区 EA 协会和街镇 EA 协会签署协议，要求购买服务资金要专款专用，为街镇 EA 协会负责人专门设立一个账户一个卡、凭发票报销，分阶段转账给街镇 EA 协会，并通过评估和审计机构的专项审计，实现资金内外部的监管。

区域内分包网络中的功能分工由领头型官办社会组织推动形成。以浦东新区 QC 公益服务社为例。QC 机构承接政府购买订单，然后以网络化形式分包服务。实际上，QC 机构成为 C 镇这一区域范围内官办社会组织的二级资源结构中心，C 镇的居家养老服务中心、助老服务社、老年协会、助残服务社等内生型社会组织成为具体服务的生产者。由于 QC 机构实质上是 C 镇社会组织服务中心的代表，对于区域内体制内生型组织的扶持和规范以项目化的方式来推进。特别是 QC 机构的成立，和 C 镇辖区内社会组织不愿参与公益招投标，致使辖区内无社会组织投标而使得社区公益招投标、慈善基金会等购买资金落空有直接关联。从 2012 年浦东新区 QC 公益服务社成立至 2015 年，QC 机构都主动承接各类购买服务项目，然后以项目分包的方式带动区域内其他内生型社会组织，使这些组织熟悉项目化的运作，对项目管理、财务管理、档案管理等政府购买的流程规范更加了解，促使体制内生型社会组织得以成长。同时，QC 机构在项目化带动中，对体制内生组织提高要求，不断传递市场竞争存在的压力。"传统拨款形式要改变。传统的做法，比如搞个活动结束，任务就完了，我讲的是要有效果。所以我在 C 镇购买服务的文件中规定，2016 年是最后一年，接下去就是招投标，大浪淘沙，由拨款变成招投标，谁做得好谁来，自己的项目和团队要有社会化运作的理念，所以政府也是支持的，只有竞争才能出效果、降低成本，老是由政府部门垄断，出不了效果的。"② 浦东新区 QC 公益服务社是社会组织，有着体制外的身份，但一套班子、两个牌子，QC 机构又兼有体制内的权力。QC 机构以行政化网络和力量分配公共服务的供给，在项目实施中担任"项目监理"的角色，对服务生产者进行培训指导和监督管理，以项目化的方式来培育区域内体制内生型社会组织。浦东新区 QC 公益服务社成为 C 镇范围内资源汇集中心和二级分配中心，搭建区域性官办组织网络，和辖区内体制内生型社会组织形成依赖共生的关系。

---

① 浦东新区 EA 协会 G 副秘书长（访谈 S2015112501）。
② 浦东新区 QC 公益服务社 S 理事长（访谈 S2015120101）。

(四)"类行政化"行为出现,借力体制关联人员推动项目实施

类行政化行为是指社会组织借力社区居委会工作人员或退休人员等体制关联人员,发挥其中间人、协调人的角色功能促使项目顺利进入社区。官办社会组织和民办社会组织在承接政府购买服务中都出现类行政化行为。居委会在政府购买服务项目进社区中担任"守门人"角色,对社会组织进入社区开展服务非常关键。其关键在于:第一,居委会是资源渠道。社区居民的基本信息,特别是政府购买服务所针对的老人、残疾人、困难人群等弱势群体的基本数据,都掌握在居委会手中。社会组织没有服务对象的基本数据和信息,受到资源渠道的限制就无法和服务对象建立联系,更谈不上完成项目内容。第二,居委会受社会信任。特别是对于社区之外的民办社会组织,初入社区无法获得社区居民的信任,由居委会牵线搭桥、将该组织及其服务介绍给社区居民,很大程度上是对社会组织行为的背书,促使居民更加容易接受和信任该社会组织。第三,居委会是活动途径。居委会同时兼具管理和服务社区居民的职能,在其日常工作中就包含对社区居民开展讲座、探访、便民活动等工作。由于居委会的行政任务较为繁重,居委会也愿意和名誉良好的社会组织合作,两者分工开展公共服务。对于社会组织而言,借助居委提供讲座、沙龙、便民活动等途径,由居委提供场地、联络服务对象,社会组织提供服务内容、聘请专业人员,两者共赢、各取所需。在社区公益招投标的政府购买服务中,项目落地的街镇和居委会的支持非常重要。很多民办社会组织往往需要2~3个月才和社区居民建立联系,共计12个月的服务期限,去除评估等时段,只有不到10个月的具体服务时间。特别是民办社会组织只有借助居委会,才能顺利实施项目。此外,在社区公益招投标购买的量化考核、大指标任务的压力下,民办社会组织也倾向于和居委会合作,把项目合同中的部分服务借助居委会的平台加以实施,把讲座、培训、沙龙等形式的服务嵌入居委会的日常活动,把居委会干部纳入项目志愿者的队伍,在一定程度上依靠居委会干部和社区志愿者共同完成合同指标。

此外,社会组织聘请体制内工作人员或退休人员担任项目居中协调人,成为一种促进项目顺利进入社区开展服务的新策略。"有些社会组织可能会设立一些居委会退休干部作为协调人。比如说,在社区做事情需要联络居委会,那么这个联络人,他们会请当地话语权高的人,居委会退休的人跟街道和居委会都是比较熟的。社会组织很多时候就算跟街道

熟,但是可能给居委会打电话,居委会不理会。所以,需要一个比较灵活的人,一方面和社会组织接触的多,另一方面同时和社区比较熟,能够起到中间作用。"[1] 项目居中协调人成为社会组织与居委会建立良好沟通关系、快速进入社区的桥梁,其优势被很多民间社会组织加以运用。以上海 GY 社工师事务所承接 S 镇外来媳妇项目为例。该社会组织和 S 镇妇联有良好的合作关系,能够推动该镇 40 名基层妇代干部参与项目服务,并对基层妇代干部进行考核评价。"整个 S 镇的妇联对我们的工作还是比较认可的。有一条地方政策对我们这个项目有很大的推动,它对整个基层妇代干部的考核有一条'是否配合公益项目的工作',配合度是否高。(问:是否需要你们来打分?)对。妇联干部和我们这边沟通一直很密切。"[2] 基层的妇代干部对辖区内外来媳妇的情况非常了解,在经过上海 GY 社工师事务所的社工培训和项目指导,具体实施了该项目的很多服务内容。在政府与社会组织合作关系良好的情况下,由体制内基层工作人员提供服务成为政府购买服务生产的方式之一。类行政化行为方式的出现,其实质还是借助行政系统深入社区居民、居民信任度高、体制沟通顺畅、资源丰富等优势,前提在于社会组织必须建立良好的政社合作关系、主动建立中间协调的机制。

二、政府购买服务中的社会化导向

社会组织在承接政府购买服务中的社会化行为导向,受到社会组织这一公共部门和组织场域的影响,较集中体现其非政府性、非营利性、社会性等核心特征,表现为注重服务对象的社会合法性、筹集社会资源、与政府行为差异化的特征。官办和民办社会组织都在政府购买服务中体现社会化行为,由于组织烙印影响,民办社会组织的社会化行为表现得相对突出。社会化导向行为具体表现为以下几个方面。

(一)较早发现服务对象需求,受到服务对象欢迎,具有较强的社会合法性

社会组织的合法性分为社会合法性、行政合法性、政治合法性、法

---

[1] 上海 YL 公益事业发展中心 W 项目评估总监(访谈 S2020102701)。
[2] 上海 GY 社工师事务所 X 副总干事(访谈 S2013072201)。

律合法性。其中，社会合法性是社会组织由于符合文化传统、社会习惯等组成的民间规范而具有合法性，其基础在于地方传统、当地的共同利益、共同的规则或道理[①]。社会组织只有"亲社会"，即亲近组织宗旨试图帮助的服务对象与社会公众，关注其社会需求和问题，实施服务干预方案，促进其身心健康、兴趣爱好、福利发展、利益获得等目标实现，才能获得服务对象与社会公众的承认、具有存在的价值。具备社会合法性是社会组织存在及开展活动的重要基础。官办社会组织和民办社会组织都需要具有社会合法性，和服务对象建立较为密切的联系，这为社会组织开展服务提供便利，也是组织提供服务的目标。社会化导向下的社会组织能够敏锐地发现社会需求，并试图提出解决方案。

以上海ZZ社区服务社BY家庭项目为例。上海ZZ社区服务社是2007年由上海市浦东新区社工协会、上海市浦东新区社会帮教志愿者协会、上海市浦东新区青年联合会出资举办的民办非企业单位，其业务主管单位是浦东新区社会治安综合治理委员会办公室，同时接受浦东新区禁毒办和团委的业务指导。机构对浦东新区社区药物滥用人员、16至25岁的"失学、失业、失管"青少年提供社会工作帮教服务，拓展其他社区的帮助服务工作，有着多年的社会工作方法从事预防犯罪工作的实践经验。上海ZZ社区服务社成立后，其禁毒社工项目、矫正社工项目、青少年社工项目由浦东新区政法委每年固定购买。日常工作中，上海ZZ社区服务社发现禁毒、矫正、青少年三个专业具有交叉地带，于是梳理服务体系，设计"BY家庭关爱计划项目"，为父母一方或双方是药物滥用、社区矫正、安置帮教人员以及子女为16至25周岁的青少年的边缘家庭提供服务，投标上海市公益创投项目并实施。"原来我们上海ZZ社区服务社做三条线的业务，药物滥用人员的禁毒、社区服刑人员的矫正、社区青少年工作。服务中发现有一边缘人群，他们的父母已经是罪错人员或服刑在教人员，子女处在边缘状态，随时也可能出现犯错的状况。仅从专业角度开展服务比较孤立，对禁毒社工来说主要开展禁毒服务，有戒毒的专业工作方法……服刑人员在狱所服刑，和社会、社区割裂，他的'家庭细胞'现在看起来没有问题，但是一旦他完成服刑从狱所放出来，那他的家庭就是一个不稳定的'细胞'，可能会造成家庭再次面临新的困境，也可能会造成社区新的困境。再说社区青少年群体，如何定义这一群体呢？失学、失业、失管，他们是没有专项性的界定的……社区

---

① 高丙中. 社会团体的合法性问题[J]. 中国社会科学, 2000 (2)：100−109+207.

青少年很大一个问题是浮在下面的，隐性的，仅看青少年是看不出问题的，只有从检察院、法院拉过来的已经发生过小偷小摸等轻微的违法行为、但还不够被刑法处罚的人员确准是社区问题青少年，这部分人员少之又少。浮在社区面上的、有问题的社区青少年要靠社工自己去摸，自己去排，在排的过程中社工发现有父母是吸毒人员、服刑在教人员的，这些青少年我们应提早去介入了……我们发现要有家庭服务的社工出现，针对边缘家庭系统做工作，不单只是单列地对一个对象群体做工作……2009年创投的时候我们是以边缘家庭、以家庭服务的模式介入这一特殊人群。"① 这个项目所关注的群体是容易被忽略的边缘群体，在政府条线职能分割的情况下属于社会治理的盲区，需要有关注社会领域敏感性强、服务能力强的社会组织对类似的边缘群体加以帮助，而这样的服务供给更体现出社会组织的社会化行为导向。

"亲社会"的社会组织和服务对象关系密切，更为准确地关注服务对象需求，同时也注重依靠群众、扎根基层，获得服务对象认同。以上海静安区QF老年生活护理服务社为例。QF机构是在政府直接倡导和帮助下由福利单位转制的民办非营利单位，开展各项老年护理工作。QF机构扎根社区，一直做一线服务，和老人接触比较多，和服务对象建立起日常化的联系。"项目一开始设置的时候就很接地气，所以没有不受欢迎。老人的信息我们第一时间可以了解……老人出了问题，我们通常是最先发现的。来我们这里吃饭的有1000多位老人，若有个老人有一天没来，我们就上门看一下，发现有问题，敲门叫不应，便叫居委会打120。我们发现的抢救过来的至少有3位老人。我们一年365天全年无休息，不间断地（为老人们提供服务），除夕夜站点还有400多位老人来吃饭。"② 又以上海QA健康促进中心为例。QA机构在做艾滋病防治过程中坚持价值中立，要做"感染者的娘家人"。"我们是价值中立的，真正的中立。什么倾听，他（艾滋病感染者）过来，就算我骂他两句怎么了？他知道我骂他是为他好，我们是感染者的娘家人，大家是自家人，有什么问题……社会组织要依靠群众，扎根基层。你说你是艾滋病机构，病人都不'睬'你，政府不'睬'你，基层也不'睬'你，那你这个机构还活着干什么。"③ 亲社会行为以服务对象需求为基础，切实提供服务满足其

---

① 上海ZZ社区服务社Z副总干事（访谈S2013042302）。
② 上海静安区QF老年生活护理服务社W负责人（访谈S2015102702）。
③ 上海QA健康促进中心B总干事（访谈S2015102001）。

需求、解决其问题、促进其福利发展,而这正是让社会组织的宗旨和价值得以实现的重要路径。

(二)明确组织使命,强调组织独特的价值理念,打造服务的核心竞争力

政府购买服务中,虽然政府购买方提出服务的内容、明确服务的频次,但承接服务的社会组织对服务提供的质量和内涵影响较大。社会化行为导向明显的社会组织会在项目设计中融入组织的使命及独特的价值理念。明确的组织使命是社会组织的目标指引,而价值理念及服务的独特性在某种程度上也成为其核心竞争力。

以上海 QA 健康促进中心为例,其组织使命非常明确,有助于组织细分服务对象的需求和提升服务专业性。"上海 QA 健康促进中心的使命就是人人享有健康的权利,这个健康就是身体健康、性健康。艾滋病这一块我要做几个事情,让没有感染的人不要感染,让已经感染的人活得有尊严,让不知道感没感染的人不要被歧视。三个工作,就是三个大目标。举个例子,让没有感染的人不要感染。(我们)要找到他们,要找到人群,性工作者、男同性恋者、吸毒者、在校生。男同性恋性又可以细分,流动、白领、学生、配偶感染自己没感染、已经结婚但有男性性伴侣的,我这随便一举就七八个例子了,万变不离其宗,(让没有感染的人不要感染)永远符合我们的使命。"[1] 围绕组织使命和宗旨的服务细分,有助于深入服务对象、深挖服务需求、提炼服务模式、提升服务效果。政府购买服务的质量提升需要由深耕专业领域的专业组织来实现。

社会组织的独特服务理念也是其在组织场域中建立组织声誉、形成组织特色、构建组织竞争力的方式之一。以上海 XT 社区健康促进社为例,它倡导的社区参与式服务与赋权服务对象成为其服务特色。和政府直接运营的三阳基地以"看管"功能为主相比,社会组织运营场所更强调调动服务对象的能动性,发挥其自我管理和服务的潜力,参与服务生产,从被动服务者成为积极参与者。"我们认为这个场馆是属于社区的,然后残疾人本身在这个场馆里应该是参与管理、参与运营的,所以 XT 机构试图激发残疾人的能力,让他们的家属以及社区的残疾人也参与场馆运营。这个场馆更相当于一个资源平台。各种资源引进到这个平台,为产品提供支持。而场馆运营、日常安排、课程安排,还有管理的方法,

---

[1] 上海 QA 健康促进中心 B 总干事(访谈 S2015102001)。

这些都是残疾人在做的。我们根据残疾人的需求，再参与式的讨论一下，然后确定好一个星期、一个月的方案，每天上什么课。开始组织这个课的是残疾人，然后上课的是社区的专业老师……我们强调社区能力建设和社区发展动员，希望能够动员社区本身的力量，然后去做这些事情。而 XT 机构的最基层的项目官员和社工，我们希望他是一个支持者，可以做一些参与式的培训，把社区内的残疾人动员起来、去主办各种俱乐部、举办各种活动，而不希望他面对残疾人直接开展活动。"[1] 独特的价值理念和服务模式成为社会组织区别于政府部门、其他社会组织的特色，成为承接项目的亮点，逐渐成为 XT 社区健康促进社在购买场域中的竞争优势。

（三）动员志愿者等人力资源担任项目主力，社会化动员完成服务生产

社会资源的动员程度，是政府购买服务的社会化指标之一[2]，并在很大程度上补充社会组织人力资源的不足。社区志愿者是社区治理、社区公共服务的本地参与者，是社会组织进入社区服务可以借助的重要人力资本。社会组织在承接政府购买服务中，往往借助或建立社区志愿者网络，通过组织的专职项目人员担任项目管理、以志愿者为主体开展服务组织和自助服务，以完成社区公益招投标大指标量、较浅层的项目任务。而部分社会组织把社区志愿者自组织作为组织项目品牌的特色之一进行开发。

以上海 XT 社区健康促进社的老年人慢性病防治项目为例。上海 XT 社区健康促进社挖掘服务人群中具有一定领导力、能够自主开展服务的志愿者团队，建立以参与者为主题的自我管理小组。XT 机构具有较为成熟的品牌"常青藤生活馆"。场馆的运营采取社区拥有的治理形式和参与式管理的模式，由街道、社区、上海 XT 社区健康促进社、企业、居民代表组成的顾问委员会负责场馆的规则和决策，通过挖掘和培育社区本土社团、领袖组建运营团队来负责场馆的日常运营，孵化和培育社区自组织来共创场馆的服务项目，由馆内到馆外，引导社团、居民参与公

---

[1] 上海 XT 社区健康促进社 W 总干事助理（访谈 S2016012601）。
[2] 徐家良，许源. 合法性理论下政府购买社会组织服务的绩效评估研究 [J]. 经济社会体制比较，2015（6）：187-195.

共生活，关心社区问题，积极参与制定解决方案[①]。上海XT社区健康促进社把发现和挖掘的社区领袖或志愿者成为"健康大使"，把社区赋权作为重要策略。"赋权"模式是一种鼓励社区居民参与的方法，将决策的责任和资源控制权授予或转移到那些真正受益的人手中[②]，激发社区志愿者和居民参与治理和服务的热情。截至2014年，上海XT社区健康促进社常青藤项目，共计在2所城市的11个社区开展服务，管理和参与运营9个场馆、培育55个俱乐部和兴趣小组，发展300名健康大使[③]。而"健康大使"和赋权动员的模式在XT机构承接社区公益招投标项目中也加以运用。每个社区公益招投标项目中，XT机构的总部做项目的管理支持，由1~2名专职工作人员进去社区、发现和挖掘社区领袖"健康大使"，建立志愿者队伍，培育社区自组织，指导和支持老年人开展健康知识传播、社会交往、心理慰藉等社群型活动。社区公益招投标项目中，因大量社区志愿者的参与并承担主要活动，XT机构总部仅需要少量人员管理和推动项目进度，这样的项目模式使得政府购买服务的大数目指标得以完成。与上海XT社区健康促进社类似，浦东新区CR俱乐部、上海QA健康促进中心等专职人员有限的社会组织，在项目实施中动员大量组织会员、社会公众等担任项目志愿者，并筹集社区、企业等社会化资源，以弥补社会组织专职人员不足的困难，也推动项目的宣传与顺利实施。

三、政府购买服务中的专业化导向

专业社会工作是以社会工作专业教育和培训为基础，以社会工作价值观为指导、运用社会工作专业方法提供的社会服务。[④] 近年，专业社会工作在我国获得较快发展，由专业社工为专职人员的社工机构也不断涌现。在民政部门登记注册为民办非企业单位的社工机构，具有社会组织非政府性、非营利性、社会性的一般特征，但同时由于其专业属性，

---

① 上海XT社区健康促进社. 常青藤2014年年度报告. 内部资料, 2014.
② 赵挺. 支持性公益项目如何扎根社区：记XT老年人自我保健能力提升项目 [J]. 浦东新区2011年社区公益招投标典型案例集 [C], 上海YL公益事业发展中心内部资料, 2014.
③ 上海XT社区健康促进社. 常青藤2014年年度报告. 内部资料, 2014.
④ 王思斌, 阮曾媛琪. 和谐社会建设背景下中国社会工作的发展 [J]. 中国社会科学, 2009 (5)：128-140+207.

其和一般社会组织具有较大的差别。很多社工机构由高校社工专业老师创建，专职人员以社工专业人员为主，工作理念和方式受到社工学科的影响，在承接政府购买服务中表现出社工专业知识指导、项目管理规范等专业主义倾向。专业化导向行为具体表现为以下几个方面。

（一）项目设计融入社工专业理念，注重社工专业方法的运用

社会工作经过多年发展，对其专业性的认识不断地被学术界和实务界讨论，并逐渐形成共识，成为社工提供社会服务的职业规范。专业社会工作的专业化特点包括：第一，以人为本、以服务为本的价值观。专业社会工作强调全心全意为有需要、有困难的人士和群体服务，尊重对方，平等协作，更容易形成良好的工作关系，更容易为服务对象所接纳。第二，多样化的专业方法。社会工作的特长或行动基础有一系列针对不同问题的专业化工作方法，社会工作灵活运用专业方法可以解决复杂的社会问题。第三，对助人自助效果的追求。专业社会工作不但助人解困，而且在此过程中注重增强服务对象的能力，强调助人自助、增强权能。第四，作为中间人的协调作用。以民间身份出现的专业社会工作可以缓解政府、单位与利益受损人士及群体之间的紧张关系，促进沟通和理解，抑制事态恶化[1]。社工机构在承接政府购买服务中，项目设计具有社工专业理念和价值观，并融入个案工作、小组工作、社区工作等专业社工方法，服务方案和实施都较为系统和专业。

上海 GY 社工师事务所承接的"浦东新区 S 镇来沪女性关爱服务项目"在项目设计中引入幸福家庭等西方社工家庭的理念，在此基础上设计训练营等团体活动，并将该理念融入各个服务中。服务方法上运用了传统的个案、小组等社工方法，还尝试用心理咨询和团体治疗等专业工作手法提供服务，即用团体互助或者团体训练来提升整体家庭能力。"我们整个定位还是服务家庭，不是仅关注个体，我认为整个个体不是个人的问题，是整个家庭环境、家庭互动带来的问题，是家庭治疗的概念，我们希望的关注点和着力点是激发整个家庭的潜能、提升整个家庭的发展能力、做好后期规划和计划，才能解决后顾之忧。"[2] 该项目阐释了社会工作的一种手法和过程，体现社会组织的服务专业性。

---

[1] 王思斌，阮曾媛琪. 和谐社会建设背景下中国社会工作的发展 [J]. 中国社会科学，2009（5）：128—140+207.

[2] 上海 GY 社工师事务所 X 副总干事（访谈 S2013042301）。

上海 LQ 社工服务社的案例则体现出社工作为中间协调者，促进不同群体之间的沟通、理解与合作。上海 LQ 社工服务社自 2007 年与浦东新区统战部合作，承接少数民族社会工作服务项目。在和政府、官办社会组织互动中，LQ 机构逐步找到自己的定位，通过整合社区资源，重塑场域内组织布局。LQ 机构刚进入街道时，当地政府部门和官办组织有比较大的困惑："社工来了之后，政府的统战部门做什么？少数民族联络员等人，那些是志愿者，都是少数民族的身份，都是居民，社工来了，他们是不是也要没事情干了？当时会想社团、社工和统战部门三个职位和岗位的定位是什么？"[①] LQ 机构通过梳理各类组织定位，认识到作为社工机构进入社区后的角色是政府助手和资源整合，与原有政府部门、官办组织的职能并不冲突，更重要的是它可以帮助其他主体厘清各自职能，以提升机构在社区的接纳程度。"我们知道社工是干什么的。政府不知道你来干什么。后来我们的活动都让他们加入。少数民族联络组变成我们一个重要的合作伙伴。我最开始、项目第一年，10 个人在 5 个街道，我在 Y 街道，当时联络组组长就 1 个人，他不知道自己组员是谁，对当地统战干部意见特别大，他的意思就是'你找我来，又不让我干事情，我就是光头司令'，他就很恼火。我们社工去了，帮他把其角色突出出来。他自己原本没什么成就感，自己组员是谁都不知道。我们去和统战沟通，帮助这个组长，把他的角色发挥出来，如召集组员开会，把他隆重推出，（告知组员）这是少数民族联络组组长，他就会主持工作，社工协助大家，他就发挥作用了……整个联络组就知道自己的角色了。社工清楚做什么，这个过程中，大家了解了社工和联络组的区别是什么，和统战的区别是什么。我们一直说自己是助手。"[②] 在组织场域中合理的组织定位，甚至帮助其他组织找准角色、发挥功能，上海 LQ 社工服务社不仅顺利在社区开展自身的专业服务，而且把其他组织作为社区资源的共同体来发挥服务社区的功能。这充分体现社工机构在整合社区资源、构建多方合作的专业思路和能力。

（二）注重项目需求调研，具备较强的项目管理能力，有序推进项目进度

项目管理是通过运用一定的知识、技能、工具等，使项目能够在计

---

① 上海 LQ 社工服务社 Z 区域总监（访谈 S2015122501）。
② 上海 LQ 社工服务社 Z 区域总监（访谈 S2015122501）。

划时间内按照实际需求，被高质量、高效率地完成，达到预期目标。规模化购买服务项目的情况下，社会组织的项目管理能力成为影响组织间项目绩效差异的重要因素。相比较而言，专业社工机构在承接政府购买服务中注重项目需求调研，具备较强的项目管理能力，能够较规范地推进项目进度，适应技术要求高的政府购买环境。

以上海GY社工师事务所为例。其项目管理能力突出表现为对服务对象需求的调研。GY机构在项目实施前对服务对象进行基线调研，有效了解其真实、迫切的需求，并在需求基础上做针对性、专业化的服务方案设计。"我们第一期项目最主要的工作就是基层调研，摸清情况。因为当时接受委托的时候，告诉我们整个S镇有近5000户，我们也是按这个目标来设计的，但是我们花了整个3到4月做基层调研，摸出来才2000多户，后来有数字上的增加，我们也建立了这2000多户的数据库，有了原始资料。"[1] 政府购买服务的项目连续性影响服务质量和有效性，而老年人、残障人士等弱势群体的服务往往有长期而普遍的需要。基于前期项目调研和服务，社会组织能更深入地开展服务。上海GY社工师事务所承接的外来媳妇服务项目就是从前期项目中发现并拓展项目需求。"我们项目比较特殊，因为它有一个先前的项目在。2009年受浦东新区妇联委托进行连续2年外来媳妇家庭社会工作服务的探索……服务期结束后，购买方因考虑各种因素没有继续购买……到2011年2月第一期项目结束，但我们发现每天平均有3~4位外来媳妇来找周老师，咨询一些社保、户口、经济、低保等各种福利政策，还有家庭关系。外来媳妇家庭比较多的因为地域不同、文化不同、生活习惯不同导致在家庭关系处理上的问题，其实更多是沟通问题，彼此不了解，一些家庭琐事，来求助的对象特别多。所以我们考量是不是能在另一个平台上争取资金把这个服务继续下去，但是要不同于前面一期的服务。前一期的服务更多是做一线的服务，社工进入家庭，做个体的个案、做家庭的服务；二期（主要做的）就是如何将这些服务推广出去，整个S镇有2500户左右的外来媳妇。"[2] 基于全面系统的项目需求调研，项目服务方案设计和服务供给能够更为准确，也能为服务对象带来更适用、实惠的帮助。

上海ZZ社区服务社则具备完善的项目管理框架和较强的项目管理能力。上海ZZ社区服务社在组织结构上采用"专业型"结构，董事会是组

---

[1] 上海GY社工师事务所X副总干事（访谈S2013072201）。
[2] 上海GY社工师事务所X副总干事（访谈S2013072201）。

织的"战略决策层",总干事、副总干事及总部相关部门是组织的"操作核心层",广大的社工构成组织的"操作层",由相关职能部门领导和高校专家组成的"技术专家集团"对组织的业务进行专业指导。上海 ZZ 社区服务社在浦东新区 36 个街镇都组建了基层社工组,由各社工组的社工提供日常服务。覆盖整个浦东新区的社工网络,成为上海 ZZ 社区服务社快速进入社区、项目化开展服务的基础,是 ZZ 机构承接其他政府购买服务的优势。但与此同时,与小型社会组织"船小好掉头"的优势相比,上海 ZZ 社区服务社在人员调配的灵活性上受到组织架构的限制。"我们承接政府购买项目,优势是基层的状况比较好,社工扎根在街镇,跟街镇层面的沟通非常紧密。三个专业社工必须跟街镇社保、民政、妇联、团委等相关组织有联系,社工到了基层其实也是给街镇配备一定的力量。禁毒社工对应的是综治科,矫正对应司法科,这两个条线在街镇对应的是政法书记;青少年对应的是团委,这个条线对应的是街镇党群书记,条线很清晰的话,开展工作相对而言比较有利。不足的地方,因为我们的人员都是散落在基层,基层也有工作安排,所以做大型项目、活动就要调配基层力量,可能没有小社团那么灵活。有些小社团(的员工),如果助老的项目比较多就去承接老项目,青少年项目比较多也可以去接,也有可能这个街镇有项目了就去这个街镇,可以自由调配,而我们不行,因为指标性的任务是 36 个街镇都要完成,不可能把这个街镇的力量抽调到其他街镇去做项目。"[①] 在承接固定的政府购买服务外,上海 ZZ 社区服务社在承接浦东社区公益招投标项目中,充分利用了其覆盖全部街镇的社工网络优势。"BY 家庭关爱计划项目"中,上海 ZZ 社区服务社建立项目指导小组、项目工作组、基层项目运作团队的组织框架。项目指导小组由总干事和副总干事共同规划项目开展,"BY 家庭"项目工作组按照区域分为两个工作小组、各工作小组又按服务方式分设"个案服务"工作小组、"小组活动"工作小组、"社区关爱活动"工作小组。基层项目运作团队则由 41 名社工组成的社工团队和 44 名志愿者组成的志愿者团队构成。按照项目实施要求,社工团队和志愿者团队在项目实施街镇具体开展个案服务工作,在小组工作督导和协调人员的组织带领下完成相应小组活动,在社区工作督导和协调人员的带领下完成社区活动[②]。项目组定期召开项目例会,推进项目的执行;同时设立项目考核制度,

---

① 上海 ZZ 社区服务社 Z 副总干事(访谈 S2013042302)。
② 上海 ZZ 社区服务社. 项目管理内部资料,2011.

按照项目执行进度表组织考核，确保项目的执行力度和保证质量。从第三方的项目评估分值看，上海 ZZ 社区服务社获得 93.34 分的高分，它所开展的项目服务专业性、项目管理的规范化、项目的成效和社会影响都是显著地位于中标组织前列[①]。在承接浦东新区社区公益招投标中，上海 ZZ 社区服务社呈现出规范的项目化管理，而这是它日常承接政府服务的组织架构和社工能力的移植。专业化导向下的社会组织承接服务，需要在服务对象需求调研的基础上，加强规范化的项目管理，建立制度化的项目流程，以提高项目管理绩效、提升项目服务质量、拓展项目服务范围。

（三）"学院派打法"，承接项目谨慎，注重特定领域的专业深耕

相比于社会人士出资创办的社会组织，部分社工机构由高校社工专业教师创办。该类社工机构发展比较稳健、谨慎，注重社工服务的专业性，对服务在某一领域进行深耕有一定的期待，通常也会形成机构长远的发展规划。在面临机构服务地域扩展的机遇时，社工机构会综合考虑机构承受力、项目指标数、项目实际成效等多重因素。比如，上海 ZZ 社区服务社的助困项目获得较好的成效，但在进行项目拓展时也比较谨慎。"我们的助困项目得到一些街镇的认可，倒过来街镇问我们是否愿意做。我们的顾忌是指标性的东西比较多，不想太多地牵涉到项目里面，接项目还是慎重的。我们做所有项目，服务对象全部是由社工自己去排摸出来，可能会请一些居委、民政的干部一起上门，但细节性的工作全部是由社工来做，这个方面给他们带来一些好感。"[②] 社工专业服务的要求形成社工机构自我约束的机制，促使组织注重服务指标数与服务专业度之间的平衡。

从获取资源的角度来看，部分社工机构的创办人有固定的高校工作、有较为稳定的资助方或合作者、没有急迫的"养人"的压力，不希望让机构为了生存而超出能力承接项目，更强调项目的质量与成效，防止项目质量不佳影响机构声誉。以上海 GY 社工师事务所为例。GY 机构在承接项目时希望有较充足的时间来呈现项目效果。"我们一直希望项目能够延续，做一期真的很难做到质的飞跃，至少需要 3～5 年的铺垫和积

[①] 上海 YL 公益事业发展中心. 2011 年度浦东新区公益招投标项目终期评估报告－浦东新区 BY 家庭关爱计划项目，2013－1－31.

[②] 上海 ZZ 社区服务社 Z 副总干事（访谈 S2013080701）。

累。所以，我们董事长一直秉持的口径就是'宁可少接项目、也不接短期的项目'。像我们救助优抚项目基本都是5年左右的时间，虽然协议由于财政等原因都是一年一签，但在谈项目时基本保持口径就是3～5年。"① 在项目的不同阶段，机构可以侧重不同内容开展服务，拓展服务幅度和深度。"项目框架和购买方定下来后，5年内大方向不变，可能今年做的是家庭整体的抵抗力，下一年可能就注重家庭资产的建设、文化的建设和获取资源的能力等。每年的侧重点不同。基本上我们目前做的主要有三块：外来人口、救助、优抚。这三大块一旦启动，一般都会花一年到一年半的时间做基层的数据收集和调研工作，然后再做一些重点性的、主题性的服务，包括老年人、日托、残疾人服务等。"② 而GY机构承接项目时较为谨慎，会考虑项目之间的关联，注重聚焦特定的专业领域。"（如果政府部门愿意购买其他领域的服务）也要考虑和我们这三个领域（外来人口、救助、优抚）的联系，或者说是否会接受我们家庭服务的理念，要看不断协商，不排斥说去拓展领域。目前主要考虑到人力的限制，做这三块已经动用了大部分人手。我们董事长也开玩笑说，'我宁可再创办另外一个机构来做其他的领域，也不希望把一个机构做的面面俱到，不是我们一家专业机构应该做的事情。'……我们希望机构先是形成一个专业的团队，再去攻克这个领域，而不是来一个领域做一个领域。"③ 实际上，机构创始人对机构的规划在很大程度上影响了机构承接项目的风格。"我们创始人是教授，希望精细、深入、专业，缔造一个品牌，打出这个品牌后再去拓展，不会面面俱到……我们不希望东打一枪西打一枪，其实最后的决定权还在董事长对整体机构发展和规划的把握。"④

稳扎稳打、甚至有些保守的"学院派"作风，在较多的社工机构存在，成为其专业化行为之一。当然，在市场竞争、资源有限的条件下，过于保守谨慎的资源获取和市场拓展战略，也可能成为社会组织发展的劣势。

---

① 上海GY社工师事务所X副总干事（访谈S2013072201）。
② 上海GY社工师事务所X副总干事（访谈S2013072201）。
③ 上海GY社工师事务所X副总干事（访谈S2013072201）。
④ 上海GY社工师事务所X副总干事（访谈S2013072201）。

四、政府购买服务中的市场化导向

有学者把有经营性收入的民办非企业单位归入准第二部门,认为市场机制和逻辑在该类社会组织表现得较为明显。准第二部门的共同特征是营利性强,经营性收入是组织重要的收入来源,比较注重经济效益,供需、价格、竞争等市场机制在组织的运行中发挥重要作用,服务对象通过资源购买享受社会组织提供的服务[①]。社会组织在承接服务中的市场化行为,是受到公共服务市场供需调整下的抢占市场资源、增加服务收费、扩大客户群体等主动行为。市场化导向行为具体表现为以下几个方面。

(一) 以政府购买服务为契机,增加市场占有份额,提高经营性收入比重

提供社会服务是社会组织的基本功能。而社会组织所涉及的教育、医疗、卫生、养老等服务具有准公共物品或私人物品的属性,可以通过市场用户收费机制来支付服务成本。伴随着政府购买服务资金有限和欠缺稳定预期、社会公众捐赠比重难以扩大,越来越多社会组织倾向于增加经营性收入,通过消费者为服务付费的形式,以扩大机构的收入及自主性。服务收费成为一种趋势,即使是专业社工机构也开始尝试提供付费服务,让收入来源的多元化。

上海 GY 社工师事务所承接政府购买的为 S 镇外来媳妇服务项目中,在最后一期夫妻训练营收取一定费用,既是为了弥补项目资金的不足,也是探索项目收费模式。"(最后一期夫妻训练营收了一定费用),这个我们正在尝试……因为我们核算了一下,资金根本不够,而且要贴很多钱。我们也征询了服务对象的意见,稍微收一点也能接受,只要服务做得好。我们董事长的原则就把它当成练兵,我们可能会慢慢迈向收费来保证项目有足够的资金运转下去。我们把项目定位为幸福家庭训练营……这样的项目有过一两年基础后,如果我们真的能够创造一个非常好的模式,完全可以走向市场,就像早教市场,只要做得出来就有人买。那个时候

---

① 康晓光,韩恒,卢宪英. 行政吸纳社会——当代中国大陆国家与社会关系研究 [M]. 八方文化创作室,2010:97.

我们的受众就不只是外来媳妇。外来媳妇可能只是收成本的费用，还针对高端家庭……希望通过这几年的政府采购，我们能够把这个服务模型和流程完善，为我们迈向市场、独立运转打下坚实基础，那就可以完全走向市场，针对白领家庭来开展服务。"[1] 政府购买服务项目为社会组织打磨服务产品提供了启动资金和机会，也为其服务收费奠定了一定的客户群体。

上海 HBJJ 养老服务社是上海知名的为老服务机构，成立于 2009 年。经历了初创期的组织定位和艰难发展，从 2009 年承接浦东社区招投标项目，上海 HBJJ 养老服务社迎来了组织发展的契机，承接大量的社区公益招投标项目和街镇购买服务。到 2015 年，HBJJ 机构的资金构成中政府购买服务占 46%。但是，HBJJ 机构对政府资源的风险有一定判断，以政府购买服务为敲门砖，制定了增加服务收入的资金发展思路，通过市场收费、发展老人个体会员来减少对政府资金的依赖。"我们每次介入新项目时，都要对自己提要求，就是通过一个项目，要么积累资金，要么积累机构资源。机构带着公益招投标的资金进入社区，这是个敲门砖。在一期项目开展的同时，要想着第二笔、第三笔延续的资金从哪里来。我们有了第一笔敲门砖的钱，但是拿得很艰难，因为每个服务单价很低，这些资金只能保障生存，但是要想有更多资金进行发展和服务升级，就必须要加把劲，拓展当地社区其他资源，作为政府居家养老服务的补充，拓展老年人服务市场，做收费服务。"[2] 至 2015 年，市场收费已占 HBJJ 机构资金总额的 43%。开拓市场收费业务，即发展老人个体会员，上海 HBJJ 养老服务社主要以政府购买服务为依托，与社区老年人建立联系。在开展社区公益招投标项目、街镇购买项目中提供较好的护理和康复服务，在连续几个月与老人建立服务的关系、甚至是陪伴式的伙伴关系。当政府购买服务结束时，动员对服务满意的老人继续购买机构的服务。对于上海 HBJJ 养老服务社这样的社会组织来说，政府购买服务扶持了组织的发展，使其机构人员规模和服务领域不断扩大。"从 2011 年是街道出招投标书了……那段时间从申请项目来说，是个机会，特别是对我这样的组织是个很大的跳板和机会。我们所有人都在愁一个问题，就是先要有团队，还是先要有项目……但总体来说，没有资金还是推动不了的……首先还是有一部分的服务对象和适当的资金，让你能

---

[1] 上海 GY 社工师事务所 X 副总干事（访谈 S2013072201）。
[2] 上海 HBJJ 养老服务社 Y 总经理（访谈 S2013071701）。

够启动。"① 政府购买服务项目成为政府为社会组织的背书,给予社会组织建立其服务对象与客户群的机会。"把服务在连续的几个月做完,一方面利于我们排班,另一方面对老人服务的效果有保障。比如你有个朋友,你一个月来一次,来就来了。但是有个朋友天天来,你在一个月内连续和他有沟通,服务的连续度就很高,然后这个月服务完了,你和他说服务结束了,要不要找其他人服务。因为人适应有过程,我和你这么熟悉了,你的服务也不错,那我就继续购买吧,购买服务从那段时间就开始了……做公益招投标项目有个指标是可持续性。那我觉得我们做项目,第二年这个钱不是同一个人给我,我必须去争取,政府不行的话,我就要向市场去拓展。"② 通过政府购买服务项目的启动,有一定消费能力的服务对象继续购买社会组织服务,增加社会组织的经营性收入。

(二) 提供差异化的核心产品,构建市场竞争优势,对产品进行全成本核算

社会组织通过市场收费让机构收入多元化、提高自主性,其前提条件是必须为市场上消费者提供合格产品、并能够获得市场的认可。政府购买服务项目中,有部分社会组织具有一定的核心产品,形成和其他组织的差异化服务,提升了其服务的专业化程度。例如,在为老服务领域,每个街镇都有政府举办的居家养老服务中心及其下属的助老服务社,这类机构为老人提供上门家政服务。上海 HBJJ 养老服务社采用差异化的服务策略,逐步探索确定机构的主要业务是为老人提供护理、康复等专业化服务,老人日间照料中心等委托管理服务,以及不断根据老人的新需求开发新的服务产品。其目标是希望建立专业的居家养老服务队伍,筑建为老服务的产业链。以护理业务为例,上海 HBJJ 养老服务社根据老人疾病情况和生活自理能力评定,将护理服务分为轻度、中度、重度三个护理级别,按照护理级别来设置护理费用,并设置严格的护理服务流程,注重整个护理体系的建立和维护。根据产品的分级分类,机构的服务人员涉及多方面、发挥不同功能。"我们护理员分好几类,从一般护理员到日间中心护理员,还有护工、护士、医生。护士做护理督导。医生对老人的健康教育,对老人的前期评估,指导工作人员去做突发情况的处理。康复服务也配有不同的康复技师,还有康复医生,还要请一些

---

① 上海 HBJJ 养老服务社 Y 总经理 (访谈 S2013071701)。
② 上海 HBJJ 养老服务社 Y 总经理 (访谈 S2013071701)。

中医药大学的教授。他们都成为顾问,是我们服务好的保障。"① 又以上海 CHQ 公益社为例,它承接政府购买服务项目是为 S 镇及 H 街道阳光之家的残障人士提供服务,项目中引入具有成熟专利技术的手工皂制作,以及机构自行研发的针对智障人士能力的毛毡绣技术,以促进残障人士的可持续生计。"我的手工皂保质期是四年。这就是我的核心技术……而且我有一个 CMA 的标志,就是"ISO 900"的质量管理体系的认证标志。我可以跟商场的任何一个品牌比。我是化妆品标识,档次就高了。你如果选择 CHQ 机构的手工皂,我会给你一个非常安全的保障。我们网店的客户很稳定,三个月来一次,这个一旦形成消费习惯了就会固定选择这个产品。像这种产品,我们在田子坊也有专卖店了,卖得还可以。"② 类似手工皂、毛毡绣之类的实物成为社会组织、特别是社会企业的核心产品,拥有制定核心产品的技术给予组织市场竞争优势,使它获得更多的社会认可和机会,能更好实现机构和项目的可持续发展。专业化团队带来的多元化、个性化、专业化的社会服务和产品,为有需求的消费者提供了多种选择,更是社会组织进行服务收费的前提条件。越来越多的社会组织认识到拥有核心产品是组织竞争力的体现,借助政府购买服务项目的机会,打造机构的核心产品,与其他组织形成差异化的优势。

社会组织提供公共服务的成本核算很多时候是部分的,特别是在有志愿者参与、场地和物品等捐赠、社会资金投入等项目外资源投入的情况下,社会组织也很难测算其提供服务真实的、客观的项目成本是多少。不完全核算成本的情况下,社会组织很难对机构每个项目的成本进行测算,进而对组织发展资金进行合理估计,而政府部门等服务购买方也不能有依据的以合理的资金对外包服务进行投入,甚至在很多时候是以社会组织非营利性为名义而压缩项目投入,造成社会组织"亏本"承接项目,从长远来看,造成社会组织承接政府购买服务无法获得资金积累、带来项目作假和投机行为。目前,部分有市场竞争思维的社会组织已经开始对自己的服务成本进行测算,倡导对公益产品合理定价。上海 CHQ 公益社对其公益产品的定价结构是"公益产品如何定价的问题。价格中 50% 是成本,成本包括培训费、损耗、来去物流、设计费;15% 是管理费,是我们的水电煤、人员的工资,35% 是发展费用,这个与机构发展

---

① 上海 HBJJ 养老服务社 Y 总经理(访谈 S2015040101)。
② 上海 CHQ 公益社 L 负责人(访谈 S2013060501)。

总账相适应"[1]。又如，上海 RX 社区服务中心提供小学生寒暑假托管服务，会对机构成本进行核算，并让购买方知晓，以便在与购买方协商经费时获得合理的资助。"我们一个孩子每月收 600 元，街道给我们购买。我们会公开定价。定价时我们会进行合理成本的测算。比如，在街道，街道免费提供一个合作场地，包括一些附加费用是街道资助的，那我们和街道合作，这种属于资源带入，我们在核算成本时，场地费这些就不计入成本。在这个基础上，按照我们的成本，比如一个老师带 5~8 个孩子，一般是按 1：5 计算，按照当时的社会成本来测算，保证管理费打进去，基本上持平。人员工资拿掉，当时测算是一小时 10 元，一天 30 元，一个月 600 元。这个比例是公开的。我们把成本给他。比如你购买 20 人，这 20 人是怎么开销的。我们的人员费、材料费、管理费多少，他认可了，就按这个购买。我们公开告诉你。街道能看到我们的预算。"[2] 从社会组织行业生态的角度，社会组织对项目成本进行全成本核算，并逐渐形成服务价格的行业共识，有利于政府购买服务的合理支出，更利于形成社会组织行业适当的、宽松的发展空间，促进社会组织整体的发展。

（三）以资源整合为导向，调整组织的业务拓展和人员激励模式

社会组织的资源导向和政府购买服务资源的碎片化相关。政府购买服务场域的资源高度分散，导致服务资源覆盖不均。从服务领域来看，为老服务资源较为丰富，社区公益招投标、街镇都乐于购买为老服务，购买主体多元，服务对象和服务内容容易重叠。从服务地域来看，浦东新区的 T 街道、W 街道、P 街道、Y 街道等，政府对社会组织支持力度大，辖区内社会组织发展较快，政府和社会组织的合作向更长期、专业的方向发展，社会组织容易获得政府资助；而浦东新区的 T 镇、D 镇等，政府对社会组织的认识和支持还有待提升和开发，对社会组织的资源支持相对较少，社会组织也不易获取政府资源。社会组织为了整合区域内资源，统筹安排组织的人力配置，依据资源整合的思路，把组织管理模式从业务部门化的设置向区域化管理的设置调整，注重物质激励在人员培养和管理中的重要作用，提升组织的市场竞争力。

上海 LQ 社工服务社成立于 2003 年，是上海最早成立的专业民办社工机构。自成立起，上海 LQ 社工服务社逐步发展综合化的社工工作服

---

[1] 上海 CHQ 公益社 L 负责人（访谈 S2013060501）。
[2] 上海 RX 社区服务中心 W 主任（访谈 S2015093001）。

务，分别成立青少年服务部、长者服务部、社区服务部、真新服务部，为青少年、长者和社区提供服务。自2015年4月新主任上任，基于对市场资源的判断，决定将组织的部门化管理调整为区域化管理，即从以服务对象为基础划分部门到以资源为焦点划分服务片区、提供社区综合服务。区域总监在独立预算和考核指标的压力下，必须更多地考虑获取资源，而不是把重心放在服务的专业提升。"新主任来之前是部门化的。有些部门服务范围很大，比如原来的社区部，十几个、二十个街镇承接一个社区的项目，都在社区内部。现在改成区域化，好处是区域化资源的利用和整合，可能会对全盘的东西有更多考虑，包括人员运用、项目合作、资源共享。这并不代表部门不可以，以前在用部门划分，没有很好地利用资源，现在换了个形式。之前是专业和项目的思路，现在是资源整合的思路。"[1] 区域资源整合的管理模式带来社会组织人员绩效考核的压力。"现在我们花比较少的时间去谈怎么做好服务，比如我们现在缺少哪些服务，服务有哪些不足，怎么去改进。更多的是我们比较困惑我去拉什么项目。没有项目就没有经费，而且我们现在区域的经费相当于要使用自筹的方式筹集。当然机构会做统筹，你负责某个区域，你要在这个区域寻求合作的机会，如果没有，相当于你这个部门和区域是没有经费的，那你这个部门和区域的员工怎么办……考核的压力也在。比如你要升职加薪。"[2] 但区域资源整合模式受到区域差异的影响很大。"（不好的区域给我了，我就很难开拓）很对。我现在在的就是乡下。我很有压力，不是我不愿意。第一，人员的配备很难，在塘桥、陆家嘴，找个人，人家愿意来。到祝桥去，你去吗？来回路上2小时，又给不了太多工资。再合适的人，也不想干。第二，基础比较不一样。有的（社区）从来没和社会组织合作过，有的是什么都让社会组织来做。我负责的合庆、祝桥镇是农村社区，属于后起之秀。小区都是动拆迁。整个氛围和需求很不一样。"[3] 社会组织调整内部的业务管理模式，是基于对外部环境及市场资源分布的判断和行为反应。部分社会组织基于生存的压力或抢占市场的战略，会以获取资源为第一目标，其次才是服务供给的深化。这样的市场化行为是市场竞争对组织行为的规制。

而社会组织内部对人力资源进行企业化管理，注重绩效考核，通过

---

[1] 上海LQ社工服务社Z区域总监（访谈S2015122501）。
[2] 上海LQ社工服务社Z区域总监（访谈S2015122501）。
[3] 上海LQ社工服务社Z区域总监（访谈S2015122501）。

激励员工促进工作效率的提升,这是市场化逻辑下组织应对竞争的回应行为。以上海 HBJJ 养老服务社为例,机构对管理人员和一线护理员都有较强的物质激励。对于中层管理人员,提高他们对机构的认同度和忠诚度。"我们是有一些奖励机制的,项目结束后,比如你们评估给的分数比较高,或者说是项目获奖,对工作人员有奖励;资金使用合理,拓展新的收费服务,有小考核,有奖励的;他们把机构的钱当自己的钱来节约的也有奖励。"① 对于一线护理员,则通过物质激励增强其工作积极性和效率。"一方面是通过项目,还有上门收费,我们护理人员薪酬调整,原来是计时的,现在如果是劳务工,我们按照合同给予基本工资,有加班的,加班费用是双倍,这样工作人员的工作积极性很高。有的工作人员为了赚钱,每个月不止工作 196 个小时,我就按照双倍工资给加班费,像这些工作人员一个月工资可以达到五六千、六七千。所以这样会有人来做,并且他希望多做。而且我们和政府的体制会有很大变化,政府的体制是我安排你几个小时,你就做几个小时,很多人不愿意多做,多做小时费用也不高,我就做到基本数就可以了。我们的很多护理员都愿意做,也不要求这个待遇那个待遇,因为他就说工作多是为了他自己,而且他加班拿的都是双倍工资,他就愿意干。"② 社会组织的人员激励方式以物质激励为主、激发员工工作积极性,转向以资源整合为主导的业务模式,都是社会组织在政府购买服务环境下、以政府购买服务项目为基础、以市场资源竞争为导向的组织内部行为,体现出市场逻辑对社会组织管理风格的影响。

---

① 上海 HBJJ 养老服务社 Y 总经理(访谈 S2015040101)。
② 上海 HBJJ 养老服务社 Y 总经理(访谈 S2015040101)。

第七章　政府购买服务场域的组织间关系

政府购买服务场域中基本的行动者是服务购买方与承接方，即政府部门与社会组织。因身份差异，社会组织又形成不同的组织群落。社会组织之间、政府与社会组织之间在互动中形成相对稳定的关系模式，反映我国社会组织之间竞争和合作的基本状况、政府与社会组织互动的内涵与逻辑。本研究从社会组织之间、政府与社会组织等组织间关系层面揭示政府购买服务对社会组织发展的影响。

一、政府购买服务中社会组织之间的互动关系

目前，学界对政府购买服务中主体间关系研究多涉及政府与社会组织之间的关系，而对政府购买服务中社会组织与社会组织之间的互动关系没有给予足够关注。根据服务供给的组织规模与资源获取方式两个维度，本研究把政府购买服务中社会组织之间的关系分为单独作战模式、体系集成模式、地域综合模式、组织枢纽模式。这些互动模式都有一定的组织和制度基础，反映出政府购买服务中社会组织之间互动关系的基本面向，并对政府购买服务供给、社会组织发展、政府与社会组织关系等产生现实与潜在的影响。

（一）政府购买服务中的单独作战模式

社会组织间单独作战模式，主要是指由单个社会组织主要借助个体组织能力申请政府购买服务项目，获得资助后由单个社会组织来完成服务的模式。该模式在政府购买服务中广泛存在，大多数社会组织以该模式来申请和运作政府购买服务项目。

政府购买服务中社会组织间单独作战模式的运作基础在于：①从制度规范来看，政府购买服务的法规政策不允许多个社会组织联合投标，

也禁止分包服务。社会组织都以单个组织的名义申报和承接政府购买服务，之后的服务也主要由承接的社会组织来提供。②从技术要求来看，政府购买服务以单一服务对象而非多个服务对象的项目为主。专注于某一服务领域的社会组织能够单独实施政府购买服务项目。

上海政府购买服务的制度规范和技术要求造成以组织个体形式承接服务的比例较高，在政府购买服务中社会组织之间在服务合作方面的机会较少。同时，政府购买服务的资源有限，同类型的社会组织之间存在竞争，但不同领域的竞争程度存有差异。分析2018年《上海市承接政府购买服务社会组织推荐目录》（见表7.1），养老服务、残疾人服务、社区服务、专业支持等领域的社会组织比较多，竞争也较为激烈；而社区治理、扶贫济困、劳动就业、专业调处、医疗卫生等领域的社会组织欠缺，竞争不足，甚至在相关领域找不到专业社会组织，导致政府部门无法通过公开招标选择承接主体，只能通过定向委托的方式进行。从推荐机构的评估等级可见，5A的社会组织数量为51家、仅占总数的16%，4A的社会组织数量为92家、占总数的29%，3A的社会组织数量为175家、占总数的55%。社会组织等级评估代表着社会组织规范化发展的程度，5A为最高级别，可认为社会组织具备较高的专业水平和较规范的机构管理。而即使是政府推荐、作为该领域的先进代表，5A的社会组织数量仅占总数的16%、3A的社会组织数量占总数的55%，这说明社会组织的主体能力还有待提升。

表7.1 上海市承接政府购买服务社会组织推荐目录分析

单位：个

服务领域	具体业务	机构数量	机构资质（评估等级）		
			5A	4A	3A
养老服务	高龄独居老人关爱、居家照护及社区托养、失智老人关爱、养老设施托管、其他	64	4	21	39
残疾人服务	残疾人就业援助、残疾人康复照料、残疾人社区融入、慢性精神障碍患者社区康复、其他	38	7	6	25
妇女儿童服务	婚姻家庭服务、困境儿童关爱、社区托幼、外来女性关爱、其他	20	3	7	10

续表7.1

服务领域	具体业务	机构数量	机构资质（评估等级）		
			5A	4A	3A
社区服务	社区环保服务、社区科普、社区青少年服务、社区营造、失独家庭关爱、心理咨询、优抚对象关爱、自闭症患者关爱、社会组织能力建设、其他	66	10	20	36
文体活动	竞赛类活动组织与实施、群众类活动组织与实施、文体设施托管、其他	25	4	1	20
扶贫济困	大重疾患者关爱、困难群体精神文化服务、困难群体生活救助、其他	15	3	6	6
社区治理	安置帮教、法律援助与普法宣传、居民自治共治支持、社区矫正、其他	15	1	4	10
劳动就业	就业创业指导、职业技能培训	10	1	6	3
防灾减灾	安全防护应急训练、其他	2	0	0	2
专业调处	人民调解、业委会/物业指导、其他	8	1	2	5
医疗卫生	公共医疗卫生知识普及、社区健康促进	6	1	2	3
专业支持	购买服务绩效评估、社会组织能力建设、社区公益活动及项目策划、志愿者服务管理、专业社工服务、其他	43	13	16	14
其他	其他	6	3	1	2
共计		318	51	92	175

资料来源：笔者根据网站信息整理而成。网站：上海社会组织公共服务平台.上海市民政局主办。"上海市承接政府购买服务社会组织推荐目录"。网址：http://www.shstj.gov.cn/TuiJianMuLu/TJML.aspx?kw=&qhid=0&ywid=3&yw2=.最后访问时间：2019年3月13日。

社会组织单独作战模式是政府购买服务中社会组织行动的主导模式。政府购买服务场域下，社会组织间竞争在有限范围内进行，社会组织间合作则在政府购买服务中缺失。对于政府而言，该模式有利于维持政府在购买合同的谈判和优势地位、减少管理成本；对于某个领域的社会组织群落而言，该模式则使群落成员无法通过集体抱团和政府博弈来争取有利位置，特别是无法抵挡政府合同违约对组织利益带来的影响。

（二）政府购买服务中的体系集成模式

社会组织间体系集成模式，主要是指由单个社会组织申请政府购买服务项目，获得资助后由体系内多个社会组织共同完成服务的模式。该模式主要由老年协会、妇联下属组织等官办社会组织及其系统内组织为主，由上级官办社会组织承接项目，然后在其带领下由其下级组织承接完成政府购买服务项目。以浦东新区 EA 协会为例，区 EA 协会作为法人申报浦东新区社区公益招投标项目，中标后会将中标项目的任务分配给项目实施地街镇 EA 协会。区 EA 协会和街镇 EA 协会形成分工，由区 EA 协会承担项目监督、经费管理等管理职责，由街镇 EA 协会具体开展任务，双方合作完成政府购买服务项目。

政府购买服务中社会组织间体系集成模式的运作基础在于以下三个方面。

1. 官办社会组织体系内抱团有助于发挥集中优势，化解技术和资源难题

政府购买服务资金逐渐增加，给民办社会组织带来发展的机会，同样推动官办社会组织抱团获取资源、推动组织影响力扩展。区 EA 协会和街镇 EA 协会不是严格意义上的行政领导关系，而是社会团体与团体会员的互动关系。街镇 EA 协会也是独立的社会团体法人，可以参与政府购买服务的申报。区 EA 协会试图在某个行政区域申报政府购买服务项目时，会与该街镇 EA 协会沟通，如街镇 EA 协会是否申报，或者是否愿意成为其项目具体实施方，并确定其申报策略。

多数街镇 EA 协会愿意与区 EA 协会合作并承接具体服务。主要原因在于：①街镇 EA 协会无法适应烦琐、专业的申报程序。政府购买服务的项目申报程序较为烦琐，需要按照要求撰写标书、参与竞标，部分街镇 EA 协会工作人员缺乏投标的经验和专业能力，会做服务、不会写标书，无力投入政府购买服务竞标。而区 EA 协会则把自身定位为项目综合管理者，不断摸索、提升项目申报能力，弥补街镇 EA 协会的不足，也和街镇 EA 协会形成分工。②政府购买服务项目申报过程需要相关资源的运作，单个组织运作的成本较高。目前政府购买服务的竞争市场还未完全形成，在部分项目招标中还存在"陪标"的现象。即项目购买方实质在竞标前已经确定承接方，但为了显示政府购买服务程序的公开和规范，以"公开招投标"为表面流程，会请承接方邀请几家社会组织陪同竞标。区 EA 协会即谈道，"举个例子，今年招投标要有 3 家以上单位投标，我们要找陪标的，还不能讲是陪标的，标是我们做的，让他们改下名称，一个单位投标了，三家竞争实际上没竞争，因为少于 3 家标要

流掉的"①。由单个街镇 EA 协会来运作,既缺乏相关资源,也增加协调成本。而由区 EA 协会统筹竞标、由街镇 EA 协会分包服务,则是体系内运作成本最低的合作模式。③作为准行政组织,街镇 EA 协会对于上级部门工作的支持。虽然名义上区 EA 协会和街镇 EA 协会不是领导与被领导、指导与被指导关系,但是如区 EA 协会所言,"他们(备注:街镇 EA 协会)是团体会员,加入我们 EA 协会,是团体会员代表,好像是上下领导关系,他们也知道他们是街镇的,我们是区里的,关系蛮紧密的,我们称为三级网络:区—街镇—村居委。村居委基本上是老龄干部,有的是村居委的副主任担任会长,老龄方面会跟他们联系"②。EA 协会形成准行政化的三级网络,街镇 EA 协会对上级 EA 协会购买的服务的承接,也是对其行政化体系的一贯遵循。

2. 部分官办社会组织体系"下面有脚",实行行政化的管理和合作

相比于民办社会组织,部分官办社会组织在竞争政府购买服务订单时有其组织体系的集成优势。EA 协会在承接老年活动室等需要在较大地域范围内开展的项目时具有落地的优势,即 EA 协会"下面有脚",可以通过街镇 EA 协会、居委或村委老年干部来落实项目。而多数社会组织、特别是民办社会组织"下面没有脚",在竞标前就处于劣势,即使获得标,在项目开展时也面临着人力资源不足、社区资源难以调动等难题。而官办社会组织的体系内网络成为其先天优势,组织内部行政化合作有助于推动项目的实施。

区 EA 协会承接政府购买服务项目后,与街镇 EA 协会签订项目委托书,对各自职责进行分工。区 EA 协会承担项目的整体统筹、协调督促、经费管理等任务,而由街镇 EA 协会组织人力具体实施项目。部分街镇 EA 协会工作人员兼任街镇老龄办的工作人员,对居委或村委的老年干部、老年志愿者进行行政管理,行政化分解项目活动。项目实施中,区 EA 协会是项目管理者,其项目管理方式是自上而下的行政化管理。"我们有网络,直接发通知给街镇 EA 协会,事后打电话确认有没有收到通知……我们培训做得好,每个项目都培训,即使过去做过的也培训,培训内容包括报表怎么做、有什么要求、什么时候自评等,效率很高。有些资料都会给他们……拿到项目我们就分下去,项目里有很明确的要

---

① 浦东新区 EA 协会 G 副秘书长(访谈 S2015112501)。
② 浦东新区 EA 协会 G 副秘书长(访谈 S2015112501)。

求,街镇 EA 协会有自己的项目小组,要做什么很明白。"① 关于政府购买服务的资金管理,区 EA 协会则与街镇 EA 协会负责人专门建立一个账号和银行卡,分阶段拨付资金,资金使用要求专款专用,也会抽查街镇 EA 协会资金使用情况。官办社会组织内部存在信任机制,认为工作人员"工作这么多年了不会为这个事情犯错误。自己都有工资,不在乎这个钱,管理好、使用好,就好了"②。

3. 部分官办社会组织成为二级资源分配中枢,给体系内组织带来实质性的资源和利益

官办社会组织体系内的合作,除了发挥组织集成优势、行政化合作网络优势,更主要的原因在于给体系内组织带来实质性的资源和利益。以区 EA 协会承接浦东新区社区公益招投标项目为例(见表 7.2),2012 年至 2015 年该组织中标项目数为 28 个,所涉及项目经费为 1473.84 万元。

表 7.2 浦东新区 EA 协会 2012—2015 年中标浦东新区公益招投标项目数量与金额

年度	中标项目数(个)	中标项目金额(万元)
2012	1	46.07
2013	11	635.87
2014	11	568.78
2015	5	223.12
共计	28	1473.84

资料来源:根据"上海市公益招投标网"网站信息归类整理所得。

区 EA 协会和街镇 EA 协会签订合同,项目经费也会分阶段拨付给街镇 EA 协会。大量政府购买服务经费拨付后,一方面,街镇 EA 协会有更多经费开展活动,改变以往单一、单调的活动,而以更丰富的形式开展项目、提升老年人的满意度,也提升组织在社区居民中的组织合法性;另一方面,街镇 EA 协会利用政府购买服务项目经费中的"志愿者补贴"等人力资源经费,可调动机构工作人员、社区核心志愿者开展活动的积极性,也给予部分实质性的物质激励。区 EA 协会作为二级资源分配中枢,给予街镇 EA 协会在项目经费上的支持,使其对于体系集成

---

① 浦东新区 EA 协会 G 副秘书长(访谈 S2015112501)。
② 浦东新区 EA 协会 G 副秘书长(访谈 S2015112501)。

的模式大力支持。

政府购买服务中社会组织间体系集成模式是政府购买服务场域中官办社会组织的组织行政网络优势的集中发挥。由区 EA 协会等上级官办社会组织集中申请政府购买服务项目，承接服务后再以行政化管理的方式变相分包给下级官办社会组织，既发挥上级官办社会组织的资源优势，又运用整个官办组织体系的网络优势，其实质是发挥官办社会组织体系各个部分的集成优势。而该模式对民办社会组织形成强有力的竞争压力。民办社会组织缺乏足够的人力、资源、网络等组织先天优势。如果与官办社会组织竞争，民办社会组织必须寻求其他组织策略来争取稀缺的政府购买服务资源。

（三）政府购买服务中的地域综合模式

社会组织间地域综合模式，主要是指由单个综合型或枢纽型社会组织申请政府购买服务项目，获得资助后由它与行政区域内多个社会组织共同完成服务的分工模式。该模式主要由街镇社会组织服务中心、社区服务管理中心等官办社会组织在街道、镇行政区域内带领社区内生型社会组织承接政府购买服务项目。以浦东新区 QC 公益服务社为例，其创办者是 C 镇社会组织服务中心的主任，QC 机构是社会组织服务中心的社会化身份和代表，其申请和承接政府购买服务项目，中标后担任项目管理者、将项目分配给社区内生社会组织共同完成，并给予社区内生社会组织一定的资源和指导。

政府购买服务中社会组织间地域综合模式在街镇较为普遍，其运作基础在于：

1. 政府购买服务的配套资金激励下，社区内生社会组织的投标动力不足

上海市福利彩票公益金、市慈善基金会等购买资金在立项资金分配时会给街镇一定额度。街镇社会组织服务中心动员辖区内生社会组织参与政府购买服务的招投标，但社区内生的社会组织投标动力不足。"在我再三鼓励下，社会组织仍不愿意，不愿意的原因有几个方面，可能是社会组织自身的能力不足，写标书等能力不足。还有一个最基本的原因是政社不分，原来的社会组织人员要么是老干部、要么是官方社会组织成员，他们认为多一事不如少一事，少干一点，上面领导限制，做好本职工作就好了，没有主观能动性去接项目。在我看来，上面给到这么好的

一个来扶持发展社会组织来解决社会民生项目,相当于要落实到 C 镇,2011 年就放弃了,因为找不到组织。然后,我就向政府建议,我说这样的发展趋势不可取,因为上面给经费不容易,我希望成立一家新的组织带动辖区内社会组织的共同发展。这个机构是法人组织,是独立自主项目化运作的模式,跟政府是合作关系,没有上下级关系,是独立的。"[1] 街镇相关政府工作人员不愿失去发展社区服务的机会,因而成立一家社会组织引领辖区内生社会组织进行项目化改革。

2. 外来引入的社会组织落地社区有困难,增加相关政府部门的管理成本

街镇引入外来社会组织的目的是多重的,其中之一是转移政府职能、减轻政府工作负担。社会组织在社区开展服务需要获得相关政府部门的支持、与服务对象建立联系、具备在地资源,需要通过服务专业性获取服务对象的认同感和支持感,项目落地社区和社会组织融入社区都需要长期的经营。如果外来引入的社会组织在某方面能力欠缺或支持不足,都会影响其项目开展的成效,也无法达到减轻政府部门工作负担的目的。

以浦东新区 C 镇社会组织服务中心为例。该组织曾与多家社会组织合作,但发现由于外来社会组织在 C 镇缺乏资源、路途遥远,外来社会组织在当地开展项目有很大困难。同时,部分外来社会组织在专业能力、协调能力方面也有欠缺,在当地开展活动需要社会组织服务中心多方协助。"在 2012 年之前,我们和许多社会组织合作,因为当地组织不愿承接,就引进了很多社会组织。举一个例子,RX 机构中标社区公益招投标项目,暑托班项目找到我。我作为社会组织服务中心要提供资源:当地志愿者、全职员工、使用场地,标书里没有午饭,希望寒暑假 3 个月的午饭、标书里没写的保险,都要我解决。第一年是这样做了,然后大量协调工作都牵涉到我,因为资源都在我手里。那我去对接了多少呢,我对接了三大成人高等学校,获得场地一年使用权;联系了保险公司,团委出了部分保险费;联系了小学,为了扶持弱势群体,每天提供十块钱为期一个月的饭钱;当地团委找了 20 个左右志愿者,成校的一个退休的老教师做全职工作,RX 机构给 2000 块一个月。所有的核心的东西都是我在做,其他的例子都比较类似……因为它们没有资源,路途也比较远,落地困难。"[2] 政府部门支持外来社会组织开展项目的管理成本要高

---

[1] 浦东新区 QC 公益服务社 S 理事长(访谈 S2015120101)。
[2] 浦东新区 QC 公益服务社 S 理事长(访谈 S2015120101)。

于自身开展同类项目的付出。引入外来社会组织的比较优势没有显现，因而政府购买服务从"外部购买外来组织的服务"转变为"地域内组织体系的内部生产"。

3. 社区内生组织的服务更为稳定、具备资源优势，便于行政化管理

政府购买服务具有不稳定和不可预期性，特别是福利彩票购买服务这类非政府预算的服务项目，其服务需求、资金分配、项目延续等存在很大不确定性。街镇在统筹各类政府购买服务时，出于辖区内公共服务供给的稳定性、社区居民对服务的满意度考虑，会优先考虑当地优秀社会组织承接服务。社区内生社会组织具有资源优势。在街镇社会组织服务中心引导下，社区内生社会组织的合作更易达成。

浦东新区 QC 公益服务社和浦东新区 WA 社区服务管理中心类似，都是社会组织服务中心、社区服务管理中心等准政府部门负责人担任法人，而组织身份都是民办非企业单位。而社区内生社会组织认识到，和 QC 机构合作其实质是和社会组织服务中心及政府部门合作。QC 机构和社区内生社会组织合作供给服务中，经过政府购买服务项目化运作训练，社区内生社会组织在项目管理、财务、档案等方面日益规范，开始有承接项目的意识和能力；而 QC 机构慢慢转型，从直接做项目开始转变为对社会组织进行能力建设、第三方绩效评估等培育和支持社区内生社会组织。这样的互动模式是以资源引导为先，但同时也伴随着体制内行政化互动方式的约束。社会组织服务中心会出台相关文件，也通过会议、培训、财务托管等方式推动社区内生社会组织转型发展，使其尽快转变观念、逐步适应政府购买服务替代政府直接拨款资助的方式。如果出现不合作的情况，社会组织服务中心在社会组织年检执法、财务审计等方面有监督管理的方式。

4. 社区内生社会组织是政府购买服务的组织基础，具有统合运作的可行性

社区内生社会组织包括居家养老服务中心、助老服务社、老年协会、助残服务社、志愿者协会等。这些社区内生社会组织以往接受政府直接拨款资助，在所服务领域提供基本服务，且在养老、助残、志愿服务等领域掌握着社区服务需求、建立服务网络和资源渠道，是社区内开展政府购买服务的组织基础，也是形成政府购买中社会组织间地域综合模式的基础。

社区内生社会组织有其优势和不足。外来的社会组织进入相关领域，对社区内生组织是一种"争夺地盘"的挑战和威胁。相比于外来专业社会组织，社区内生社会组织在项目申请、财务管理等技术规范上专业性不足，又受到行政管理体制的影响，他们既无能力、又无意愿参与到政府购买服务的竞争中去。在社会组织服务中心等准政府机构的行政力量推动下，社区内生组织主动或被动地与社会组织服务中心合作，承担政府购买服务项目中相关的部分任务，避免自身组织在政府购买服务中式微。因此，在内外压力和各自利益推动下，社区内生社会组织成为在地服务体系网络中的一环，被迫卷入政府购买服务的大潮。

> "（机构和项目发展得好的主要因素）一个是负责人，一个是看他周围要有这样一群社会组织，他要有一定的资源，这个人需要能力很强，但是你这个社区里面很多的社会组织都没有进入、没有配合，那么你到外面去引进，效果就会很差。比如W街道，本来周围就有一批社会组织，如老年协会。有些街道的老年协会根本就没有运作起来，缺乏人和办公场所，项目的人脉也没有。而我们的老年协会，会员有二三百人，骨干有十几个人，各司其职，运行良好。老年协会和WA社区服务管理中心合作，会觉得是锦上添花，能把成本降低，项目能产生好的效果。举例说，本来老年协会也想搞一个红歌会，并向街道申请了一批资金。WA机构也想搞个红歌会，那么与WA机构合作后，老年协会就能把这笔资金省下来，用在别的活动上。同时，老年协会参与的积极性也会很高。所以，WA机构对于服务项目已经有一定的基础了，才能把项目委托给人家做。如果没有基础的话，项目开展起来就会比较难。"[1]

政府购买服务中社会组织间地域综合模式是准政府部门带动社区原有的、内生的社会组织参与政府购买服务，以促进社区内生和官办社会组织转型发展的组织互动模式。社会组织间地域综合模式推动了社区内生与官办社会组织在服务数量和质量、财务规范性、项目管理规范性等组织能力的大幅提升，使其适应公共服务供给的新形势。但是，这样的行政化推动模式并未减弱社区内生社会组织的行政化发展特征，其仍依托于街镇的支持、对政府资源依赖较大、组织独立性发展缓慢。对于民

---

[1] 浦东新区WA社区服务管理中心C负责人（访谈S2013042401）。

办社会组织而言，社会组织间地域综合模式形成天然的地域壁垒，区域内的政府购买服务资源被垄断，公共服务的市场竞争不够充分，市场竞争的公平性、公开性、公正性有待增强。而分析公共服务供给绩效，未充分竞争的市场和专业性不足的社区内生社会组织作为主导服务供给者，会造成低水平的公共服务成为主流，公共服务供给"内卷化"严重。

（四）政府购买服务中的组织枢纽模式

社会组织间组织枢纽模式主要由枢纽型社会组织作为中介，在政府和社会组织之间搭建政府购买服务的桥梁，促成政府购买服务的有效实现。该模式主要由人民团体、社会组织联合会等枢纽型社会组织作为中介者，促成政府与社会组织的公共服务合作。

"枢纽型社会组织"这一概念最早出现于 2008 年 9 月北京市社会建设工作领导小组制定的《北京市关于构建市级"枢纽型"社会组织工作体系的暂行办法》。枢纽型社会组织是指，由市社会建设工作领导小组认定，在对同类别、同性质、同领域社会组织的发展、服务、管理工作中，在政治上发挥桥梁纽带作用、在业务上处于龙头地位、在管理上经市政府授权承担业务主管职能的联合性社会组织[①]。之后，枢纽型社会组织的类别有所扩展。目前，枢纽型社会组织有两种类型：一类，主要是工会、共青团、妇联、残联、工商联、学联等人民团体作为枢纽型社会组织；另一类，主要是区级、街镇社会组织服务中心等社会组织联合会作为枢纽型社会组织。枢纽型社会组织在政府和原子化社会组织之间发挥整合、协调、代表的功能，对同性质、同类别、同领域的社会组织进行枢纽式管理，搭建政府与社会组织互动的中介平台，加强对社会组织的统合管理。

在政府购买服务中，枢纽型社会组织的作用也不断显现。本研究以上海市静安区社会组织联合会为例，分析枢纽型社会组织作为中介者推动政府和社会组织进行政府购买服务、形成政府购买服务中组织枢纽模式的运作基础。

1. 枢纽型社会组织成立有助实现区域内社会组织的互动与联合

静安区社会组织联合会于 2007 年成立，是按照枢纽的功能定位而专门成立的新型社会组织，并逐渐形成"1+5+X"枢纽体系。其中"1"

---

① 崔玉开. "枢纽型"社会组织：背景、概念与意义［J］. 甘肃理论学刊，2010（5）：75-78.

为静安区社会组织联合会,"5"为静安区五个街道的社会组织联合会,"X"则是按照系统或行业成立的社会组织联合会,如劳动社会组织联合会、文化社会组织联合会、教育社会组织联合会[①]。静安区社会组织联合会的枢纽式管理模式,把同类别、同性质、同领域的社会组织联系起来,有助于形成区域与行业内的社会组织联合、促进社会组织的自我管理和能力提升,为社会组织的互动构建制度化行动框架。

静安区社会组织联合会是会员制的枢纽型社会组织。静安区社会组织联合会2007年成立时有会员99家,占当时静安区社会组织总数(314家)的31.5%;到2015年底有会员238家,占全区社会组织总数(488家)的48.8%[②]。部分社会组织加入街道社会组织联合会或者条线社会组织联合会,也有部分社会组织未成为枢纽型社会组织的会员。总体而言,静安区社会组织联合会涵盖和联结了静安区多数社会组织。作为中介和平台,枢纽型社会组织促使社会组织之间开展合作与联合互助。

2. 枢纽型社会组织加强对社会组织培育与支持,增强其社会合法性

合法性是指被判断或被相信符合某种规则而被承认或被接受。社会组织合法性包括社会合法性、行政合法性、政治合法性、法律合法性,指由于社会组织符合文化传统与社会习惯等组成的民间规范,遵守行政部门及其代理人确立的规章与程序,符合国家的思想价值体系,满足法律规则等而获得合法性[③]。行政力量推动下成立的官办社会组织与半官办社会组织较容易获得行政合法性、政治合法性、法律合法性,而其以会员认同和服务对象支持为基础的社会组织合法性则需要长期扎实服务、逐步建立。

静安区社会组织联合会具有先天的政治合法性和行政合法性,其在成立之时就获得静安区政府的大力支持。社会组织联合会"1+5+X"枢纽组织的成立被列入2007年静安区区委、区政府的重要工作。成立之前,静安区区委、区政府十分重视社会组织联合会的章程,先后讨论和修改十余次。静安区区委、区政府领导多次听取汇报,区政府常务会议、区委常委会议进行审议,使章程尽量平衡好政府、社会组织及枢纽社会

---

① 上海静安区社会组织联合会官网. 网址:http://www.ngof.org.cn/about.asp?id=35。
② 曾永和. 国家与社会关系视角下的枢纽型社会组织建构——以上海A区社会组织联合会为例[D]. 上海:上海交通大学,2016.
③ 高丙中. 社会团体的合法性问题[J]. 中国社会科学,2000(2):100-109.

组织自身的利益。静安区社会组织联合会的初始资金来源于政府和静安区民间组织促进会；其工作经费是按照静安区登记的社会组织数量，每家约 4000 元的标准计算，由静安区民政局以拨款形式提供[①]。

然而，静安区社会组织联合会的持续发展必须得到其会员的支持，即获得以会员认可和支持为主的社会合法性。虽然静安区社会组织联合会是静安区委、区政府授权的区级层面唯一的枢纽组织，但政府并不强制要求静安区每一家社会组织都加入社会组织联合会、成为其会员，也不干扰社会组织选择加入哪个层级的枢纽组织。静安区社会组织联合会必须通过自身的服务，如提供培训等能力建设、链接资源、加强组织宣传、协调政府与社会组织关系，以赢得社会组织的支持，建立其社会合法性。

3. 枢纽型社会组织助力民办社会组织承接政府购买服务

在政府购买服务中，枢纽型社会组织的角色和功能是多元的。①作为政府购买服务的承接者。枢纽型社会组织依托自身的组织、能力、网络等优势，与各级政府建立良好的合作，承接政府购买服务，为政府与社会组织搭建合作平台，培育支持社会组织，增强社会组织在政府购买服务中的专业能力和竞争能力，实现政府职能转移[②]。②作为政府购买服务的规则制定者。枢纽型社会组织参与或购买公共服务，帮助相关政府部门或者自我制定本领域政府购买服务的制度规范，为政府购买服务相关主体明确活动框架。例如，2007 年起，静安区社会组织联合会协助区民政局和财政局推进政府购买服务工作，研究制定静安区政府购买服务合同示范文本。从 2008 年起静安区各职能部门新增公共服务项目，通过购买服务合同的方式委托社会组织提供服务[③]。③作为政府购买服务的中介者。枢纽型社会组织在政府购买服务中发挥桥梁纽带作用，帮助有项目、有能力的社会组织争取政府购买服务资金，解决政府向谁购买和谁有能力购买的问题；同时，帮助政府选择最优秀、最合适的社会组织来承接政府购买服务，并帮助政府解决服务监督、资金使用与绩效评

---

① 曾永和. 国家与社会关系视角下的枢纽型社会组织建构——以上海 A 区社会组织联合会为例 [D]. 上海：上海交通大学，2016.
② 徐双敏，张景平. 枢纽型社会组织参与政府购买服务的逻辑与路径——以共青团组织为例 [J]. 中国行政管理，2014（9）：41—44.
③ 曾永和. 国家与社会关系视角下的枢纽型社会组织建构——以上海 A 区社会组织联合会为例 [D]. 上海：上海交通大学，2016.

估等问题①。枢纽型社会组织作为政府购买服务的中介者,为缺乏社会资源的民间社会组织链接资源、搭建与政府合作的平台,实质性带动民间社会组织的发展。

上海 QA 健康促进中心是在上海市正式注册的第一家预防艾滋病的社会组织。作为从事敏感领域工作的民办社会组织,QA 机构从成立到发展都得到静安区社会组织联合会的支持与帮助。在政府购买服务方面,静安区社会组织联合会多次牵线搭桥。QA 机构在静安区社会组织联合会协调帮助下登记注册后,面临生存困难。因其服务对象主要是 KTV 包房、洗浴中心等流动性很强的人员,静安区相关政府部门不愿意购买上海 QA 健康促进中心的服务。静安区社会组织联合会了解该情况后,借上海市统战部部长调研之际,让 QA 机构负责人参与座谈会,并递交专项报告。这样的宣传机会让 QA 机构受到相关领导的关注、了解和批复。之后,上海市疾控中心就与 QA 机构签订了 30 万元的艾滋病筛查合同。发展至今,上海艾滋病检测 1/10 的工作由 QA 机构来实施。

上海 QA 健康促进中心作为草根的、民办的社会组织,业务领域是较为敏感的艾滋病预防,很难获得政府购买和资助。在静安区社会组织联合会不断帮其创造机会宣传机构,让相关政府部门和领导认识机构,上海 QA 健康促进中心不断发展,对于静安区社会组织联合会的认同度也非常高,把静安区社会组织联合会视为"娘家人"。

"说到静安,不得不提社会组织联合会。不是故意说它好,是的确帮了我们很多很多忙。静安区社会组织联合会通过各种形式,在不同场合向政府、社会推荐社会组织。其实当时静安区两大格局,一是,社会组织就是公务员退休(创办的),它是体制内的,党和人民相信的。这种政府购买肯定是没问题的,而且主要的被他们垄断了。那我们进来做,谁都不认识你,又是做艾滋病的,又不是社会发展必须的,不归民政的、老幼病残幼的,不算重大疾病。(我们想要获得购买就很难)静安区社会组织联合会帮我们,最早是在静安的《静安时报》给我做宣传,给我在社会组织联合会担任一些小职务,各种开大会介绍(我们机构)。……要感谢静安区社会组织联合会,让政府觉得我们可靠是通过一项一项荣誉来的。我们第一项荣

---

① 曾永和. 培育综合性社会组织 促进社会组织管理创新——上海市推进社会组织枢纽式管理的调查与思考[J]. 社团管理研究,2011(8):52—54.

誉就是 2010 年/2011 年文明单位,也就是一注册就拿到了文明单位。……(静安的社会组织联合会是比较厉害的)随便举个例子,就知道它厉害在哪里。每个区社会组织联合会都会讲'我们要服务大局'。什么叫服务大局?晚上 11:30 静安区社会组织联合会会长会给我打电话的,晚上 12:30 我可以给他打电话的。都不是服务了,服务是有身份的,我为你们服务,基本服务……就不要提服务,我们直接就是自己人。昨晚还给我打电话,要做一个报告,突然想把我的事情推出去,在全市会议上推我们,但是他不能乱讲,他要跟我们确认。这是急事,而且是为我好,我就要接。我今天不舒服了,打个电话跟他牢骚一把,这就是娘家人。"[1]

政府购买服务中社会组织间组织枢纽模式是通过枢纽型社会组织来促成社会组织承接政府购买服务的组织互动模式。枢纽型社会组织处于政府和社会组织之间的中间环节,其兼有政府和社会组织的双重立场:站在政府立场,其帮助政府职能转变,整合和调动政府和社会资源;站在社会组织立场,更多考虑对社会组织扶持、促进社会组织发展,以获取社会组织的信任和认可。组织枢纽模式增强政府和社会组织的信任关系,减少政府购买服务的交易成本,促进政府购买服务的发展。

二、政府购买服务中政府与社会组织的互动关系

(一) 社会组织行动视角下的政府与社会组织关系

政府与社会组织的互动关系一直是学界研究的重点。从政府购买服务中社会组织行为导向的视角来看,政府与社会组织的关系呈现多元样态。处于政府购买服务场域中的社会组织,其行为受到政府主导的行政逻辑、非营利部门的社会逻辑、高等院校的专业逻辑、公共服务市场的竞争逻辑等多重制度逻辑的影响。在某个制度逻辑占主导的情况下,部分社会组织突出表现为该逻辑导向的个体行为,并形成与政府的互动关系。本研究把社会组织行为分为行政化、社会化、专业化、市场化等导向下的行为模式,并分析与政府互动中相应形成的依赖关系、多元关系、

---

[1] 上海 QA 健康促进中心 B 总干事(访谈 S2015102001)。

分工关系、借力关系。

1. 行政化导向下的依赖关系

政府购买服务中行政化导向的行为主要出现在官办社会组织，其与政府部门的关系更多是依赖关系。依赖关系表现为几个方面：一是，很多官办社会组织是按照政府需求而成立的，或者从政府部门脱离出来成为具有非营利法人身份的社会组织，其出生就有强烈的政府部门烙印。二是，官办社会组织的组织资源主要来自政府部门。官办社会组织的组织创办资源、人力资源、活动经费等得到上级政府部门的支持。而在承接政府购买服务中，官办社会组织借助体制内权威动员和调动资源，通过网络分包、任务分解、行政化管理的方式推进购买服务项目的实施。三是，官办社会组织的自治性不足，其组织发展方向和规划主要以上级政府部门的指导为主，缺乏组织内部决策。

但是，随着部分官办社会组织形成独立的意识和服务能力，政府部门开展活动时人力有限，政府与官办社会组织的关系从社会组织单向依赖政府，向政府逐渐依赖社会组织的双向依赖关系转变。以浦东新区 EA 协会为例。浦东新区 EA 协会的主管部门是区民政局，直接领导部门是区民政局社会福利处。区社会福利处仅有四名工作人员，在人手有限的情况下，像项目调研、评估、具体服务等需要浦东新区 EA 协会来实施。浦东新区 EA 协会认识到自己作为政府助手的角色，"不光是项目招标我们做，好多事情民政开始依赖我们了……民政 4 个人在忙也忙不过来，没人做这个，细致的工作没办法做……我们需要做项目，但没有钱，需要政府发下来，政府要有人帮助它做这个项目"[1]。政府部门的注意力和精力有限，使其不得不依赖其信任的官办社会组织，而这在一定程度上加强双方的相互依赖。

当然，双方相互依赖的内容是不同的，官办社会组织依赖政府部门的权威与资源，政府部门更多依赖官办社会组织的忠诚与服务。政府部门信得过官办社会组织，特别是信得过某些个人，相信其会按照自己意愿完成交付的任务。官办社会组织对政府的忠诚度更高。而占据大量人力和时间的基础服务，交由具有体制内网络资源或服务对象基础的官办社会组织，其能够快速分摊掉数量巨大的服务指标，完成购买服务的任务。相比于民办社会组织，官办社会组织和街镇、居委会等关系更为融

---

[1] 浦东新区 EA 协会 G 副秘书长（访谈 S2015112501）。

洽，开展活动时能得到较多支持。而官办社会组织会将活动成果归于街镇和居委会，实现合作的双赢。"（做项目中）我们和街道都挺好的……记住你是在 W 街道地盘上做的，不管你做的哪一项工作业绩出来了，你记住都是贴金贴给 W 街道，对的，自己连带的带一下对吧？他们开心了，你政绩出来了，他也会把我推出去的，我的目的就是你把我推出去，让更多人都知道，至于我后面的荣誉什么那是次要的……千万不能每次搞好活动就高姿态，我们 XF 机构怎么的，连街道都不带进来。没有他们支持和帮助，你会有这么多收获吗？"① 政府部门与官办社会组织的相互依赖关系，在很大程度上有利于保持服务供给合作的稳定性，同时兼具一定的灵活性。

2. 社会化导向下的多元关系

政府购买服务中呈现社会化导向行为的社会组织种类庞杂，承接服务中社会组织和政府部门形成的关系也比较多元化，出现灵活弹性的合作关系、边界明晰的合同关系、失衡恶化的矛盾关系等多种样态。

灵活弹性的合作关系。政府和社会组织形成长期合作关系，部分社会组织成为政府信赖的管家。政府对社会组织较为信任，社会组织能按照政府需求完成服务，甚至完成购买合同之外的临时的和超额的任务，双方日常沟通频繁且顺畅，政府对社会组织服务的监管也较为灵活。这种灵活弹性的合作关系，前提在于社会组织具有较强的服务能力与社区动员力，不需要政府花费时间、人力去帮社会组织解决问题。以静安区 C 街道购买静安 GYCS 管理服务中心的服务为例。"为什么王老师从 2009 年生活服务中心开始，做了这么多年，就是之间的沟通非常好，跟我们的居民沟通非常好，有一个整体的融合，这样很多项目都好做。王老师的好处在于，比如我们要搞一个活动，从社区的动员到所有活动的策划组织，他整个都是一手做的。这个动员包括宣传人员配备，有能力做，其实这个能力就是跟我们社区组织之间的有机融合，他有号召力。问题是有的组织没有，你交给有的组织一个项目，有的组织策划可能特别好，但有的组织告诉你，你要帮我组织人的。"② 良好的合作关系下，政府部门为了保持满意的服务状态，不愿意更换另一家社会组织而承担不确定性及组织磨合的风险，甚至在购买服务招标环节帮助长期合作的这家社会组织中标。从购买方的角度，特别是街镇购买服务时，更希望

---

① 浦东新区 XF 社区服务社 W 项目主管（访谈 S2016012701）。
② 静安区 C 街道 Z 工作人员（访谈 G2015102101）。

社区服务供给平稳、保持连续性。而一个长期合作、较好地完成交付任务、值得信任的社会组织，是其达成服务诉求的理想搭档。当双方达成信任度较高的合作关系，政府购买服务监管的制度化程度降低、灵活性更高，更依赖日常沟通、多方面参与而形成项目和组织的评价。"街道需要我们把每次活动进程、阶段活动报告及时给他们，让他们知晓，知道我们干了什么，做哪些活动。因为我们的活动地点就在他们街道。他们非常了解，他们看到你们在干活，实实在在为孩子服务。他们会和家长联系，参与到我们的活动，直接和家长面对面了解我们的服务成效。"[1]并且，政府部门特别是街镇更注重服务效果，而不是特别强调社会组织在形式上一定要完成合同约定的数字化的指标。"街镇可能更加注重效果。一方面，他希望看到一些创新的点，一些别的没有见证的、好的东西；另一方面，他希望看到你承诺的你的特点、价值在运营期间得到一些体现。至于这个过程中是怎么做的，他们会给我们充分的信任。比方说，我们前面三个月可能啥都没改，没有实现多少人参加多少活动，可能也没有完全符合这种要求，但他们不会太在意这些东西。"[2]灵活弹性的合作关系更容易在基层政府购买服务中呈现。建立在信任基础上的合作关系，有利于促进社会组织进行服务创新与提供个性化、专业化、多样化服务。

边界明晰的合同关系。和灵活弹性的合作关系相比，强调合约主义的合同关系更加注重双方分工与责任明确、合同内容与指标清晰、合同执行的制度化。这类关系中，社会组织希望参与合同规则与内容的制定，明晰分工与责任，遵循契约精神，不希望政府超出合同约定提出临时性、超额的工作，尤其是政府部门自身的行政化工作。"政府在制定这些游戏规则的时候应该让社会组织充分参与。没有充分参与造成一个什么情况，他跟我们脱节。也不能怪他们，他们这么多事情，这点政府购买服务占他们多少工作……这个事情，我们天天在做，我们清楚，但是我们没办法在制定规则时参与。我认为，政府与社会组织是合作伙伴。什么叫合作伙伴，一起制定规则，还有参与某些项目时，我们的地位是互赢的。我们要有互赢的目标来搞一个活动，本身是尊重的状态。有些活动是政府只是为了他自己的活动做的，如果在这个过程中，让社会组织也共赢，也获得部分利益，这种利益不仅是经济，可能是宣传、形象上的。这种

---

[1] 上海 RX 社区服务中心 W 主任（访谈 S2015093001）。
[2] 上海 XT 社区健康促进社 W 总干事助理（访谈 S2016012601）。

共赢本身就是一种合作，契约精神嘛，要平等啊。"① 参与规则制定、实现利益共赢、尊重平等地位、遵循契约精神等都是边界明晰的合同关系的基本内涵。这类合同关系中，政府对社会组织服务的监管更多依赖独立第三方评估机构和审计机构，通过第三方机构对服务指标完成度、服务成效、经费使用规范化等方面进行评价。实质上，合同关系是分工明确、责任清晰、平等合作的合作关系，这种关系及其内在精神的真正认同和普及需要政府、社会组织等多个部门认识的转变、相处规则的调整、能力的提升等因素加以促进。"签合同其实是一种合约的关系，甲方乙方应该是对等的，实质是一种合作关系……这和跟市场经济一样，就是供求的对等关系。但是前两年一定是政府市场，因为组织少、政府有钱，政府提要求，组织必须听。现在组织多了，组织有自己的生存、有自己的意识。当然比较好的方式是，完全以一种平等的关系去合作。但是这对组织和政府有要求，政府是理念的一个改变，组织对于自身建设的不断增强，现在好的组织还是少……政府做政府能做的事情，组织做组织该做的事情，这是比较理想的状态。"② 目前，形式上边界明晰的合同关系更多发生在政府职能部门大规模的购买服务项目，单一政府部门面临多个社会组织供应商，需要通过制式合同、程序化管理、第三方评估等机制提升管理效率。而实质上的边界明晰、遵循契约精神的合同关系有待政府和社会组织的多轮博弈和共同成长。

失衡恶化的矛盾关系。虽然购买服务中沟通良好、合作融洽的政府与社会组织关系多被关注，但购买服务中政府与社会组织沟通不畅、关系恶化的案例并不少见。在关系恶化的政府购买服务案例中，双方地位往往不平等，一般情况是政府处于强势、社会组织处于弱势，双方关系处于明显失衡的状态。这类关系中，政府对于社会组织的价值理念、专业能力、服务方式等有质疑，甚至加以干预，而社会组织坚持自身独立性、专业性及价值理念，认为政府对自身是极其不尊重的。以上海 RX 社区服务中心为例，其在招标评审中被政府质疑和干预其项目模式。"在政府购买中，政府对我机构的模式、运作没有足够的尊重。我说项目我弃权，我是一个独立的法人机构，有自己的主权、运作模式和理念。你购买我的服务，首先要接纳我的运作模式。我们在成本核算的预算中，服务 25 个学生，我必须配几个老师、老师是什么样的、服务时间是多

---

① 上海 QA 健康促进中心 B 总干事（访谈 S2015102001）。
② 静安区 C 街道 Z 工作人员（访谈 G2015102101）。

少、必须要上什么样的课、这个课必须有什么样的频次。你既然购买我的服务,就不能质疑我的模式。评委他们说'你为什么要配 5 个老师,这样太奢侈了','1 个老师带 25 个孩子好了,小学生 1 个老师带 40 个'。我说我这个晚托班要多少钱成本,他说'不行,你只能有多少'。我觉得这是对我的不尊重。我的运作模式已经积累了这么多年,积累了这么多经验,你要购买不能这样。"[1] 对于项目模式合理的讨论与建议,有利于促进服务质量的提升。但明显失衡的双方地位对比下,政府对社会组织的机构自主性、项目模式、机构管理等加以干预,将社会组织视为伙计的上下级关系,政府购买服务中分工明确的合作关系很难达成。此外,在开展政府购买项目中,社会组织寻求政府部门的帮助时面临"脸难看、事难办"的情况,甚至遇到相关人员的阻碍。"我们落地在社区,我们有很多问题,离开社区的帮助没办法生存,场地问题、活动支持问题都是实实在在的。这都要与居委、街道沟通的。……场地可给你,可不给你。我们在不同街道,感觉完全不一样。一些年轻的民政、社会组织服务中心,他们是社工出身,特别理解,你做工作就好做多了。有的根本就不理解,他多一事不如少一事。你叫他帮发宣传海报,他说你不要乱贴。你让他贴,他说不定忘记了。"[2] 同样以上海 CHQ 公益社为例,其为街镇阳光之家残障学员提供手工艺品培训,项目开展中遇到街镇及阳光之家工作人员的阻挠。"街道里阳光之家工作人员向我们要钱,他们怀疑我钱到哪里去了,最后一节课还跟我吵起来了。这个账目问题不应该归他们管,但是他们要查……阳光之家老师指导学员填写反馈信,给了我们不正面的反馈,老师为何教学员去做这种事情呢!……街道认为我们去做项目是给他们添麻烦了……我付出很多努力,街道社区给我这样一句不配合的话,我很心寒,不玩了。所以今年我招投标就没参加。"[3] 基层政府不支持项目开展,不愿意提供相关的信息、宣传等支持,甚至有街道向社会组织索要项目款,这种恶劣的互动关系使得部分社会组织承接服务完成后就退出政府购买服务场域。政府购买服务的良性运作需要政府购买方、需求方、供给方、服务对象等多方在互动中沟通、协商、互助、互利才能实现合作的良好状态。

---

[1] 上海 RX 社区服务中心 W 主任(访谈 S2015093001)。
[2] 上海 RX 社区服务中心 W 主任(访谈 S2015093001)。
[3] 上海 CHQ 公益社 L 负责人(访谈 S2013060501)。

3. 专业化导向下的分工关系

政府购买服务中以社工机构为代表的社会组织多表现出专业化行为，其与政府部门形成较为明显的分工关系。社会组织有较为强烈的自主意识，认为在购买服务中和政府的关系是独立的、分工明确的；社会组织通过提供专业服务来体现组织价值和使命，与政府构成分工合作的功能定位，当然也应该赢得政府对其尊重的态度。

社会组织在承接政府部门特别是街镇购买服务时，其与政府部门经常存在服务目标和内容的差异。专业化导向的社会组织希望通过在服务中体现社会工作的专业理念、运作社会工作的专业方式来达到所设想的项目干预效果，而政府部门有部门化或区域化的利益诉求，希望将其所关注的服务政绩和创新、服务对象的稳定、社区秩序的良好、自身部门要提供的综合性与基础性服务等都试图融入购买服务的项目。两种服务供给目标和逻辑会导致服务合作的不一致。以上海 LQ 社工服务社承接统战部门的购买服务为例。"和街镇合作中的不一致，首先是想做的东西不一样。服务内容，我们是 NGO 的感觉特别强，对这个群体的预计，比如一、二、三，但不一定是人家想做的。街镇这块，都是统战花的钱，比如说，我想做一、二、三，统战干事想做四、五、六。虽然你的内容是做过摸底的、服务对象很需要的、很紧急的，但统战干事不想做，不认同你想做的事情。内容上的差异是因为目标不同，还有对这个事情本身的完成程度。比如，困难少数民族群体，政府认为做好定期慰问、年底补助金、重大节日搞搞联谊就够了，社工认为你有困难，我还想继续跟进，看看你有没有别的需求，我们可以做什么。我们着重的点和程度是不一样的。政府更多的是在面上的照顾，社工更多的是寻找到具体的人和事情，往深入做。"[1] 可见，专业社会组织能明确自身组织的功能定位、服务内容与方法及其与政府部门的区别，试图寻求差异下公共服务的专业分工和合作生产，期望对服务对象产生深入长远的影响。

虽然与政府部门经常存有服务目标和内容的差异，但是专业化导向的社会组织往往会坚持机构的立场，注重服务供给的专业性。"因为总会有一些不一致的地方，他们（政府）要求你改变的那些东西，我觉得，社会组织一定要知道自己的机构到底要干什么，这个是很重要的，而且你要想要干的事情的目的是什么？……跟政府沟通，你自己要去想清楚

---

[1] 上海 LQ 社工服务社 Z 区域总监（访谈 S2015122501）。

和坚持的,你应该做什么,或者是说你主要的精力应该放在什么上面,最好是能够澄清。……你的专业性就是你坚持的东西。"① 服务专业性是社会组织与政府合作的基础,也是社会组织强调其独立性并与政府部门博弈协商的前提条件。专业化导向的社会组织在承接服务中和政府部门形成专业分工。政府部门提供基础性、普遍性的服务,社会组织提供专业性、个性化的服务,两者构建服务供给的合作模式。以上海 GY 社工师事务所和浦东新区妇联的合作为例,双方的合作模式是由基层妇女干部提供简单的家庭沟通和调解等基础性服务,浦东新区妇联购买社会组织的精品化、创意性、专业性的服务,并由社会组织打包成整体项目、培育整个框架,来提升妇女服务体系的工作质量和水平。在双方合作的过程中,社会组织有主动意识建立双方明确分工和合理定位,在磨合、博弈中逐渐让对方就组织形成合理的期待,通过分工发挥各自的优势。"相互之间有一个博弈的过程。刚开始时,妇代干部认为有社工加入就是多了点人手。通过合作共事,他们慢慢知道社工是干什么的。我们社工不是什么都做的,有自己服务的范围,和政府的区分点还是很清晰的。比如,统计计划生育和我们的工作肯定不相关。比如你遇到一些典型的个案解决不了,可以求助我们。我们的服务对象不仅是外来媳妇,还有她们的家属,甚至社区里其他女性也有来求助的。我们希望通过服务让这个地区的基础水平有一个提升。我们能够再去做一些精品化、精细化的服务。"② 在购买服务的总体目标一致的情况下,合理分工有利于发挥政府部门与社会组织各自的优势,形成优势互补的强化效应,对于促进服务供给质量的提升、社区多元主体的共建具有积极作用。

4. 市场化导向下的借力关系

政府购买服务中市场化导向下的政府与社会组织关系,更多是社会组织"借力"政府部门,即社会组织借助政府购买服务项目的背书,在消费群体中建立组织公信力、抢占市场份额。在借力关系下,社会组织即使在政府购买服务项目中无法盈利,甚至要贴钱做项目,也会想方设法中标政府项目。

以上海 RX 社区服务中心为例,其在承接政府购买困难青少年的暑托班项目中,公益项目与收费项目并存。RX 机构承接政府购买服务项目、由政府购买资金覆盖 W 街道 5%的特困群体,同时对 90%的一般家

---

① 上海 LQ 社工服务社 Z 区域总监(访谈 S2015122501)。
② 上海 GY 社工师事务所 X 副总干事(访谈 S2013072201)。

庭进行每月 600 元的低收费。机构认为承接政府服务项目是亏本的，需要机构贴钱。"我们得到政府项目，是得到政府公信力的支持，但我们是有成本的。举个例子，今年夏天团市委在全市办了 700 个爱心暑托班，通过团市委推到各个街镇，我连续两年在 G 街道拿到项目。拿到这个项目，对我来说，招生一个班 30 个人，如果政府购买，一个人服务 40 天，早八点到下午四点半，交 1500 元，我们还要给他们吃中饭。这个钱不够。我们平时收 50 元一天，不含中饭，四十天 2000 元。差价由政府给补贴，我算了下，街道给补贴折到 14 元每个人。我一天一人要贴 15 元。"①

但是，即使在可能亏钱的情况下，社会组织认为必须承接政府项目，其行为逻辑在于：第一，社会组织开展政府购买服务，能够得到政府对该组织和项目的支持和背书，而服务对象也会因为政府项目而信任社会组织。第二，社会组织通过政府购买服务项目建立与服务对象的联系，拓展服务对象规模与服务地域范围，构建组织在市场上的知名度和美誉度。第三，自费服务市场没有充足的消费群体存在、社会组织市场竞争非常激烈，通过政府购买服务项目抢占市场能获得同类组织间的竞争优势和生存空间。"（做政府项目要贴钱，为什么要去做？）第一，我在这个街道，不想失去我的平台。我想在青少年课外教育上有我的声音。在爱心暑托班中，我没有一席之地，就做得很失败。第二，招生。因为办爱心暑托班，如果我不办，我将没有生存的空间。这个社区就这么大，别人办爱心暑托班，我就招不到人。这个市场就这么大。如果我不做的话，我就没了……在 S 镇有一个政府项目，你不做，别人做了，那这部分人到他们那里去了，你就不是 80 个人，你就一分钱拿不到。就这么一个事情，比较尴尬。那个地方是城乡接合部，聚集大量的群体，有项目就达到三十个人，没项目就十几个人。（家长）很穷，600 元付不起，有政府项目就来，没政府项目就不来。"② 社会组织的"贴钱"等行为，实质是社会组织在政府购买服务市场的投资行为，通过前期资源投入来赢得长期的市场份额和组织发展。

类似上海 RX 社区服务中心这样的民办非企业单位，其由企业、事业单位、社会团体和其他社会力量以及公民个人利用非国有资产举办，提供教育、卫生、医疗等社会公共服务，弥补政府和企业在服务供给方

---

① 上海 RX 社区服务中心 W 主任（访谈 S2015093001）。
② 上海 RX 社区服务中心 W 主任（访谈 S2015093001）。

面的不足。经营性收入是该类社会组织重要的收入来源，供需、价格、竞争等市场机制在组织运行中发挥重要作用。因而，通过政府购买服务抢占消费市场、扩大消费者规模、构建组织知名度和美誉度等市场行为，甚至投入资源或亏本贴钱来承接政府项目，都是社会组织遵循公共服务市场逻辑的理性行为。政府与社会组织的借力关系是在公共服务市场逻辑下组织追逐自我利益而形成的互动关系。

（二）政府购买场域视角下的政府与社会组织关系

本研究发现，从社会组织发展的生态视角来看，政府购买服务场域中政府与社会组织之间存在"差序格局"的行动者互动结构，即形成以政府部门为核心、不同身份社会组织依次排序的差异化身份体系。政府部门所代表的权力、而非市场主体的权利，引导着政府购买服务场域中社会组织行动者形成场域中相对稳定的位置和利益。

"差序格局"是社会学家费孝通对中国传统社会的社会结构和人际关系的经典概括[1]，形象地阐释中国社会结构的基础图景是：以"己"为中心，按与"己"关系的亲疏形成差别化关联，离"己"越远，则关系越弱。费孝通先生认为，"我们社会结构本身和西洋的格局是不相同的，我们的格局不是一捆一捆扎清楚的柴，而是好像把一块石头丢在水面上所发生的一圈圈推出去的波纹。每个人都是他社会影响所推出去的圈子的中心。被圈子的波纹所推及的就发生联系……每一个网络有个'己'作为中心，各个网络的中心都不同……以'己'为中心，像石子一般投入水中，和别人所联系成的社会关系，不像团体中的分子一般大家立在一个平面上的，而是像水的波纹一般，一圈圈推出去，愈推愈远，也愈推愈薄"[2]。"差序格局"是解读我国社会结构的本土化理论，对理解以社会结构为根基的各种社会互动具有很大启示。

政府购买服务场域中"以政府为中心"的差序格局，类似中国人际交往中以家族血缘关系为纽带形成的差序格局，即因社会组织身份差异，其与政府形成亲疏、远近的关系，不同身份的社会组织和政府部门之间形成依序排列的身份体系。虽然处于"同一"政府购买服务场域，但由于社会组织的身份差别和政府关系远近，使其获得政府部门差别化的支持和约束。在与政府互动的过程中，社会组织与具体的政府部门关系越

---

[1] 费孝通. 乡土中国 [M]. 北京：生活·读书·新知三联书店，2013.
[2] 费孝通. 乡土中国 [M]. 北京：生活·读书·新知三联书店，2013：41-44.

近，就越容易被政府所接纳与信任，也就越容易与政府形成合作，并形成稳定的合作联盟。

如何理解政府购买服务场域中差序格局的"中心""差"与"序"？在政府权力主导建立的政府购买服务场域，政府部门是政府购买服务"圈"的"己""中心"，是"资源—制度—技术"环境的主导创建者。社会组织的身份差异围绕圈层中心的政府部门而形成。不同的政府购买服务场域中，单个政府部门都可以视为其政府购买服务场域的"中心"，进而形成自己对不同社会组织的差序格局。

政府购买服务场域"差序格局"的"差"是指因社会组织的身份差别，政府购买服务中的政府部门对不同身份的社会组织是区分对待的。"差"的基础首先在于社会组织的身份，而这种身份的实质在于是否内嵌于政府的权力结构，即社会组织和政府之间的关系远近。社会组织身份体系的划分维度是多元的、维度之间也常常有重合。按照社会组织出生烙印，本研究把社会组织初步分为官办社会组织、半官办社会组织、民办社会组织。区分的主要依据在于，政府购买服务场域中的政府为主导性或支配性的行动者，其逻辑成为政府购买服务场域中的组织原则，对社会组织产生强大的制度压力和资源诱导。组织行动者在政府购买服务场域中的互动是由其在位置等级系统中与主导行动者的关系定位塑造的。以政府逻辑为主导的制度逻辑下，或者说政府主导的权力场域[①]中，谁与政府的关系更为密切、能获取政府的信任和支持，谁就可在与其他竞争者的竞争中占据优势地位。官办社会组织与政府购买服务的制度逻辑有先天的一致性，借助行政网络能高效完成项目任务，在组织信任度和项目绩效上都能获得具体场域中的政府认可。民办社会组织的情况较为复杂。总体环境下，相比于官办社会组织受到制度庇护，民办社会组织必须通过合作与政府建立关系，展示出更专业、更创新、更有效的服务，才有机会被纳入政府购买服务场域。民办社会组织是在激烈的竞争中寻求机会的。但是，民办社会组织内部也存在分化。少数的明星民办社会组织在政府购买服务场域中成长为大户型组织，调整组织行为以适应政

---

① 社会学家布尔迪厄把"权力场域"界定为"在社会地位之间获取的权力关系，这种关系保证了社会地位的占据者具有一定数量的社会权力，或者一定数量的资本，从而能够进入争夺权力垄断权的斗争，这种斗争的核心方面则是争夺对于合法的权力形式的定义。"他认为，权力场域发挥着"元场域"的功能，在所有的场域中起到分化和斗争的组织原则的作用。具体阐述见：[美]戴维·斯沃茨. 文化与权力——布尔迪厄的社会学[M]. 陶东风，译. 上海：上海世纪出版集团，2012：156-157.

府购买服务的制度逻辑。例如，以社会化动员和行政性嵌入的方式完成大规模的项目服务指标，与政府逐步建立长期稳定的合作关系。而多数的、普通的民办社会组织则无法对明星民办社会组织形成竞争威胁，只能在普通的民办社会组织之间争夺剩余的有限资源。除了"社会组织出生烙印"这一身份维度外，按照进入政府购买服务场域的时间维度，社会组织身份形成"在位者""新进者"的差别。在政府购买养老服务场域，政府建立的居家养老服务中心与助老服务社，作为政府的"自己人"和最早进入者已占据服务资源、垄断市场，成为"在位者"。养老领域的民办社会组织作为"新进者"，在政府关系、服务网络、客户资源等方面都存在劣势。当然，也存在官办社会组织是"新进者"、民办社会组织是"在位者"的情况。但是在政府购买服务场域中，受到政府大力支持的官办社会组织更有资源从"新进者"变为"在位者"、抢占民办社会组织的市场。因而，政府购买服务场域"差序格局"的"差"表现为，以政府部门为核心，官办社会组织、少数明星民办社会组织、多数普通民办社会组织等不同身份社会组织，按照与政府权力的亲近度、与购买逻辑的一致性、服务专业性、组织知名度等不同标准形成了在政府购买服务场域中的位置差别；同时，因社会组织进入市场的时机和占有率，在政府购买服务场域中也存在"在位者""新进者"的位置差别。政府购买服务场域"差序格局"是以政府为核心、社会组织因身份差异在政府购买服务场域中争夺资源形成的不平等格局。

政府购买服务场域"差序格局"的"序"，指的是在政府购买服务中政府与社会组织之间形成亲疏、远近、上下等抽象的相对地位，政府部门对不同身份的社会组织实行差序化的支持和监管。对于官办社会组织，政府部门从项目申请、项目实施、项目监督等方面都将其视为"自己人""圈内人"给予信任，视其为政府部门的一部分，促进其项目完成。特别是街镇主管、支持下成立的官办社会组织，在政府购买服务中借助大量的体制内资源，街镇相关领导也会多次参与支持其项目，给予极大的行政支持。政府部门对官办社会组织的监督也是内部的日常监督为主，以官办社会组织工作汇报为主了解和跟踪项目进展。对于少数的明星民办社会组织，因其名声在外的专业性会获得不少政府部门在购买服务初期的关注，从而获得比普通的民办社会组织更多的中标概率。在政府购买服务实施中，明星民办社会组织会借助社区志愿者构建社会化网络，借助居委会构建行政化网络或者参与到街镇的服务平台，增强其适应政府购买服务制度环境的能力，满足政府购买服务在数量上的期待，并体现其专业化的服务模式，因而能获得较好的政府购买服务评价，为继续承接政府购买服务奠定基础。政府部门也会视少数的明星民办社会组织为"圈内人"或"自己人"，但其认同的基础在于专业能力及其对政府的服从程度。而对于多数普通的民办社会组织，其社会的知名度、服务的专业性、组织的规范化等方面都比明星民办社会组织较弱。普通的民办社会组织获得相对较少的政府关注，中标政府购买服务订单的概率也较小。在政府购买服务实施中，普通民办社会组织更多借助组织内部员工和少数志愿者开展服务，而无法像明星民办社会组织有更多的资源开拓社会化或行政化的人力资源网络，导致其在完成政府服务任务时会面临指标较大、人力不足等问题，进而影响其政府购买服务的绩效评价。因而，距离政府权力中心的远近不同，官办社会组织、明星民办社会组织、普通民办社会组织所接受的政府的支持和监管是不同的，更多的是从"圈里人"到"圈外人"发展、从"自己人"到"外人"发展。

政府购买服务场域的"差序格局"体现出社会组织身份区分及背后资源分配机会的差异。有学者认为，"差序格局"不仅仅是社会关系的格局，实际上也是一种对社会中稀缺资源进行配置的模式或格局[①]。政府购买服务场域的差序格局，是场域内资源的分配机制，意味着不同身份的社会组织所获得的政府购买服务资源不同。以政府为中心，形成官办社会组织、半官办社会组织、明星民办社会组织、普通民办社会组织等关系序列，不同身份的社会组织之间获取资源的概率存在较大差别。官办社会组织和少数明星民办社会组织承接大量项目和资源，且增强项目承接的延续性和垄断性；多数普通民办社会组织则在剩余有限的项目和资源中竞争。某一具体政府购买服务场域中的资源是有限的，不同身份的社会组织之间存在竞争，一方获取更多机会和资源，意味着另一方的机会和资源相应减少。虽然竞争的存在是政府购买服务场域中的应有之义，但夹杂着身份关系的"差序"促使竞争中含有极强的排他性，为不同身份的社会组织设置不同的入选概率。而不同身份的社会组织与政府关系形成稳定"差序"，逐渐排除了不在政府合作视线中的社会组织，政府购买服务场域的封闭性就形成并被强化。政府购买服务场域中的差序格局体现出排他性和封闭性。

---

① 孙立平."关系"、社会关系与社会结构[J]. 社会学研究，1996（5）：22—32.

第八章 政府购买服务场域的组织生态

政府购买服务作为一种制度安排，为社会组织提供了发展的制度空间，同时也存在强大的制度同形压力。在政府购买服务场域内，社会组织在总体组织生态层面呈现出一些组织特征，不同身份的社会组织在政府购买服务场域中占据和维持着特定的位置，表明政府购买服务场域开始成为一个稳定甚至固化的空间。本研究对上海市浦东新区社区公益招投标 2011—2015 年间的中标项目和组织进行分析，发现浦东政府购买服务场域的组织状况与特征，如组织成员的数量与类型、组织成员成立与入场时间、组织成员人力资源水平、场域进入难易程度、不同类型组织的市场份额、大户型组织等，显示出场域中组织生态的结构性和突生性特征。而政府购买服务场域一旦确定，组织环境的结构就会出现一种强大而不可抗拒的力量，推动场域中的组织逐渐同形化。

一、政府购买服务场域的组织状况

进入浦东新区政府购买服务场域的社会组织是我国社会组织中极少的一部分，但其具有我国社会组织共同的成长环境与普遍特征，一定程度上为理解我国社会组织提供了观察视角。对进入政府购买服务场域的社会组织状况做基础梳理，也有助于深入理解政府购买服务场域的结构性特征。

（一）场域成员的数量与类型

2011—2015 年浦东新区社区公益招投标投入金额共约 10484 万元，共购买 259 个项目，承接服务的社会组织达 54 家，其中民办非企业单位 47 家、社会团体 7 家，平均每个项目资金约 40 万元，平均每家社会组织资金约 194 万元。从组织性质来看，官办社会组织，主要是区和街镇老年协会、居家养老服务中心，成为承接政府购买服务的重要主体；半官办社会组织，如浦东新区 HY 心理咨询工作室、浦东新区 XF 社区服务社等，是政府购买服务中的少数主体；民办社会组织，以上海 XT 社区健康促进社、上海 HBJJ 养老服务社、浦东新区 SQS 发展中心、上海 RX 社区服务中心等为代表，是政府购买服务的另一重要主体。浦东新区社区公益招投标的中标组织，每年的成员数量和类型相对稳定，年均有 28 家社会组织中标，其中，每年平均有 6.8 家官办社会组织、2.6 家半官办社会组织、18.6 家民办社会组织中标社区公益招投标项目，官办、半官办、民办社会组织的比例为 1∶0.4∶2.7。具体来看，如果把官办社会组织和半官办社会组织数目合并，五年来其与民办社会组织的比例分别为 1∶2.3、1∶1.8、1∶1.9、1∶1.8、1∶2.2，五年间其与民办社会组织的平均比例为 1∶2。从政府购买服务场域的组织成员类型看，民办社会组织占到每年中标组织总数的三分之二，官办社会组织和半官办社会组织占到每年中标组织总数的三分之一，不同组织类型的比例比较稳定。

表 8.1　2011—2015 年浦东新区社区公益招投标中标社会组织数

	2011 年度	2012 年度	2013 年度	2014 年度	2015 年度
官办社会组织数（家）	5	8	8	7	6
半官办社会组织数（家）	3	2	2	3	3
民办社会组织数（家）	18	18	19	18	20
共计	26	28	29	28	29

资料来源：根据"上海市公益招投标网"网站信息归类整理所得。

（二）场域成员成立与入场时间

有学者研究认为，改革开放至 2008 年之前，我国社会组织发展经历两个阶段：第一阶段从改革开放之初至 1992 年，我国社会组织发展经历一个从无到有、从点到面、遍地开花的原始生长期，数量上几乎呈现为爆炸式的巨大增长；第二阶段从 1993 年到 2007 年，随着政府对于社会组织的管理日趋规范、市场经济逐渐发育成熟、改革开放逐步深入和社会转型全面展开的进程，我国社会组织从稳步发展逐步走向新的高潮[①]。

[①] 王名主编. 中国民间组织 30 年（1978—2008 年）：走向公民社会 [M]. 北京：社会科学文献出版社，2008.

而2008年之后，特别是政府购买服务成为政社合作的普遍、稳定、大规模的互动机制后，我国社会组织不断壮大。

本研究通过梳理2011—2015年浦东新区社区公益招投标项目所涉及54家社会组织的2017年机构年检报告、查找其网站信息，统计54家社会组织的成立时间（见图8.1、表8.2）。浦东新区政府购买服务场域中标社会组织的成立历程分三个阶段：第一个阶段，在九十年代成立的社会组织较少，仅有3家民办社会组织，包括浦东新区CR俱乐部、上海市浦东新区SG协会。第二个阶段，2002—2007年成立的社会组织有16家，其中官办社会组织有9家，主要是街镇老年协会、街镇居家养老服务中心等养老体制内成员；半官办社会组织有2家，包括上海浦东新区CA公益服务社、上海浦东新区JQ社会组织服务社；民办社会组织有5家，包括上海HA社区服务管理中心、上海XT社区健康促进社、上海LQ社工服务社等具有较大知名度的民办社会组织。这一时期，不同类型的社会组织不断涌现，但总体上数量不多；从组织发起历程来看，官办社会组织主要是在上海政府推行养老服务体系、构建体制内养老服务组织框架的过程中生成，而民办社会组织则由具有强烈社会责任感、使命感的社会人士为促进社会公益发展而创办，这些早期的民办社会组织在之后的政府购买服务中同样承担了大量的政府购买服务项目，很大程度上引领着公共服务的专业化水平不断提高。第三个阶段，2008—2013年成立的社会组织有35家，其中官办社会组织有7家，包括上海浦东新区YJ社会组织服务中心、上海浦东新区QC公益服务社，除上海浦东新区XFJT服务中心由浦东新区妇女联合会担任主管单位之外，其余6家都由街道办事处担任主管单位、即由街道办事处成立；半官办社会组织有4家，包括上海浦东新区HY心理咨询工作室、上海浦东新区WFXF社区服务社；民办社会组织有24家，包括上海WLX社区服务中心、上海HBJJ养老服务社、浦东新区SQS发展中心。总体上，这一时期成立的社会组织数量大幅度增长，民办社会组织占社会组织总数的较大比例。政府购买服务对于社会组织设立和发展起到正向激励作用。

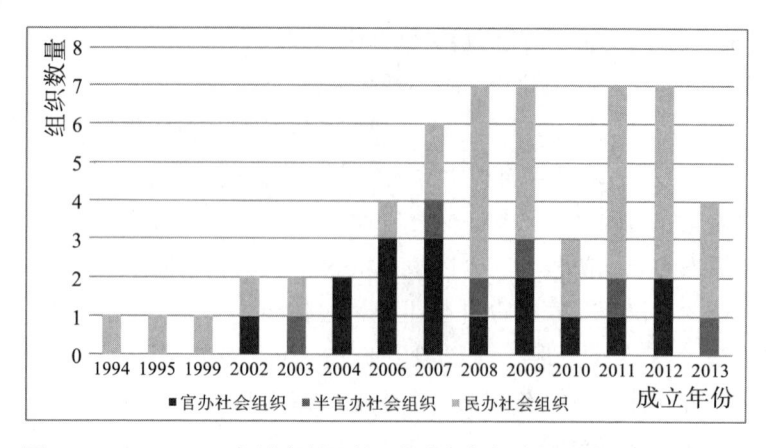

图 8.1　2011—2015 年浦东新区社区公益招投标中标社会组织成立时间

表 8.2　2011—2015 年浦东新区社区公益招投标中标社会组织成立时间

成立年份	组织数量	官办社会组织	半官办社会组织	民办社会组织	中标组织列举
1994	1	0	0	1	·民办社会组织：浦东新区 CR 俱乐部
1995	1	0	0	1	·民办社会组织：上海市浦东新区 LTX 联谊会
1999	1	0	0	1	·民办社会组织：上海市浦东新区社 SG 协会
2002	2	1	0	1	·官办社会组织：上海浦东新区 Z 居家养老服务中心； ·民办社会组织：上海 HA 社区服务管理中心
2003	2	0	1	1	·半官办社会组织：上海浦东新区 CA 公益服务社； ·民办社会组织：上海 LQ 社工服务社
2004	2	2	0	0	·官办社会组织：上海市浦东新区 YJ 街道老年协会、上海市浦东新区 T 街道老年协会
2006	4	3	0	1	·官办社会组织：上海浦东新区 T 居家养老服务中心； ·民办社会组织：上海 XT 社区健康促进社
2007	6	3	1	2	·官办社会组织：上海 ZZ 社区服务社、浦东新区 EA 协会； ·半官办社会组织：上海浦东新区 JQ 社会组织服务社； ·民办社会组织：上海 GY 社工师事务所
2008	7	1	1	5	·官办社会组织：上海浦东新区 Y 社会组织服务中心； ·半官办社会组织：上海浦东新区 LN 家庭服务中心； ·民办社会组织：上海 WLX 社区服务中心、上海 HBJJ 养老服务社

续表8.2

成立年份	组织数量	组织类型 官办社会组织	组织类型 半官办社会组织	组织类型 民办社会组织	中标组织列举
2009	7	2	1	4	·官办社会组织：上海浦东新区T社会组织服务中心； ·半官办社会组织：上海浦东新区HY心理咨询工作室； ·民办社会组织：上海BT教育咨询中心、浦东新区SQS发展中心
2010	3	1	0	2	·官办社会组织：上海浦东新区WA社区服务管理中心； ·民办社会组织：上海CHQ公益社
2011	7	1	1	5	·官办社会组织：上海市浦东新区P创业协会； ·半官办社会组织：上海浦东新区XFWF社区服务社； ·民办社会组织：上海AP社区公益影像发展中心、上海XGGF公益服务中心
2012	7	2	0	5	·官办社会组织：上海浦东新区QC公益服务社； ·民办社会组织：上海闵行区HPJY社区青少年发展服务社
2013	4	0	1	3	·半官办社会组织：上海浦东新区WFYZ社区服务中心； ·民办社会组织：上海HS社会服务中心

资料来源：根据"上海市公益招投标网"网站信息归类整理所得。

进入场域的时机是形成组织竞争优势的影响因素之一。浦东新区社区公益招投标购买服务场域正式形成时间节点是2011年。本研究对2011—2015年浦东新区社区公益招投标项目54家社会组织进入政府购买服务场域的时间进行统计（见图8.2、表8.3），发现以下情况：

①2011—2012年政府购买服务场域形成初期，进场的社会组织数量多于后期。该时期进场的社会组织有40家，占入场社会组织总数的74.1%。早期入场的社会组织陆续承接后续政府购买服务项目，成为政府购买服务场域中稳定的主体。即政府购买服务场域中形成核心的、稳定的行动者。②2011—2012年政府购买服务场域形成初期的开放性较强。官办、半官办、民办等不同类型社会组织，官办社会组织中的不同功能组织（如老年协会、社会组织服务中心、居家养老服务中心），都被吸纳到政府购买服务场域；与此同时，在社会上具有一定知名度的民办社会组织都积极进入政府购买服务场域。③不同类型社会组织入场的高峰期不同。2011—2012年政府购买服务场域形成初期，共有25家民办社会组织入场，占入场社会组织总数的62.5%，这段时间是民办社会组

织入场的高峰期；2011—2013年，官办社会组织陆续进场，但从比例而言，2012—2013年是官办社会组织入场的高峰期，2012年有近7家官办社会组织（包括1家半官办社会组织）新入场，占新入场社会组织总数的50%，2013年有近6家官办社会组织（包括2家半官办社会组织）新入场，占新入场社会组织总数的85.7%。浦东新区社区公益招投标陆续吸纳官办社会组织加入政府购买服务场域，承接政府购买服务，使其成为政府购买服务场域中的重要行动者。

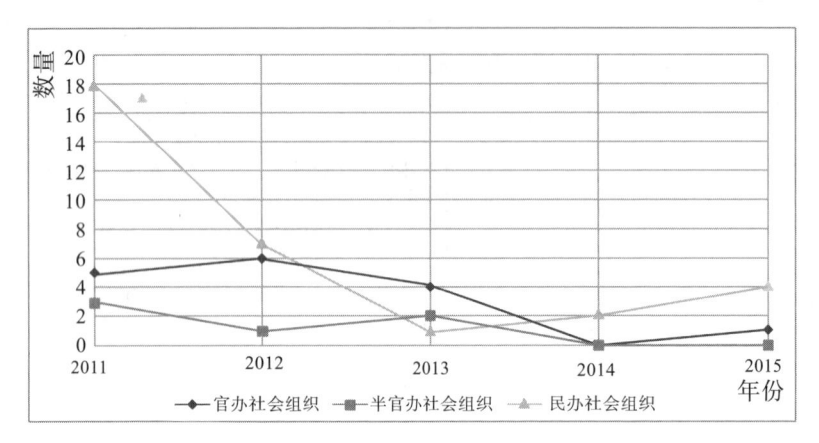

图8.2　2011—2015年浦东新区社区公益招投标中标社会组织进入购买场域时间

表8.3　2011—2015年浦东新区社区公益招投标中标社会组织进入购买场域时间

入场年份	组织数量	组织类型 官办社会组织	组织类型 半官办社会组织	组织类型 民办社会组织	中标组织列举
2011	26	5	3	18	·官办社会组织：上海市浦东新区YJ老年协会、上海浦东新区SG居家养老服务中心、上海浦东新区WA社区服务管理中心、上海浦东新区T社会组织服务中心、上海ZZ社区服务社； ·半官办社会组织：上海浦东新区HY心理咨询工作室、上海浦东新区WFXF社区服务社； ·民办社会组织：上海XT社区健康促进社、上海WLX社区服务中心、浦东新区SQS发展中心、上海HBJJ养老服务社
2012	14	6	1	7	·官办社会组织：上海浦东新区QC公益服务社、上海市浦东新区EA协会、上海浦东新区YJ社会组织服务中心； ·半官办社会组织：上海浦东新区JQ社会组织服务社； ·民办社会组织：上海市浦东新区SG协会、上海LQ社工服务社

续表8.3

入场年份	组织数量	组织类型			中标组织列举
		官办社会组织	半官办社会组织	民办社会组织	
2013	7	4	2	1	• 官办社会组织：上海市浦东新区 T 街道老年协会、上海浦东新区 T 居家养老服务中心、上海市浦东新区 TZ 老年协会； • 半官办社会组织：上海浦东新区 WFYZ 社区服务中心； • 民办社会组织：上海 FE 社区关爱儿童志愿服务中心
2014	2	0	0	2	• 民办社会组织：上海 ZL 公益文化传播中心、上海 HS 社会服务中心
2015	5	1	0	4	• 官办社会组织：上海浦东新区 XFJT 服务中心； • 民办社会组织：上海 HA 社区服务管理中心、上海 FSK 居家养老康复护理服务社

（三）场域成员的人力资源水平

社会组织人力资源水平是组织实力的重要指标之一。本研究从社会组织工作人员总数、专职人员数量、学历结构分布、具有专业技能人员数量等指标来分析浦东新区社区公益招投标购买服务场域中社会组织行动者的组织实力。本研究从"上海社会组织信息公开平台"收集相关信息。由于无法获取 2014 年及之前年份的社会组织年检报告、2015—2016 年社会组织年检报告无工作人员总数、专职人员数量等填报项，本研究以该平台公布的 2017 年社会组织年检报告公开数据来分析社会组织人力资源状况。2017 年社会组织年检报告反映 2016 年底社会组织发展状况，可能存有一定偏差，但也可在一定程度上反映社会组织发展状况。又由于 13 家社会组织年检报告缺失，无法通过机构网站、项目申请书等渠道查到相关信息，本研究仅对 41 家信息全面的社会组织人力资源状况进行分析。

根据社会组织年检报告，社会组织人力资源水平的具体指标界定如下：工作人员总数是机构专职人员和兼职人员之和；专职人员是指和机构签订劳动合同的人员；兼职人员是指专职人员之外的其余工作人员，细分为国家机关在职、企事业单位在职、离退休返聘、其他；学历结构按照高中及以下、大学本科及专科、硕士及以上划分；专业技能是指从业人员中持有"社会工作者"资格证书或持有从事岗位相应专业技术资格证书。各项指标的总体情况如下：

1. 社会组织工作人员总数

进入浦东新区政府购买服务场域的社会组织，总体来看，社会组织的人力资源发展差别较大、规模分散（见图8.3）。工作人员总数最多的是上海ZZ社区服务社288人，总数较多的上海HA社区服务管理中心115人、上海XT社区健康促进社100人、上海LQ社工服务社75人、上海WLX社区服务中心73人、上海FSK居家养老康复护理服务社55人；工作人员总数最少的是上海CHQ公益社，该机构仅1人。

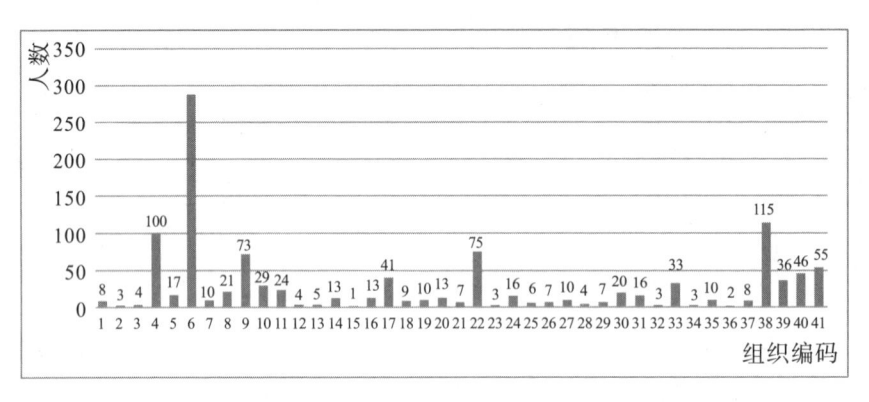

图8.3　2011—2015年浦东新区社区公益招投标中标社会组织工作人员总数

按照组织规模进行划分，工作人员总数为50人以上的为大规模社会组织，总数为20~50人的为中规模社会组织，总数为20人及以下的为小规模社会组织。进入浦东新区政府购买服务场域的社会组织中，大规模社会组织有6家、占总数的14.6%，这些社会组织或者是多年经营的知名社会组织，例如上海HA社区服务管理中心、上海XT社区健康促进社，或者是社工、护理员等劳动密集型组织，例如上海ZZ社区服务社、上海FSK居家养老康复护理服务社。中规模社会组织有7家，占总数的17.1%。小规模社会组织有28家，占总数的68.3%。20人及以下的小规模社会组织在社会组织中比例最大，构成政府购买服务场域中多数主体。

2. 社会组织专职与兼职人员情况

社会组织人力资源的特征之一是聘任大量兼职人员来补充专职人力资源的不足。兼职人员未与机构签订劳动合同，既有国家机关或企事业单位在职人员，也包括离退休返聘人员。在大规模社会组织中（见图8.4），专职人员平均数为107人，兼职人员平均数为10人。大规模社会组织的工作人员构成以专职人员为主，兼职人员较少，人力资源的职业化程度高。

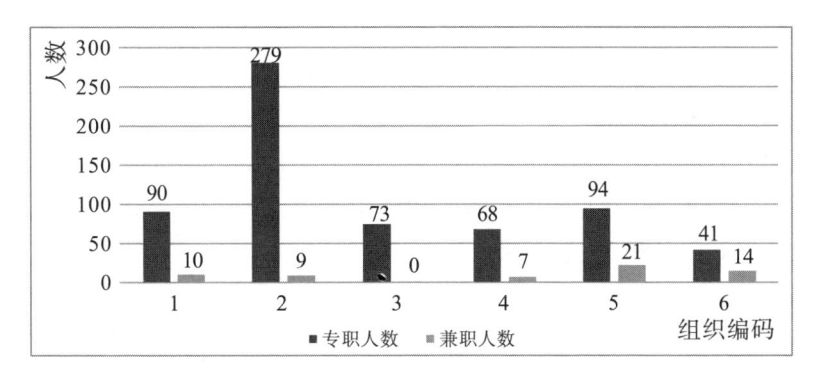

图 8.4　2011—2015 年浦东新区社区公益招投标大规模社会组织人员专兼职情况

在中规模社会组织中（见图 8.5），专职人员平均数为 19 人，兼职人员平均数为 14 人。中规模社会组织的专职、兼职人员分布情况并不一致。专职人员较多的中规模社会组织有上海 RF 养老服务中心（29 人专职）、上海浦东新区 T 居家养老服务中心（26 人专职）、上海浦东新区 LQN 社工服务社（25 人专职）。结合以上机构人员的学历结构，可判断前两家机构的养老护理员较多、后一家机构的社会工作者较多。养老服务和专业社工服务领域成为聘用专职人员较多的领域。而兼职较多的中规模社会组织有上海浦东新区 XJY 社区青少年发展中心（37 人兼职）、上海浦东新区 XFJT 服务中心（30 人兼职）。结合以上机构的学历结构和业务领域，可判断前一家机构的退休返聘教师、大学生志愿者较多，而后一家机构的退休返聘人员较多。大学生志愿者、退休返聘人员成为社会组织兼职人员的主力。

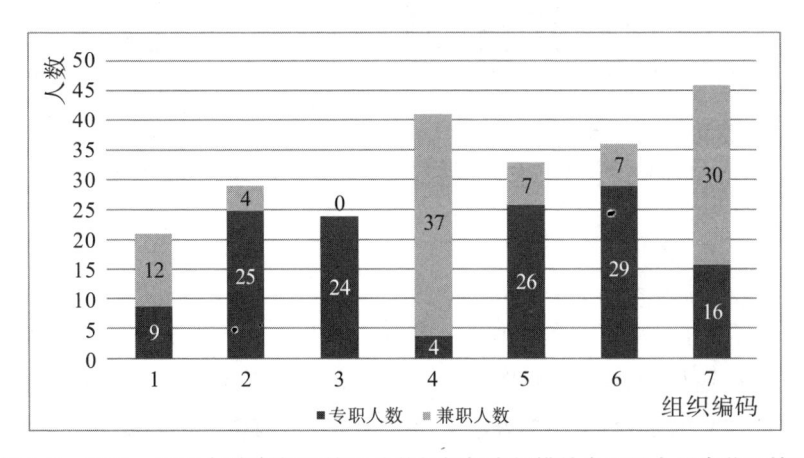

图 8.5　2011—2015 年浦东新区社区公益招投标中规模社会组织人员专兼职情况

在小规模社会组织中（见图 8.6），专职人员平均数为 5 人，兼职人员平均数为 4 人。小规模社会组织专兼职比例 5∶4，接近 1∶1，兼职人员成为小规模社会组织的重要补充力量，甚至是组织主导人力资源。28 家小规模社会组织中，有 8 家社会组织（占总数 28.6%）只有兼职人员，无专职人员，组织包括：浦东新区 CR 俱乐部、上海市浦东新区 YJ 街道老年协会、上海市浦东新区 T 街道老年协会、上海浦东新区 SG 居家养老服务中心、上海 JY 心理测量和教育发展中心、上海 FE 社区关爱儿童志愿服务中心。以上社会组织或者是以退休返聘的人员构成自我管理、自我服务的社会团体和民办非企业单位，或者以高校专职教师兼任社会组织法人的民办非企业单位，组织人力的职业化程度较低。与此同时，部分小规模社会组织的专职人员也较少，其中具有 1~3 名专职的社会组织有 6 家（占 21.4%）。该类组织包括：上海浦东新区 T 社会组织服务中心（3 人专职）、上海 LJ 社工服务社（3 人专职）、上海 CHQ 公益社（1 人专职）、上海浦东新区 JQCA 公益服务社（3 人专职）、上海浦东 YJ 家庭咨询服务中心（2 人专职）、上海浦东新区 PX 居家养老服务中心（3 人专职）。总体上，小规模社会组织的人力资源总量、专职化水平有很大提升空间。

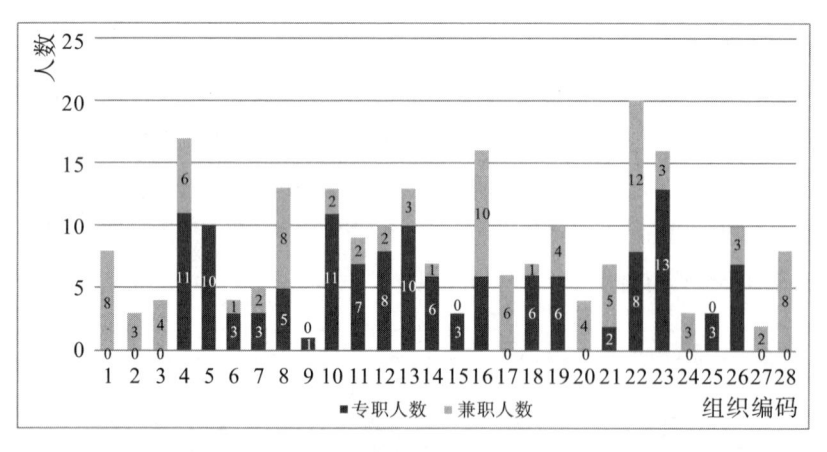

图 8.6　2011—2015 年浦东新区社区公益招投标小规模社会组织人员专兼职情况

3. 社会组织工作人员学历结构分布

按照高中及以下、大学本科及专科、硕士及以上划分工作人员学历结构。大规模社会组织中（见图 8.7），具有高中学历的人数平均值为 13 人，具有大学本科及专科学历的人数平均值为 97 人，具有硕士及以上学历的人数平均值为 8 人。多数的大规模社会组织以大学本科及专科为主。高中学历人数比例较高的两家是上海 HA 社区服务管理中心（35 人，30.4%）、上海 FSK 居家养老康复护理服务社（30 人，占其总数 54.5%），这两家工作人员中有较大比例是退休返聘人员、养老护理员，学历水平相对较低。

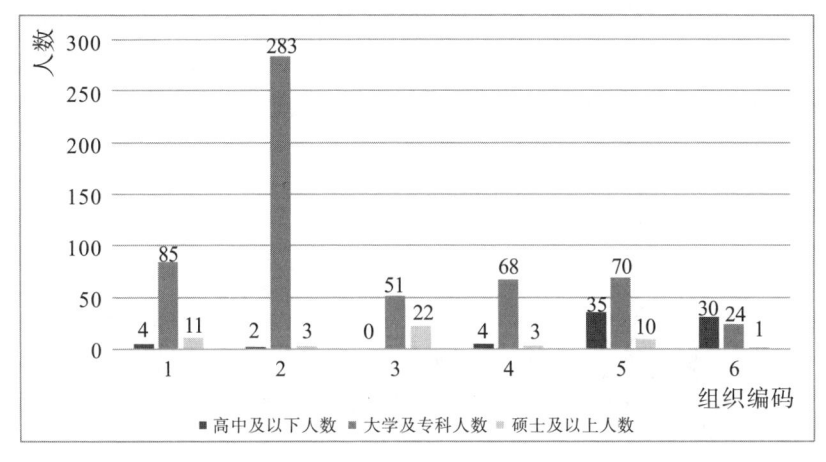

图 8.7　2011—2015 年浦东新区社区公益招投标大规模社会组织人员学历结构分布

中规模社会组织中（见图 8.8），具有高中学历的人数平均值为 7 人，具有大学本科及专科学历的人数平均值为 21 人，具有硕士及以上学历的人数平均值为 5 人。多数的中规模社会组织以大学本科及专科为主。高中学历人数比例较高的两家是上海浦东新区 T 居家养老服务中心（30 人，占其总数 90.9%）、上海 RF 养老服务中心（18 人，占其总数 50%），这两家机构以养老护理员为主，学历水平相对较低。

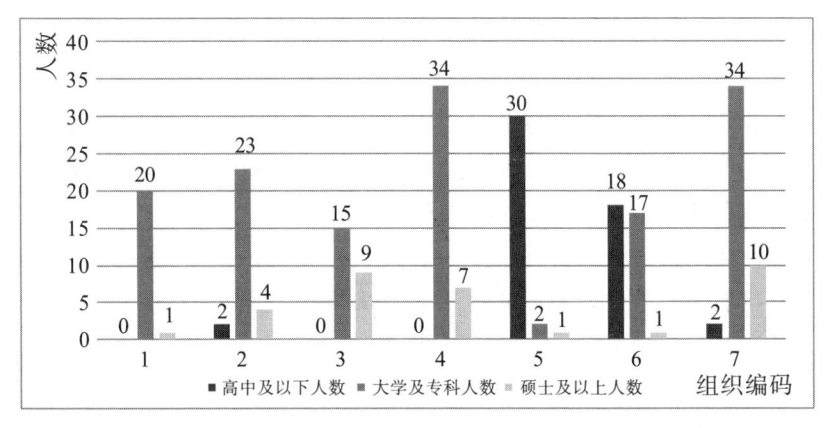

图 8.8　2011—2015 年浦东新区社区公益招投标中规模社会组织人员学历结构分布

小规模社会组织中（见图8.9），具有高中学历的人数平均值为2人，具有大学本科及专科学历的人数平均值为6人，具有硕士及以上学历的人数平均值为1人。多数的小规模社会组织以大学本科及专科为主。高中学历人数比例较高的两家是浦东新区CR俱乐部（6人，占其总数75%）、上海浦东新区WFXF社区服务社（9人，占其总数69.2%），这两家机构以退休返聘人员为主，学历水平相对较低。

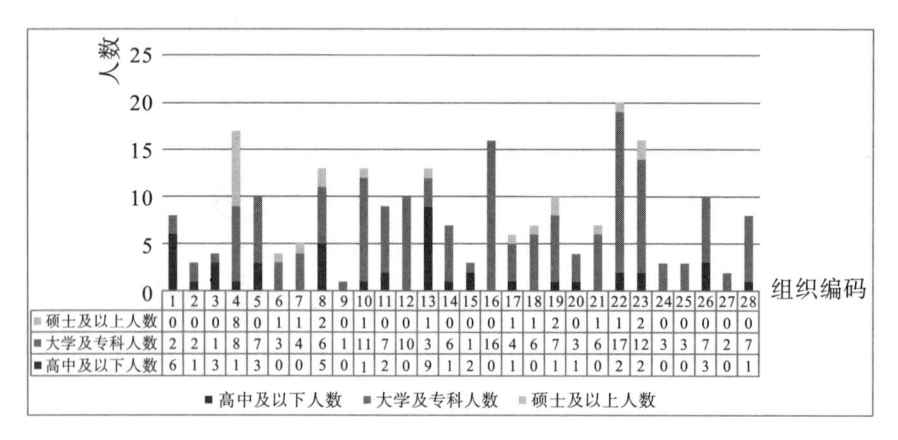

图 8.9　2011—2015年浦东新区社区公益招投标小规模社会组织人员学历结构分布

总体上，进入浦东新区社区公益招投标购买服务场域的社会组织，不论组织规模，其人力资源的学历结构以大学本科及专科为主，人员的学历水平较高。部分社会组织的人力资源以养老护理员、退休返聘人员为主，其学历水平相对较低。

4. 社会组织具有专业技能的人员情况

社会组织所涉领域广泛，社会工作、心理咨询、法律、护理、康复等各专业领域技能成为保障社会组织业务水平和专业能力的基础。在社会组织年检报告中，专业技能是指从业人员中持有"社会工作者"资格证书或持有从事岗位相应专业技术资格证书。

分析浦东新区社区公益招投标购买服务场域，不同规模社会组织具有专业技能人员数量如下（见表8.4）：大规模社会组织中，具有专业技能人员最多的社会组织是上海ZZ社区服务社（227人），最少的社会组织是上海FSK居家养老康复护理服务社（5人），平均值为67人。中规模社会组织中，具有专业技能人员最多的社会组织是上海浦东新区XFJT服务中心（40人），最少的社会组织是上海BT教育咨询中心（7人），平均值为22人。小规模社会组织中，具有专业技能人员最多的社会组织是上海GY社工师事务所（16人），最少的社会组织是上海市浦东新区YJ街道老年协会、上海浦东新区SG居家养老服务中心、上海浦东LY新社区服务社等5家（0人），平均值为4人。

表8.4 2011—2015年浦东新区社区公益招投标不同规模社会组织的专业技能人数

单位：人

组织规模	大规模	中规模	小规模
最大值	227	40	16
最小值	5	7	0
平均值	67	22	4

总体上，从组织规模看，组织规模越大，其具有专业技能的人员比例越高，人力资源总体状况越好。从业务领域看，专业社工机构的员工主体是社会工作者，与其他类型社会组织相比，其职业化和专业化水平都较高；而老年协会、居家养老服务中心、康复俱乐部等老年服务类社会团体或民办非企业单位，其人员构成以退休返聘人员、养老护理员为主，其职业化和专业化水平相对较低。

二、政府购买服务场域的组织固定化

2010年上海市大力推行的社区公益招投标项目，为社会组织的发展提供难得的发展机会。在推行初期，政府和社会组织对于政府购买服务都缺乏经验，两者在互相磨合中形成社区公益招投标的政府购买服务场域。作为民政部门主导的政府购买服务，其购买的目的除了提供高质量的公共服务，还有一重要的目的是对社会组织的培育。政府购买服务的社会化程度，即社会力量参与社会建设重要指标之一就是社会组织所组成的公共服务供给市场的发育程度[1]。供给市场的发育涉及参与其中的社会组织的数量、服务和创新能力、市场的竞争性等。那么，作为资金规模较大、由民政部门主导的、有意培育社会组织的政府购买服务，有没有推动购买供给市场的进一步发育？本研究从场域成员稳定性、市场份额的分布等指标来分析浦东新区社区公益招投标购买服务场域的形成与固化。

---

[1] 徐家良，许源. 合法性理论下政府购买社会组织服务的绩效评估研究[J]. 经济社会体制比较，2015（6）：187—195.

（一）场域核心成员的稳定性

上海市社区公益招投标的政府购买服务，由上海市福利彩票公益金和街镇资金1∶1配比。街镇往往与自己主管的官办社会组织或以往有合作的民办社会组织达成合作意愿，制定项目需求书、甚至直接由合作的社会组织帮助撰写项目需求书，促使项目落地社区。这一微观的固定合作关系，形成结构性固化的基础，也构成阻碍新的组织进入相应政府购买服务场域的桎梏。

2011—2015年期间，浦东新区社区公益招投标购买服务场域的核心成员是相对稳定的。五年间，中标5次的社会组织有5家、中标4次的社会组织有12家、中标2~3次的社会组织有19家、中标1次的社会组织有18家。如果把中标4~5次的社会组织视为政府购买服务场域中最核心的成员，则核心社会组织有17家。这17家核心社会组织包括15家民办社会组织、2家官办社会组织，其中，民办社会组织都是在浦东新区、甚至在上海市具有很强的组织品牌和社会影响力的社会组织，例如：上海XT社区健康促进社、上海HBJJ养老服务社、浦东新区SQS发展中心、上海RX社区服务中心、上海AP社区公益影像发展中心、上海WLX社区服务中心、上海LQ社工服务社；2家官办社会组织则是上海市浦东新区EA协会、上海浦东新区QC公益服务社。

随着政府购买服务的制度规范、合作关系日益成熟，政府购买服务场域的开放度在降低，场域外的新组织日益难以进入政府购买服务场域。2011—2015年间，浦东新区社区公益招投标每年新增社会组织（即在之前年份没有中标浦东新区社区公益招投标项目、而当年中标的社会组织）数量逐渐减少，2012年28家中标组织中有14家新增组织，2013年29家中标组织中有7家新增组织，2014年28家中标组织中有2家新增组织、2015年29家中标组织中有5家新增组织。成熟的政府购买服务市场需要一定数量稳定的服务供给主体，但是过于稳定的供给市场会增强市场的封闭性，易于形成市场内部的资源垄断。

（二）场域市场份额的分布

浦东新区社区公益招投标购买服务场域中，一亿多元资金量的政府订单是很大的资源。官办社会组织、半官办社会组织、民办社会组织，三类社会组织各占据多大的市场份额，形成怎样的市场分割状况？从表8.5可见，五年间官办社会组织的项目总金额是2962.7万元，占项目总资金的28.3%；半官办社会组织的项目总金额是556.7万元，占项目总资金的5.3%；官办和半官办社会组织共计占项目总资金的33.6%。值得注意的是，2012年新增7家官办和半官办社会组织、2013年新增6家官办和半官办社会组织进入浦东新区社区公益招投标购买服务场域，对当年的民办社会组织的政府订单造成较大冲击。而新增的官办和半官办社会组织主要来自养老服务领域，是区级和街镇的EA协会、街镇的居家养老服务中心、街镇主管创建的民办非企业单位。此外，街镇的社会组织服务中心也承接社区公益招投标项目，直接向特定人群提供社区服务。

表8.5 2011—2015年浦东新区社区公益招投标各类型社会组织中标项目金额

	2011年度	2012年度	2013年度	2014年度	2015年度	2011—2015年度
官办组织项目总金额（万元）与占年度金额比例	280.0	336.9	1018.9	875.1	451.8	2962.7
	17.8%	17.3%	37.2%	40.1%	22.2%	28.3%
半官办组织项目总金额（万元）与占年度金额比例	123.5	66.9	106.9	132.1	127.3	556.7
	7.8%	3.4%	3.9%	6.0%	6.3%	5.3%
民办组织项目总金额（万元）与占年度金额比例	1171.3	1545.0	1614.9	1177.8	1456.4	6965.4
	74.4%	79.3%	58.9%	53.9%	71.5%	66.4%
项目总金额合计	1574.8	1948.8	2740.7	2185.0	2035.5	10484.8

资料来源：根据"上海市公益招投标网"网站信息归类计算所得。

五年间，民办社会组织的项目总金额是6965.4万元，占项目总资金的66.4%。在2011—2012年浦东新区社区公益招投标购买服务初期，民办社会组织是承接政府购买服务最为重要的主体。2013—2014年受到官办社会组织的进入场域和挤压空间的影响，民办社会组织仅占一半的市场份额。虽然民办社会组织的项目金额有大的波动，但对于多次承接社区公益招投标项目的民办社会组织而言，部分组织也随着承接政府购买服务获得较大发展。

从政府购买服务场域的市场分布看，民办社会组织项目总金额占全部项目金额的2/3，官办社会组织和半官办社会组织项目总金额占全部项目金额的1/3，与进入政府购买服务场域的民办社会组织与官办和半官办社会组织的数量比是2∶1一致。浦东新区社区公益招投标购买服务场域中市场份额分配比例也基本固定。

政府购买服务的范围和规模日益扩大，但是政府购买服务场域中核心成员日益固定、和政府的合作关系日趋稳定，不同类型的社会组织被分配或切割了固定比例的市场份额，场域外的新成员越来越难以进入固定的政府购买服务场域。整体来看，浦东新区政府购买服务场域已经初步形成并开始出现固化特征。政府购买服务场域中的组织固定化，或者说政府购买服务场域的固化，是从场域中行动者的角度来分析场域结构特征，在政府购买服务场域中出现并逐步形成的有秩序的内部组织关系，场域中最核心的参与组织已经确定，场域外组织进入场域并打破场域固有规则的机会越来越少、难度越来越大，显示出政府购买服务场域边界逐渐明确和稳定。

三、政府购买服务场域的大户型组织出现

伴随着政府购买服务场域日益固化这一结构性特征，另一重要的整体性特征是场域中出现大户型组织，表现出寡头化倾向，多数政府购买服务的资源日益集中到少数大户型组织中，而余下少数政府购买服务资源则被多数一般组织竞争。本研究发现，在浦东新区政府购买服务场域中出现大户型组织与资源集中化现象。而这样的现象在其他学者研究中已被提及。管兵、夏瑛（2016）梳理上海市社区公益招投标2009年至2013年8月1日之间中标的942个公益服务项目、共计356个承接组织，分析发现每个组织承担的项目数目有较大差异，最多的承接项目达到32项。有接近50%的组织仅承担1个项目（174个组织），承担两个项目的社会组织69个，3个项目的社会组织49个，基本上占据全部社会组织的81%以上。承担10个及以上项目的社会组织有13个[1]。这类现象的具体表现和逻辑是什么？本研究将以浦东新区政府购买服务场域为例来分析。

（一）"大户型组织"与"资源集中化"出现

大户型组织是对政府购买服务中资源获取能力较强的社会组织的形象称谓，这类组织的基本特征为：①获取政府购买服务资源的稳定性较强，连续多年承接政府购买服务订单；②获取的政府购买服务项目数目较多，且项目资金规模大；③具有垄断政府购买服务场域中某一服务领域或地域的项目的可能性，给同一服务领域、服务地域、不同组织群落

---

[1] 管兵，夏瑛. 政府购买服务的制度选择及治理效果：项目制、单位制、混合制 [J]. 管理世界，2016（8）：58—72.

中的组织造成非常大的竞争压力；④往往是某一服务领域、服务地域、组织群落中的明星组织，具有较大的知名度。

浦东新区社区公益招投标购买服务五年共投入项目资金10484.8万元，购买项目259个，承接服务的社会组织共计54家。按照五年合计项目资金总数对全部中标社会组织进行排序，列出排名前20名的社会组织（见表8.6）。相关数据情况如下：

（1）排名前10名的社会组织情况。有2家官办社会组织、8家民办社会组织；除1家组织在五年内仅3年中标，其他9家组织在五年内有4～5年中标；前10名组织占承接服务组织总数的18.5%，所承接项目为137个、占项目总数的52.9%，所获得项目资金为6336.8万元、占项目总投入的60.4%。

（2）排名前20名的社会组织情况。有2家官办社会组织、1家半官办社会组织、17家民办社会组织；5家组织在五年内仅3年中标，15家组织在五年内有4～5年中标；前20名组织占承接服务总数的37.0%，所承接项目为189个、占项目总数的73.0%，所获得项目资金为8197.9万元、占项目总投入的78.2%。

（3）排名在第11名至20名的社会组织情况。有1家半官办社会组织、9家民办社会组织；4家组织在五年内有3年中标，6家组织在五年内有4～5年中标；排名第11～20名的组织占承接服务总数的18.5%，所承接项目为52个、占项目总数的20.1%，所获得项目资金为1861.1万元、占项目总投入的17.8%。

（4）排名在第21名至54名的社会组织情况。根据排名前20名社会组织推算，第20名之后的34家组织获得70个项目、占项目总数27.0%，所获得项目资金为2286.8万元、占项目总投入的21.8%。

从浦东新区社区公益招投标购买服务的总体数据看，浦东新区政府购买服务场域资源的集中化程度相当高。排名在第一梯队，即前10名的社会组织，不到1/5的组织获得1/2数量的项目和3/5的项目资金；排名在第二梯队，即第11～20名的社会组织，仅获取1/5数目的项目和不到1/5的项目资金。浦东新区政府购买服务场域的项目和资金被少数组织中标和获取，场域中出现了明显的大户型组织。

表8.6 浦东新区社区公益招投标中全部社会组织五年项目资金排前二十名的情况

排名	中标组织	组织类型	五年内有几年中标（次）	五年合计项目数（个）	五年合计项目金额（万元）
1	上海市浦东新区 EA 协会	官办	4	28	1473.8
2	上海 XT 社区健康促进社	民办	5	27	1079.4
3	上海 HBJJ 养老服务社	民办	5	20	919.7
4	浦东新区 SQS 发展中心	民办	5	12	670.1
5	上海 LA 社工师事务所	民办	4	14	468.0
6	上海浦东新区 QC 公益服务社	官办	4	10	405.3
7	上海 LQ 社工服务社	民办	4	7	365.6
8	上海浦东新区 Z 社区 XA 志愿服务社	民办	4	7	314.9
9	上海 RX 社区服务中心	民办	5	7	278.4
10	上海 GY 社工师事务所	民办	3	5	261.6
11	上海浦东 LY 新社区健康服务中心	民办	3	5	238.1
12	上海浦东新区 XJY 社区青少年发展中心	民办	4	5	233.0
13	上海 AP 社区公益影像发展中心	民办	5	6	227.8
14	上海 CH 青少年发展中心	民办	4	6	214.0
15	上海 WLX 社区服务中心	民办	4	5	184.3
16	上海闵行区 HPJY 社区青少年发展服务社	民办	4	7	181.5
17	上海 XGGF 公益服务中心	民办	3	3	178.5
18	上海 LQ 社工服务社	民办	4	7	177.1
19	上海浦东新区 CA 公益服务社	半官办	3	3	174.5
20	上海 BT 教育咨询中心	民办	3	5	152.3

资料来源：根据"上海市公益招投标网"网站信息归类计算所得。

此外，值得注意的是，在官办和半官办社会组织群落、民办社会组织群落中，项目和资源也是集中的，各自群落存在大户型组织。按照五年内项目资金总额分布对官办和半官办社会组织进行排序（见表8.7）。上海市浦东新区 EA 协会、上海浦东新区 QC 公益服务社是官办和半官办社会组织中的大户型组织。五年内，浦东新区 EA 协会共中标项目28个，项目资金为1473.8万元；浦东新区 QC 公益服务社共中标项目10

个，项目资金为405.3万元。两家官办社会组织共计中标项目38个，占前十名官办和半官办社会组织项目数的63.3%，占全部官办和半官办社会组织项目数的48.1%；共计获得项目资金1879.1万元，占前十名官办和半官办社会组织项目资金的64.9%，占全部官办和半官办社会组织项目资金的53.4%。

表8.7 浦东新区社区公益招投标中官办和半官办社会组织五年项目资金排前十名的情况

排名	中标组织	组织类型	五年内有几年中标（次）	五年合计项目数（个）	五年合计项目金额（万元）
1	上海市浦东新区EA协会	官办	4	28	1473.8
2	上海浦东新区QC公益服务社	官办	4	10	405.3
3	上海浦东新区CA公益服务社	半官办	3	3	174.4
4	上海浦东新区WA社区服务管理中心	官办	2	2	143.8
5	上海浦东新区S街道居家养老服务中心	官办	3	3	138.6
6	上海浦东新区T街道居家养老服务中心	官办	3	3	130.2
7	上海浦东新区WFYZ社区服务中心	半官办	3	3	125.2
8	上海浦东新区JQ社会组织服务社	半官办	3	4	108.4
9	上海市浦东新区T街道EA协会	官办	2	2	104.9
10	上海ZZ社区服务社	官办	2	2	91.7
	合计			60	2896.3

资料来源：根据"上海市公益招投标网"网站信息归类计算所得。

按照五年内项目资金总额分布对民办社会组织进行排序（见表8.8）。五年内获取项目资金在400万元以上的有4家，分别为上海XT社区健康促进社、上海HBJJ养老服务社、浦东新区SQS发展中心、上海LA社工师事务所。五年内，上海XT社区健康促进社共中标项目27个，项目资金为1079.4万元；上海HBJJ养老服务社共中标项目20个，项目资金为919.7万元；浦东新区SQS发展中心共中标项目12个，项目资金为670.1万元；上海LA社工师事务所共中标项目14个，项目资金为468.0万元。以上四家民办社会组织共计中标项目73个，占前十名民办社会组织项目数的67.0%，占全部民办社会组织项目数的41.0%；共计获得项目资金3137.2万元，占前十名民办社会组织项目资金的65.0%，占全部民办社会组织项目资金的45.0%。上海XT社区健康促进社等四家民办社会组织是民办社会组织群落中的大户型组织。

表8.8 浦东新区社区公益招投标中民办社会组织五年项目资金排前十名的情况

排名	中标组织	组织类型	五年内有几年中标（次）	五年合计项目数（个）	五年合计项目金额（万元）
1	上海XT社区健康促进社	民办	5	27	1079.4
2	上海HBJJ养老服务社	民办	5	20	919.7
3	浦东新区SQS发展中心	民办	5	12	670.1
4	上海LA社工师事务所	民办	4	14	468.0
5	上海浦东新区LQ社工服务社	民办	4	7	365.6
6	上海浦东新区Z社区XA志愿服务社	民办	4	7	315.0
7	上海RX社区服务中心	民办	5	7	278.4
8	上海GY社工师事务所	民办	3	5	261.6
9	上海浦东LY新社区健康服务中心	民办	3	5	238.1
10	上海浦东新区XJY社区青少年发展中心	民办	4	5	233.0
	合计			109	4828.9

资料来源：根据"上海市公益招投标网"网站信息归类计算所得。

总体来讲，政府购买服务无疑给社会组织更多的资源和机会。但从社会组织生态发展的角度来看，政府购买服务的大多数资源集中到一部分社会组织，使其成为政府购买服务集中滋养的"大树"，而少数资源分散分布到多数社会组织，使其成为普遍长不高的"小草"。大户型组织占据资源优势和先入优势后，会挤占多数组织的进入机会和发展空间。

（二）"大户型组织"与"资源集中化"发展逻辑

值得引起注意的是，大户型组织的出现、资源的集中化现象不仅在上海政府购买服务中出现，广州、深圳等地政府购买服务中也出现相同的现象。为什么会出现大户型组织和资源集中化现象，其发展的逻辑是什么？从上海政府购买服务的观察来看，本研究认为有以下几点原因。

1. 官办社会组织与政府部门形成管家关系，获取大量政府购买服务订单

有学者对2009—2013年上海政府购买服务实践研究，搜集942个公益服务项目和承接项目的356个组织的资料，通过对社会组织法人身份进行识别，发现法人是国家背景的社会组织占到全部社会组织的68%，纯粹由民间人士发起的社会组织占到全部社会组织的27%[1]。官办社会组织成为上海政府购买服务的绝对主体。本研究对浦东新区社区公益招投标购买服务场域的分析发现，浦东新区EA协会、上海浦东新区QC公益服务社等是官办社会组织中的大户型组织，连续多年获得多个政府购买服务订单。例如，浦东新区EA协会2012—2015年共中标浦东新区社区公益招投标28个项目、项目资金达1473万元；上海浦东新区QC公益服务社2012—2015年共中标浦东新区社区公益招投标10个项目、项目资金达405万元。

从官办社会组织与政府部门的关系分析，大户型组织及资源集中化现象出现的原因之一在于，官办社会组织与政府部门形成管家关系，促使政府订单向部分官办社会组织集中。与委托代理理论不同，管家与委托人关系建立在信任基础上，双方目标一致。双方维持合作的策略是，管家通过释放善意、保持声誉、互惠互助、有效工作等方式建立和巩固其与委托人之间长期稳定的信任关系；委托人的主要管理策略不是建立合同的问责制，而是更多地与管家共同识别问题、交换信息、发展解决方案并形成共赢的战略合作关系[2]。上海政府购买服务场域中，有相当比例的社会组织是由街镇、职能部门等政府部门成立，专门承接政府购买服务项目。这类官办社会组织和政府具有天然的信任关系、共同的话语体系、相互支持的行动网络，是政府可信任的管家。为支持自己圈内组织的发展，也为能够直接或间接掌握社会组织和政府购买服务资源，政府部门（特别是基层政府）倾向于支持官办社会组织来承接政府购买服务，更会与建立管家关系的官办社会组织维系长期稳定的合作。

---

[1] 管兵. 竞争性与反向嵌入性：政府购买服务与社会组织发展[J]. 公共管理学报，2015，12(3)：83-92.

[2] 敬乂嘉. 社会服务中的公共非营利合作关系研究——一个基于地方改革实践的分析[J]. 公共行政评论，2011，4(5)：5-25.

2. 社会组织的能力专有性促进政府与社会组织之间相互锁定,形成稳定的购买服务关系

经济学家威廉姆森在代表作《资本主义经济制度》中提出"资产专有性"的概念,认为劳动分工带来的一个重要后果就是生产要素的日益专一,而这种资产专有性表现在三个方面:资产本身的专有性、资产选址的专有性、人力资本的专有性[①]。资产专有性越高,意味着资产的可迁移性越低,生产主体间的依赖程度越高。贝克尔基于人力资本的专有性将技能分为通用型技能和专有型技能,认为专有型技能的人力资本专用性比较高,员工与企业形成相互依存的紧密关系;通用型技能的人力资本专用性比较低,员工与企业形成松散的关系[②]。王名、蔡志虹从资产专有性的逻辑出发,提出"社会组织能力专有性"的概念。能力专有性强调主体的组织性和非营利性,是社会组织在与政府合作中表现出的一种综合性的组织能力,具体表现为:一个社会组织在与政府合作的某一特定领域中的深耕细作、长期运营、表现出色,其所拥有的专业化的员工及志愿者队伍,以及长期的经验及社会资本的累积所形成的与包括政府在内的各个合作伙伴之间稳定的合作关系[③]。能力专有性的概念为解释我国社会组织与政府互动提供了一个颇有解释力的视角。

政府购买服务场域中,部分社会组织脱颖而出,能够与某些政府部门形成长期、稳定的购买关系,部分原因在于其所具备的能力专用性。当然,"能力"的范围是宽泛的,人力资源、专业技术、社会网络、社区基础等都是社会组织具有的能力。以养老服务市场为例,养老服务有很强的地域特征,政府购买服务需要社会组织能够扎根社区、长期服务社区、与老人建立稳定与持续的联系。相比于社区之外的、初入养老服务领域的社会组织,街镇政府更倾向于购买基于社区、有一定社区基础、熟悉老人特征的社区养老社会组织。而初步购买关系确定之后,已经进入某一养老服务社区的社会组织会与服务对象建立更加深厚的、密切的关联,巩固与相关社区单位的关系、建立合作的机制,取得较好的服务绩效。这样的先入者优势,会使其增加再次中标的筹码。对于政府部门

---

① [美]奥利弗·E. 威廉姆森. 资本主义经济制度:论企业签约与市场签约[M]. 段毅才,王伟译. 北京:商务印书馆,2002.
② [美]加里·贝克尔. 人力资本[M]. 陈耿宣,译,北京:机械工业出版社,2016.
③ 王名,蔡志鸿. 以"能力专有性"论政社合作——以两岸防艾社会组织为例[J]. 中国非营利评论,2019,23(1):1-33.

而言，承接主体的能力是其所需要的，服务绩效在接受的范围，而更换承接主体的风险不可确定，因而不会轻易更换承接主体。在能力专有性不断建立中，政府与社会组织建立相互依赖的关系，双方互相"锁定"，这也促使部分社会组织不断地发展壮大为大户型组织。

3. 大户型组织主动维系政府购买服务项目，运用组织策略构建竞争优势

政府购买服务往往以项目为载体，而多数项目是短期的、非持续性项目。单个、零散的政府购买服务项目并不利于社会组织制定组织战略目标和长远资源规划。部分社会组织会立足于组织战略，在承接政府购买服务时有意识地选择发展长期性、持续性项目[①]，并与发布购买服务需求的政府部门建立长期的合作关系。特别是服务领域相对聚焦的社会组织。例如，服务老人、青少年等固定群体的社会组织，有相对集中和固定的政府购买服务市场，会与政府购买方形成相对稳定的互动关系和模式。因而，社会组织尽力建立项目的持续性和稳定性，是社会组织承接政府购买服务的主动策略。

此外，大户型组织也会准确分析市场，明晰组织自身的优势和不足。例如，在浦东新区养老服务市场，浦东新区EA协会和HBJJ养老服务社是官办和民办社会组织中大户型组织代表，具有较强的知名度。浦东新区EA协会会选择承接老年活动室、文化娱乐活动等专业性要求较低的项目，充分发挥其组织网络强大的优势，避免自己在专业服务上的不足。而HBJJ养老服务社则利用其专业性承接失智失能老人照料、老人护理和康复等专业性要求较高的项目，进一步拓展其在浦东新区养老服务市场的知名度；与此同时，设计创新活动来争取老年活动室、文化娱乐活动等专业性要求较低的项目，以拓展其在养老服务市场的占有率，并进一步发展其养老服务的潜在客户。在部分社会组织有目标、有计划的承接政府购买服务的经营策略下，政府购买服务场域的资源集中和大户型组织出现也反映出社会组织行动者能动的影响。

---

① 陈为雷. 政府和非营利组织项目运作机制、策略和逻辑——对政府购买社会工作服务项目的社会学分析[J]. 公共管理学报，2014，11（3）：93—105.

第九章 政府购买服务的组织环境与社会组织行为对公共服务质量的影响

在政府购买服务的组织环境下，社会组织采取多元化的适应性行为，以获取购买场域中的有利位置，达到政府购买服务的绩效目标。当然，政府购买服务的绩效目标是多维度的、多主体的，基本层面上包括公共服务质量的提升，进而包括社会组织的培育和发展，并最终构建共建共享的公共服务治理格局。从基础层面上，政府购买服务是为了促进公共服务质量改善和效率提升。那么，政府购买公共服务质量受到哪些因素影响？其作用机制如何？结合本研究其他内容，本章试图探讨，政府购买服务的组织环境与社会组织行为对政府购买服务公共服务质量的影响机制是怎样的？运用定性比较分析方法，本章对上海市政府购买公共服务质量的影响因素及作用机制进行分析。

一、定性比较分析方法与案例选择

社会学家 Ragin 率先在社会科学领域引入了定性比较分析方法（Qualitative Comparative Analysis，下文简称"QCA"），这一方法采用整体的视角，开展案例层面的比较分析，将每个案例视为条件变量的"组态"[1]。组态就是能够产生既定结果的要素（促进因素、前因变量、基本要素、决定因素等，在组态比较分析方法中，这些要素被称为"条件"）的特定组合。通过案例间的比较，找出条件组态与结果间的因果关系，回答"条件的哪些组态可以导致期望的结果出现？哪些组态导致结

---

[1] RAGIN. The comparative method. Moving beyond qualitative and quantitative strategies [M]. Berkeley, Los Angeles, and London: University of California Press, 1987.

果的不出现?"这类问题[1]。即QCA关注跨案例的"并发因果关系",讨论哪些要素的不同组合可能产生同样的结果[2]。QCA主要分为三个核心技术:清晰集定性比较分析(csQCA)、多值集定性比较分析(mvQCA)、模糊集定性比较分析(fsQCA)。QCA技术力求整合"定性"(案例导向)与"定量"(变量导向)两种分析方法的长处。目前该方法已经逐步应用到政府网站建设[3]、创业[4]、邻避运动[5]等多个领域研究。

QCA方法适用于中等样本(10~40个案例)的分析,有助于发挥定量研究与定性研究的优势。在选择案例时,下列因素需要考虑:①案例必须具有足够的相似性,即案例间必须共有足够的背景或特征;②案例必须具有多样化,核心标准是在最少数量的案例中实现最大程度的案例间异质性;③案例中同时包含具有"负面"和"正面"结果的案例。[6]

遵循QCA案例选择的标准,本研究以2011—2015年上海市浦东新区社区公益招投标项目为抽样框,以政府购买服务项目为案例单位。5年间浦东新区共有54家社会组织承接259个社区公益招投标项目。对于承接多个购买项目的社会组织,本研究选择它承接的某一个项目为案例,共筛选出30个项目作为案例。30个案例中13个案例呈现高政府购买公共服务质量、17个案例呈现非高政府购买公共服务质量,所选案例包含正面和负面的结果。笔者作为政府购买服务第三方评估人员,参与到30个案例的项目中期与结项评估,并对项目执行团队、项目购买方、合作方及服务对象等相关利益群体进行访谈,较为熟悉以上案例的运作情况。与此同时,笔者查阅30个案例的政府购买服务相关资料,包括项目需求书、投标书、项目团队自评报告、项目进展报告、第三方评估报告等,并查阅"上海市公益招投标网"网站、社会组织官方网站等网络信息。

---

[1] 杜运周,贾良定. 组态视角与定性比较分析(QCA):管理学研究的一条新道路[J]. 管理世界,2017(6):155—167.

[2] [比]伯努瓦-里豪克斯,[美]查尔斯C.拉金. QCA设计原理与应用:超越定性与定量研究的新方法[M]. 杜运周,李永发,等译,机械工业出版社,2017:7.

[3] 谭海波,范梓腾,杜运周. 技术管理能力、注意力分配与地方政府网站建设——一项基于TOE框架的组态分析[J]. 管理世界,2019,35(9):81—94.

[4] 程建青,罗瑾琏,杜运周,等. 制度环境与心理认知何时激活创业?——一个基于QCA方法的研究[J]. 科学学与科学技术管理,2019,40(2):114—131.

[5] 王英伟. 权威应援、资源整合与外压中和:邻避抗争治理中政策工具的选择逻辑——基于(fsQCA)模糊集定性比较分析[J]. 公共管理学报,2020,17(2):27—39+166.

[6] [比]伯努瓦-里豪克斯,[美]查尔斯C.拉金. QCA设计原理与应用:超越定性与定量研究的新方法[M]. 杜运周,李永发,等译,机械工业出版社,2017:18—25.

通过多方信息印证，以提升案例信息的准确性、客观性、全面性。

二、变量设定与校准

（一）结果变量

本研究关注政府购买公共服务质量，以第三方评估机构上海 YL 公益事业发展中心对政府购买服务项目评估分数为基础来测量政府购买公共服务质量。该评估机构以上海市质量监督局 2012 年颁布的地方标准《社区公益服务项目绩效评估导则》为依据，综合评价项目的完成情况、服务满意率、财务状况、组织能力、人力资源、综合效能，并得出项目评估分数。以上六大类综合指标涉及公共服务质量、社会组织发展及影响等方面。本研究仅选取反映政府购买服务质量的两大指标，即项目的完成情况、服务满意率，为测量政府购买公共服务质量的工具。项目的完成情况、服务满意率两项指标总分为 45 分，本研究设定政府购买服务项目以上两项分数为 40.5 分（占 45 分的 90%）及以上为高政府购买公共服务质量，40.5 分以下为非高政府购买公共服务质量。

（二）条件变量

结合本研究的整体框架，从政府购买服务的组织环境和社会组织行为两个层面设定条件变量，具体条件变量见表 9.1。

表 9.1 政府购买公共服务质量的条件变量

分析维度	二级指标	条件变量
组织环境	资源环境	政府购买服务项目资金、社会组织的组织资源
	制度环境	政府与社会组织的信任关系
	技术环境	政府购买服务内容的复杂性
组织行为	组织行为	政府购买服务生产的专业性、社会组织项目管理能力

以下是对具体的条件变量的定义与描述。

1. 政府购买服务项目资金

公共服务的资金投入是引入多元主体、开展多元化服务的重要前提。各级政府部门逐渐接纳政府购买服务这一方式，并将购买资金纳入政府财政预算，为社会组织承接政府购买服务提供了重要保障。本研究中的"政府购买服务项目资金"采用政府购买服务项目的单个项目资金额度。单个政府购买服务项目资金在30万元以上，表示购买资金充足，编码为1；单个项目资金在30万元及以下，表示购买资金不够充足，编码为2。

2. 社会组织的组织资源

资源是组织中能够展现组织核心竞争力的任何事物，以有形资产和无形资产的形式存在[①]。组织资源被视为那些能够帮助组织更好地竞争并实现其愿景、使命、战略和目标的优势的一系列属性组合。行业中的组织可能拥有不同的资源，这些资源在组织间具有不可复制性，而组织资源的异质性造成组织的绩效差异。[②] 本研究以社会组织内在的人力资源（如投入项目的人力资源数量、资质、专职与兼职情况）与外部动员的服务对象资源、社会资源来判定组织资源状况。以第三方项目评估报告中"人力资源"分数（总分12分）为基础，并结合项目访谈资料、项目自评报告等对人力资源、服务对象资源、社会资源的等级进行调整。社会组织人力资源得分在10分以上（占总分83.3%，人力资源投入充分）且动员服务对象资源、社会资源较多，表示社会组织的组织资源丰富，编码为1；社会组织人力资源投入充分或者动员服务对象和社会资源较多，编码为2；社会组织人力资源投入不足且动员服务对象和社会资源较少，编码为3。

3. 政府与社会组织的信任关系

政府购买服务中因社会组织身份、合作基础、组织知名度的差异，政府和社会组织的信任关系存有较大差别。根据社会组织身份的差别，假设政府部门对官办社会组织具有较强的信任。根据社会组织与政府已有的合作经历，假设政府对已有良好合作基础的社会组织具有较强的信任。根据社会组织的组织知名度大小，假设政府对名声在外的明星社会组织具有较强的信任。社会组织身份为官办社会组织，则信任关系编码为1；社会组织身份为民办社会组织，但政府部门与该组织有过良好合作基础，或社会组织具有较强的社会知名度，则信任关系编码为2；社会组织身份为民办社会组织，且与政府部门无合作基础、无较强社会知

---

① WERNERFELT. A resource – based view of the firm [J]. Strategic Management Journal, 1984, 5: 171-180.

② PETERAF, BARNEY. Unraveling the resource – based triangle [J]. Managerial and Decision Economics, 2003, 24: 309-323.

名度，则信任关系编码为 3。

4. 政府购买服务内容的复杂性

公共服务内容的复杂性在很大程度上影响了政府购买服务的质量，而其边界的模糊性也导致政府购买服务的复杂化。简单而言，公共服务区分为硬服务和软服务。硬服务包括垃圾清运、道路维护、绿化服务等具有具体服务质量标准、双方可以事先约定权利义务与合同价格、监管成本较低的服务事项，软服务包括社区矫正、养老服务等难以进行明确的成本收益衡量、服务质量标准不易量化、监管成本较高的服务事项[①]。相比较而言，软服务实现与否的测量难度更高，效果呈现往往需要更长的时间，服务的不确定性、复杂程度较高。本研究中，政府购买服务内容的复杂性主要是分析政府购买服务的内容与方法易实现、指标易测性等不确定程度。政府所购买服务的内容和方法易实现、指标易测量，则认为服务复杂性低，编码为 1；政府所购买服务的内容和方法难实现、指标难测量，则认为服务复杂性高，编码为 2。和服务生产过程不同的是，政府购买服务内容的复杂性，主要考量在项目立项与设计环节服务购买方和需求方对服务内容提出的要求。往往购买服务内容的复杂性是由服务购买方和需求方设定的，受到服务内容本身特性的影响。

5. 政府购买服务生产的专业性

服务提供与服务生产存在差异。政府作为公共服务的提供者或安排者，是履行公共职责、提供公共服务的安排者，不一定直接生产服务。采用政府购买服务的方式，即用公共服务市场购买、而非内部生产的方式来提供服务。社会组织作为政府购买服务的直接服务生产者，它有无专业的服务人才、服务内容是否具有专业要素、是否运用专业的服务方式和流程，都在很大程度上决定政府购买服务的专业化程度。政府购买服务生产的专业性维度，是从社会组织生产服务中服务人员、服务内容、服务方式等过程变量加以评价。如果社会组织开展的项目具有社会工作、心理学等专业内容设计，运用社工服务方法和流程，则服务生产专业性编码为 1；如果社会组织不具有社会工作、心理学等专业内容设计，没有运用社工服务方法和流程，则服务生产专业性编码为 2。

---

① 李军鹏. 政府购买公共服务的学理因由、典型模式与推进策略[J]. 改革, 2013 (12)：17—29.

6. 社会组织的项目管理能力

项目管理是通过运用一定的知识、技能、工具和技术等，使具体项目能够在计划时间内按照实际需求，高质量、高效率的完成项目内容，达到项目的预期目标。社会组织的项目管理能力，是它作为购买服务的承接方，须按照承接任务的内容、方式、时间、指标等合同约定，做好项目规划，处理好与合作方的关系，合理、有序、有效推进项目进展的能力。政府购买服务项目实施中，社会组织完全按照合同约定，合理有序开展一系列协调、组织和实施活动，较好处理与合作方的关系，顺利推进项目，编码为1；社会组织处理好与合作方的关系，但未完全按照合同约定、未合理有序开展系列活动，编码为2；社会组织未处理好与合作方的关系，且未完全按照合同约定、未合理有序开展系列活动编码为3。

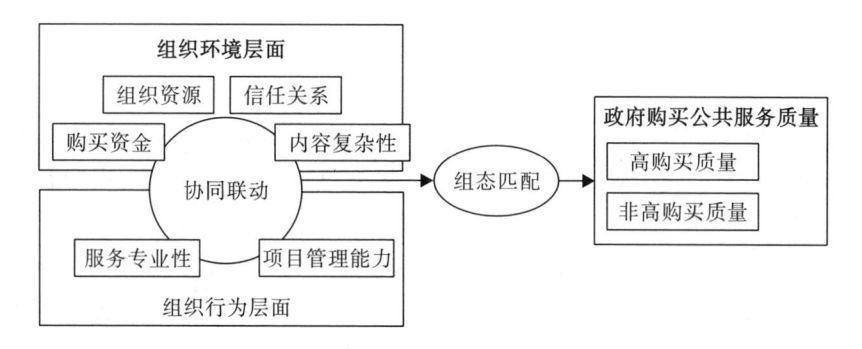

图9.1 政府购买公共服务质量的驱动机制模型

本部分的基本假设是：

假设1：政府购买服务项目资金充分，有利于呈现高质量的政府购买服务。

假设2：社会组织具有丰富的组织资源，有利于呈现高质量的政府购买服务。

假设3：社会组织与政府形成较强的信任关系，有利于呈现高质量的政府购买服务。

假设4：政府购买服务内容的复杂性低，有利于呈现高质量的政府购买服务。

假设5：政府购买服务生产的专业性强，有利于呈现高质量的政府购买服务。

假设6：社会组织具有较强的项目管理能力，有利于呈现高质量的政府购买服务。

校准是运用QCA方法分析的重要步骤。研究者必须对测量变量进行校准，使原始测量具有可解释的集合意义。[①] 根据理论与实践的知识设定3个临界点：完全隶属、交叉点以及完全不隶属，分别赋值1、0.5、0。本研究采用直接判断法，将本研究以上条件变量编码为1、2、3分别赋值为1、0.5、0，或者条件变量编码为1、2分别赋值1、0；将结果变量中项目评分高于等于40.5分的案例赋值为1、隶属高购买服务质量，项目评估小于40.5分的案例赋值为0、隶属非高购买服务质量。本研究运用fsQCA3.0软件进行分析。

三、数据分析与实证结果

（一）必要条件分析

在对条件组态进行分析前，需要对每个条件变量的必要性（Necessity）进行检验。表9.2显示高购买服务质量的必要条件分析结果，没有一项条件变量的一致性超过0.9，即没有促进高购买服务质量的必要条件；而组织资源的一致性为0.897727、项目管理的一致性为0.863636，较高于其他条件的一致性，表明组织资源、项目管理是促进高政府购买服务质量的重要因素。非高购买服务质量的必要条件分析显示，～服务专业性[②]的一致性为0.946429、～项目管理的一致性为0.973214，这两项条件变量一致性超过0.9，表明服务专业性、项目管理是促进非高购买服务质量的必要条件。

[①] 杜运周，贾良定. 组态视角与定性比较分析（QCA）：管理学研究的一条新道路[J]. 管理世界，2017（6）：155－167.

[②] 在QCA中，"～"表示"非"。例如，"～服务专业性"表示"非服务专业性"，即不具备较强的服务专业性。

表 9.2　必要条件分析

条件变量	高购买服务质量（QPS） 一致性（Consistency）	高购买服务质量（QPS） 覆盖率（Coverage）	非高购买服务质量（～QPS） 一致性（Consistency）	非高购买服务质量（～QPS） 覆盖率（Coverage）
购买资金（PF）	0.659091	0.617021	0.410714	0.489362
～购买资金（～PF）	0.454545	0.377359	0.678571	0.716981
组织资源（OR）	0.897727	0.840426	0.223214	0.265957
～组织资源（～OR）	0.215909	0.179245	0.866071	0.915094
信任关系（TR）	0.659091	0.597938	0.437500	0.505155
～信任关系（～TR）	0.454546	0.388350	0.651786	0.708738
服务复杂性（SC）	0.590909	0.440678	0.678572	0.644068
～服务复杂性（～SC）	0.522727	0.560976	0.410714	0.560976
服务专业性（SP）	0.590909	0.896552	0.142857	0.275862
～服务专业性（～SP）	0.522727	0.323944	0.946429	0.746479
项目管理（PM）	0.863636	0.962025	0.116071	0.164557
～项目管理（～PM）	0.250000	0.181818	0.973214	0.900826

（二）条件组态分析

应用 fsQCA 软件分析会产生三个解：复杂解、简约解、中间解。一般来说，中间解优于复杂解和简约解，应该是任何 QCA 版本的任何应用的常规部分。[1] 本研究采用中间解，并以 Ragin 和 Fiss 提出的 QCA 分析结果呈现方式[2]。该呈现方式能够清晰地表明各个条件在组态中的相对重要性。其中，●表示 A 条件存在，⊗表示～A 条件存在，大圆表示"核心条件"，小圆表示"边缘条件"。

表 9.3 是促进高政府购买服务质量和非高政府购买服务质量的组态，包含中间解、一致性、覆盖度等内容。以下分别对高购买服务质量和非高购买服务质量的路径进行讨论。

---

[1] ［比］伯努瓦－里豪克斯，［美］查尔斯 C. 拉金. QCA 设计原理与应用：超越定性与定量研究的新方法 [M]. 杜运周，李永发，等译，机械工业出版社，2017：96.

[2] RAGIN, FISS. Net Effects Analysis versus Configurational Analysis：An Empirical Demonstration. Redesigning Social Inquiry：Fuzzy Set and Beyond [M]. Chicago：University of Chicago Press，2008：190－212.

表 9.3　产生高购买服务质量和非高购买服务质量的组态

条件	高购买质量－组态解 解1	高购买质量－组态解 解2	非高购买质量－组态解 解1	非高购买质量－组态解 解2
购买资金（PF）		●		
组织资源（OR）	●	●		⊗
信任关系（TR）		●		
服务复杂性（SC）				
服务专业性（SP）	●			
项目管理（PM）	●	●	⊗	
一致性	1	1	0.900826	0.915094
原始覆盖度	0.556818	0.318182	0.973214	0.866071
唯一覆盖度	0.443182	0.204545	0.107143	0
总一致性	1		0.879032	
总覆盖度	0.761364		0.973214	

1. 高购买服务质量的组态分析

表 9.3 表明产生高购买服务质量的两条路径。其一，解的总一致性为 1，这意味着，在所有满足这 2 类条件组态的政府购买服务项目案例中，100%的政府购买服务项目呈现高购买服务质量。其二，解的总覆盖度为 0.76，这意味着 2 类条件组态可以解释 76%的高购买服务质量的案例。解的一致性和覆盖度均高于临界值，表明实证分析有效。

条件组态 1：高购买服务质量＝组织资源＊服务专业性＊项目管理。公式表明，社会组织具有较丰富的组织资源、较强的项目管理能力时，如果具备较强的服务专业性，政府购买服务将获得较高的政府购买服务质量。该路径中"组织资源"和"项目管理"是核心条件[1]，"服务专业性"是边缘条件。该路径能解释 55%的高购买服务质量案例。另外，44%的高购买服务质量案例仅能被该路径解释。这类组态的典型案例是 C1、C3、C4、C14、C16、C18[2]。社会组织除了具有较丰富的组织资源、

---

[1] 注释：判断核心条件，一是看是否是必要条件，二是看是否是在简约解中出现的条件。组织能力和项目管理都不是必要条件，但都在简约解中出现，因而判断为核心条件。

[2] C1 是浦东新区 QC 公益服务社、C3 是上海 RX 社区服务中心、C4 是上海 HPJY 社区青少年发展服务社、C14 是上海 GY 社工师事务所、C16 是上海 HBJJ 养老服务社、C18 是上海 ZZ 社区服务社。

较强的项目管理能力,也具备较强的服务专业性,是导致高购买服务质量的路径。其中,社会组织的组织资源反映购买服务的"资源环境",政府购买服务生产的专业性、社会组织项目管理能力反映购买服务中的"组织行为",该路径具有"组织环境—组织行为"平衡型特征。在具备政府购买服务资源环境的条件下,必须充分发挥社会组织的能动性。

(1) 组织资源。该路径案例的社会组织都具有较丰富的组织资源。资源是组织的竞争优势之一。组织资源是那些能够帮助组织更好的竞争并实现其愿景、使命、战略和目标优势的一系列属性组合。[①] 组织相对于其他组织的竞争优势是建立在其所拥有的异质性资源和关系基础上的。[②] 当组织采用一种独特的、能够创造价值、难以被竞争对手赋值的战略时,组织就建立了竞争优势。[③] 该路径的社会组织都具有各自相应的资源动员渠道和方法,相比于其他组织形成竞争优势。政府购买服务中,社会组织资源主要涉及人力资源、物资、服务对象网络、技术支持等。按照组织动员的方式,组织资源分两类,体制内动员资源和体制外动员资源。体制内动员资源,如C1浦东新区QC公益服务社、C18上海ZZ社区服务社等官办社会组织,通过动员地域内或系统内体制资源,充分调动区域内或系统内的社会资本、人力资源和组织力量来配置项目需要的资源。体制外动员资源,如C3上海RX社区服务中心、C16上海HBJJ养老服务社等民办社会组织,主要通过构建志愿者队伍、以市场方式聘请一线服务人员、动员企业资源等方式,筹集项目所需资源。以C1为例,QC机构在项目活动开展中动员C镇残疾人联合会、盲人协会、聋人协会及助残服务社、社区义务工作者协会、红叶艺术团等在地体制内社会组织。QC机构整合残联人力资源,由C镇残疾人联合会统一协调,在C镇下设六大社区,共设6名社区助残负责人,80个村居共配备80名社区助残员作为项目志愿者,完成上门建档、活动通知、会场布置等工作;通过社区义务工作者协会开展志愿者招募和培训;通过红叶艺术团协助服务社组织和指导残障人士专题文艺活动演出排练;通过C镇成人学校提供培训场地与师资。浦东新区QC公益服务社的法人兼任

---

① [美]杰弗里. 迈尔斯. 管理与组织研究必读的40个理论[M]. 徐世勇,李超平,等译. 北京大学出版社,2017:193.
② [美]杰弗里. 迈尔斯. 管理与组织研究必读的40个理论[M]. 徐世勇,李超平,等译. 北京大学出版社,2017:193.
③ BARNEY. Firm resources and sustained competitive advantage [J]. Journal of Management,1991 (17):99-120.

C镇社会组织服务中心的法人，而社会组织服务中心是服务与管理辖区内社会组织的支持型组织，发挥着社会组织管理、公共事务服务、供需对接服务三个平台作用，在项目实施中对项目质量给予监督与指导。由于浦东新区QC公益服务社的特殊体制内背景，该项目能调动体制内组织资源，而这种资源是体制外组织无法替代的。

（2）项目管理。项目是为创造独特的产品、服务或成果而进行的临时性工作。项目管理分为项目启动、项目规划、项目执行、项目监控、项目收尾五大过程组。社会组织需要按照项目过程，做好项目进度与质量监控、项目人员的合理配置和合作方沟通协调、项目档案管理等工作。以C3上海RX社区服务中心为例。RX机构采用"总部＋项目组"二级管理模式，机构总部负责项目进度监控、协调、培训与监督等管理和支持工作，项目组分设在项目落地街镇，负责项目执行。机构的项目管理体现为三方面：①项目监督方面。机构总部每个月通过实地考察和电话了解项目进展情况，阶段性对所有项目资料进行集中式审查和评估；每个项目组配置一名项目督导，定期实地指导和评估各项目点的实施情况；项目组接受项目专题培训，理解社区少儿托管的模式、项目板块活动的内容和要求，保证服务成效和项目目标的达成；根据项目要求制定一系列规章制度及周、月报表，每月初以表格形式列出当月项目需完成的工作，通过每周各项目实施地的周报了解项目进展情况，每周项目组内部召开内部沟通会，总结项目进展情况、实施过程中的困难及解决建议，加强项目实施的内部监管和控制。②项目档案整理方面。机构专设档案管理人员负责档案的分类整理、登记、编号、归档保管和查找借阅等工作。档案管理人员将项目立项、审批、招投标、执行、验收全过程中形成的文字、图表、声像资料等形式的全部资料，按要求分类、编目、装订成册后进行归档。服务信息档案进行连续、动态管理，保证信息及时更新。项目主管也定期查阅项目档案，整体管控项目档案完整性、规范性及与项目吻合度等问题。档案管理规范化与系统化，在一定程度上反映出项目管理的思路清晰、展示了活动的面貌，留下项目开展的痕迹。③项目合作方管理方面。项目组较好地开发与维系了项目三个落地街镇的关系，得到项目落地街镇在场地、资金、当地服务资源等方面的大力支持与帮助，动员T街道社区文化活动中心、罗兰音乐学院、C镇团委志愿服务队、六灶成教学校、H街道华林小学等项目实施地的社会资源，与社区各单位建立良好的合作关系。项目合作方的支持与配合促进了项目的顺利推进。

（3）服务专业性。服务专业性是社会组织独特的组织优势，是承接政府购买服务的基础能力。社会组织承接服务的专业性主要体现在服务方案设计上融入专业因素、运用专业的服务方式和流程、由与服务相关的专业人才队伍来提供服务。以 C18 上海 ZZ 社区服务社为例，这家机构是专业的社工服务机构，由社工专业毕业的社会工作者为主要人力资源，项目服务中体现较强的专业性。ZZ 机构承接项目"浦东新区 BY 家庭关爱计划项目"，为父母中一方或双方为药物滥用、社区服刑或刑释解教人员的家庭中 16~25 岁青少年开展服务。①项目设计的专业性表现为：以家庭治疗模式为理论指导，旨在通过改善家庭成员之间的沟通方式的工作手法有效解决边缘家庭问题；从家庭类型、家庭收入、亲子关系、社区融合度等维度开展较为全面、系统的需求分析，判断边缘家庭成员个人和家庭成长的问题和影响因素，为项目专业设计奠定基础；项目运作中运用专业量表评价家庭成员间情感联系的亲密度、家庭成员随家庭处境及不同发展阶段而改变的适应能力，以客观数据来评价家庭改变程度和项目成效。②项目方法的专业性表现为较为专业规范地运用个案、小组和社区活动三大社会工作方法，采用倾听、同感、接纳、真诚、尊重、澄清、解释、头脑风暴、角色扮演等社会工作基本技术，为项目开展提供技术保障。C18 项目完成对入组家庭开展个案服务 202 个，其中家庭融合个案 101 个、青少年个案服务 36 个、禁毒个案服务 65 个，累计提供 5004 人次个案服务；以增强亲子间相互理解和沟通、提升就业规划能力、帮助青少年开展自我保护等为目标设置小组活动，开展"亲子互动""职业规划""青春飞扬"等主题活动共计 12 场 60 节，受益群体 718 人次；以健康教育、增进社区融入度等为目标设置社区活动，开展社区综合服务、社区宣传等社区关爱活动 16 场、受益群体 725 人次。同时，社工发挥资源链接的专业能力，整合资源为服务家庭协助申请低保 44 人次、协助办理临时补助 73 人次、协助推荐就业 32 人次、协助推荐就学 6 人次、协助推荐技能培训 10 人次、提供免费体检 68 人次。③项目设计与项目方法运用的专业性，基础在于 C18 项目投入人力资源的专业性。C18 成立项目工作组，按照区域成立两个项目工作小组，每个工作小组分设个案服务、小组活动、社区关爱活动等工作组；每个工作组甄选中级社工或具有丰富实务工作经验的社工担任专业督导，以提升项目的专业性，顺利推进项目进展。C18 项目共有 41 名社工、1 名财务人员、44 名志愿者参与项目实施，其中，具有社工师或心理咨询师资质的社工 34 人。C18 项目人力资源数量上充足、质量上具有专业素养和能力，在很大程度上保障所承接服务的高质量实现。

条件组态2：高购买服务质量＝购买资金＊组织资源＊信任关系＊服务复杂性＊项目管理。公式表明，社会组织具有较丰富的组织资源、较强的项目管理能力时，如果具备充足的购买资金、和政府部门建立较强的信任关系、购买服务内容复杂性低，政府购买服务将获得较高的政府购买服务质量。该路径中"组织资源"和"项目管理"是核心条件，"购买资金""信任关系""服务复杂性"是边缘条件。该路径能解释31%的高购买服务质量案例。另外，20%的高购买服务质量案例仅能被该路径解释。这类组态的典型案例是C6浦东新区EA协会、C25上海浦东新区WA社区服务管理中心。社会组织除了具有较丰富的组织资源、较强的项目管理能力，也具备充足的购买资金。和政府部门建立较强的信任关系、购买服务内容复杂性低，是导致高购买服务质量的路径。该路径的条件较多，政府购买服务项目资金充足、社会组织的组织资源丰富，反映政府购买服务的"资源环境"；政府与社会组织具有较强的信任关系，反映政府购买服务的"制度环境"；政府购买服务内容的复杂性低，反映政府购买服务的"技术环境"。该路径具有"组织环境"导向型特征。并且，从典型案例可见，该路径是政府购买服务中官办社会组织呈现高质量服务的普遍项目模式。在"组织环境"条件良好的情况下，官办社会组织具有较强的项目管理能力，即能实现高质量的政府购买服务。例如，C6浦东新区EA协会、C25上海浦东新区WA社区服务管理中心都是官办社会组织，和相关政府部门或街道具有较强的行政关联，能够较为便利地调动系统内、社区内体制资源，通过行政化管理方式，开展服务复杂性不高的项目，也能取得较高的政府购买服务质量。

以C25上海浦东新区WA社区服务管理中心为例，它承接政府购买服务"W街道'银发无忧'合服务项目"，旨在为W社区4404名独居和纯老户老年人提供助老服务，以满足老年人生理和心理上的基本需求。①资源环境方面，C25项目资金为91.07万元，相比于其他政府购买项目资金充足，组织资源也非常丰富。WA机构在项目中共有8名工作人员，其中6名工作人员具有社会工作资质、2名工作人员具有财务资质，以上8人全部是W街道社会组织服务中心工作人员，兼任C25项目人员。项目实施中，WA机构拥有并调动广泛的社区资源，与W街道27个居委会、W街道老年协会、W街道慈爱服务社、W街道为老服务工作站、上海LM社工服务社等多家组织形成分工合作关系。其中，街道27个居委会民政员担任9个片区志愿者、负责片区项目活动的组织与协调；

W街道为老服务工作站主要协助项目执行机构招募义工；W街道老年协会合作开展国庆红歌会、金婚庆典等大型节庆活动；W街道慈爱服务社提供扦脚服务支持；NX养老事业发展中心提供康复器械、场地以及"金拐杖"中的康复服务；上海大学派遣多名社会工作专业学生担任"银发无忧"为老服务项目的实习生和志愿者。无论是购买服务资金，还是机构投入的人力与社会资源，都为项目顺利开展提供了保障。②制度环境方面，上海浦东新区WA社区服务管理中心于2010年成立，其业务主管单位是上海市浦东新区人民政府W街道办事处。WA机构和W街道社会组织服务中心是两块牌子、同一工作人员，其财务工作和项目经费都是由街道会计事务所统一管理。作为W街道内生性的社会组织、同时也作为W街道社会组织服务中心的民非载体，WA机构与W街道、当地居委会和社区各单位具有天然的联系，与政府部门具有非常强的信任关系。官办社会组织与基层政府的强行政联系与信任关系，减少了社会组织进入社区、落地项目的沟通协调阻力，增强了社会组织运用在地资源和网络的便利性，大大促进政府购买项目的顺利开展。③技术环境方面，C25项目内容以社区义工上门聊天、主题节庆活动、理发、扦脚等简单活动为主（见表9.4），方法上容易实现、指标容易测量，服务复杂性较低；而项目设计中部分专业服务则被机构转介给专业社工机构开展。整体上，C25项目服务的复杂性较低，在一定程度上为不同机构、特别是社区内生机构分担部分任务提供了前提。政府购买服务内容的复杂性较低，降低了政府购买服务高质量实现的难度。④项目管理方面。在政府购买服务的资源、制度、技术环境都有利的情况下，社会组织对项目进度进行合理安排、积极推进、规范运作，即能有效保障项目质量。C25项目中，WA机构将多个子项目的具体活动分配给其他合作主体完成，而机构主要负责项目整体控制与监督、组织协调和财务管理。项目质量监控方面，WA机构成立项目工作指导小组，制定各项目工作制度，定期召集子项目负责人开展工作会议、推进项目进程、完善工作方案和协调事宜，部署和督查项目进展。

表 9.4　C25 部分项目内容摘要

序号	标的内容	标的子项目（活动）分解	活动情况简介
1	社区义工为独居老人提供服务	义工上门聊天	社区义工为老人提供上门聊天服务
2		专业社工个案服务	义工发现有特殊需求的老人，通过服务转介给专业社工
3		……	……
4	为独居和纯老户老人开展团康活动	基线调查	入户访问，了解独居和纯老户老人的个人实际情况、生活需求状况等
5		开心坊	以读报、编织、合唱、沪剧、刻纸等兴趣活动开展主题的小组工作
6		……	……
7	结合中国传统节日，为独居和纯老户老人开展大型节庆活动	端午节活动	开展老人包粽子比赛，并邀请老年人文体团队进行文艺表演
8		中秋节活动	举办"情满中秋 共赏金茂"活动
9		……	……
10	为独居和纯老户老人提供扦脚服务	扦脚服务	为 4404 位独居和纯老户老人提供扦脚服务
11	为独居和纯老户老人提供理发服务	理发服务	为 4404 位独居和纯老户老人提供理发服务

2. 非高购买服务质量的组态分析

表 9.3 表明产生非高购买服务质量的两条路径。解的总一致性为 0.87，这意味着，在所有满足这 2 类条件组态的政府购买服务项目案例中，87% 的政府购买服务项目呈现非高购买服务质量。解的总覆盖度为 0.97，这意味着 2 类条件组态可以解释 97% 的非高购买服务质量的案例。解的一致性和覆盖度均高于临界值，表明实证分析有效。

条件组态 1：非高购买服务质量＝～项目管理。公式表明，社会组织缺乏较强的项目管理能力时，政府购买服务将获得非高购买服务质量。"项目管理"是核心条件。该路径能解释 97% 的非高购买服务质量案例。另外，10% 的非高购买服务质量案例仅能被该路径解释。这类组态的典型案例是 C2、C9、C10、C17、C19。社会组织缺乏较强的项目管理能力，是导致非高购买服务质量的路径。该路径呈现"管理缺乏型"特征。以下以 C10 上海浦东新区 LN 家庭服务中心为案例分析该路径。

C10 上海浦东新区 LN 家庭服务中心承接"浦东新区 L 镇银发无忧综合服务项目"，旨在为 L 镇 60 岁以上约 4500 多名（除居家养老服务补贴对象以外）老人提供服务，重点为 3611 名 70 岁以上的老人、485 名纯老及 94 名独居老人，提供助洁、助浴、助乐、助聊、助疗、助理服务。C10 上海浦东新区 LN 家庭服务中心成立于 2000 年，业务范围是为老年家庭提供家政服务，其服务模式是提供 24 小时全天制住家服务、8~10 小时全日制服务、按小时钟点制服务。LN 机构的项目管理能力缺乏主要体现为：①缺乏项目管理制度、项目管理机构未有效发挥作用。LN 机构缺乏制度建设，除机构章程外，机构没有任何制度文档，也没有项目管理的相关规定。项目开展初期，由项目执行机构组建由镇分管领导担任组长的项目领导小组，下设工作协调小组，项目执行机构负责人担任组长，镇 12 个村/居委会的民政、老龄干部担任组员。从项目领导小组和执行团队来看，该机构具有一定的行政动员能力和社区执行能力，能够借助行政化组织网络便利地开展项目。但项目实施期间，项目领导小组与工作协调小组并未发挥实质性作用。②缺乏对项目合作方的有效管理。C10 项目内容被分拆为多个板块，并被分包给多个项目合作方。例如，助浴、助洁服务由镇 12 个村/居委会负责实施，扦脚服务由 Y 街道社区便民服务社提供，而项目执行机构负责项目的统筹管理、沟通协调和宣传。项目执行中，LN 机构缺乏对项目合作方的监督、缺乏有效沟通，没有定期检查项目合作方的服务情况与实效，基本处于放任状态。③未按照合同规定完成指标。C10 项目未按照原定项目投标书实施项目，延期 2 个月才开始项目，并对各项目活动实施的时间和频次做了调整。部分项目内容未达到预计的质量与频次，而部分项目缺乏档案。项目实施中，镇政府收到匿名信访，投诉该项目的造假问题。经评估方调查核实，该项目服务台账中的服务对象姓名、居住地址均系伪造，信访投诉事宜属实。之后，项目执行机构也承认该项目实施所在地的 12 个村/居委会普遍存在助浴、助洁服务不到位、服务频次不足的问题。即使按照政府购买方和评估方的意见整改，LN 机构每月平均在每个村/居委会开展 2~3 次助浴、助洁服务，但与项目标要求的助浴全年服务 3474 人次、助洁全年服务 5211 小时相比，实际完成情况也存有较大差距。终期评估时，项目档案中仍缺乏服务对象详细资料、志愿者详细资料、每次服务记录、服务对象意见反馈表等文档。

条件组态 2：非高购买服务质量=~组织资源。公式表明，社会组织缺乏较丰富的组织资源时，政府购买服务将获得非高购买服务质量。"组织资源"是核心条件。该路径能解释 86% 的非高购买服务质量案例。另外，0% 的非高购买服务质量案例仅能被该路径解释。这类组态的典型案例是 C11、C12、C22、C23、C24。社会组织缺乏较丰富的组织资源，是导致非高购买服务质量的路径。该路径呈现"资源缺乏型"特征。以下以 C11 上海 CHQ 公益社为案例分析该路径。

C11 项目目标是为两个街镇中 52 位重残无业的残障人士提供可持续发展的手工技能培训。CHQ 机构的资源缺乏表现为三个方面：①人力资源投入不足。该机构共有工作人员 3 名，其中项目负责人 1 名、项目执行人员 1 名、财务人员 1 名。另外，在 2 个项目点各有 2 位合作伙伴担任培训老师，共有 6 名大学生志愿者参与。全职人员的数量较少，高校志愿者的参与时间有时难以协调、志愿者稳定性存在一定问题。总体上，社会组织本身投入的人力资源不足，成为影响项目完成质量的内在因素。②服务对象资源不够牢固。服务对象对社会组织形成认同、信任的关系，是社会组织存在与发展的社会合法性基础。政府购买服务中，缺乏服务对象基础，因招投标而自上而下进入社区的社会组织，由于各种原因无法与服务对象建立良好的信任与服务关系，导致承接服务无法按照预期的质量完成。C11 项目主要针对两个街镇阳光之家 52 个智障人士开展培训活动。CHQ 机构之前未在两个街镇开展过服务，即以往没有和服务对象建立任何联系。项目开展后，在对服务对象进行动员时遇到较大困难，只有 36 位服务对象参加活动。而其他服务对象不参与的原因包括不参加阳光之家的活动（属于居家养护对象）、家属认为参与培训活动较为麻烦、部分残障人士生活不能自理。未与服务对象建立自下而上的需求推动型项目关系，服务对象资源缺乏导致项目实施困难。③项目实施地资源支持缺乏。在政府购买服务项目落地社区，承接服务的机构需要和街镇、居委会、社区内单位等建立良好的关系，甚至借助以上机构的资源才能顺利开展服务。C11 项目针对街镇阳光之家的残障学员开展培训，但 CHQ 机构与两个街镇阳光之家沟通不畅、关系不佳，双方在购买服务的资金分配、给予学员的工资标准等方面存在争议。阳光之家认为，C11 项目存在"给予服务对象的劳动报酬过低""劳务报酬的签收程序不规范""项目执行人员经常迟到"等问题。CHQ 机构则认为，阳光之家把该项目作为添麻烦的事情、干预其购买资金的使用、索要资金、怂恿学员不帮助项目人员。C11 项目所在社区与阳光之家对 CHQ 机构评价不高、项目满意度一般。项目监督方也多次就场地问题、服务对象问题进行协调。C11 项目运行不顺畅，既与项目负责人的个性有关，也与民间社会组织与社区内原有机构协调沟通、建立信任关系、利益分割等的效果相关。人力资源、服务对象资源、项目实施地资源等的缺乏，导致 CHQ 类的社会组织无法提供高质量的政府购买服务。

第九章　政府购买服务的组织环境与社会组织行为对公共服务质量的影响

值得注意的现象是，导致非高政府购买服务质量的路径"管理缺乏型"与"资源缺乏型"存在伴随现象。"管理缺乏"或"资源缺乏"单一条件组态单独解释非高购买服务质量的比例不高，仅满足条件组态1"管理缺乏"的案例包括C15、C27、C29，没有案例仅满足条件组态2"资源缺乏"；而"管理缺乏"与"资源缺乏"两个条件组态共同解释的案例具有较高比例，典型案例包括C2、C7、C8、C9、C10、C11、C12、C17、C19、C22、C23、C24、C26。"管理缺乏型"与"资源缺乏型"伴随现象反映社会组织在承接政府购买服务中组织内在要素不足。

四、结论与启示

政府购买服务的基础目标是提供高质量的公共服务。公共服务供给的社会主体引入、市场竞争机制的运用，以及社会组织专业服务的强调，都意在提升公共服务的质量与效率。政府购买服务环境与社会组织发展的因素如何影响公共服务供给质量，是值得讨论的学理与实践问题。本研究从组织环境（资源环境、制度环境、技术环境）、组织行为两个维度出发，运用QCA方法，对政府购买服务项目资金、社会组织的组织资源、政府与社会组织的信任关系、政府购买服务内容的复杂性、政府购买服务生产的专业性、社会组织项目管理能力6个条件进行检验，探讨导致政府购买服务高质量与非高质量的实现路径。

经30个政府购买服务项目的QCA分析发现，导致政府购买服务高质量的条件组态包括两组。条件组态1：高购买服务质量=组织资源＊服务专业性＊项目管理。该路径呈现"组织环境—组织行为"平衡型特征，反映高质量的政府购买服务需要具有丰富的组织资源、较强的服务专业性和项目管理能力，是组织环境与组织行为综合作用的结果。条件组态2：高购买服务质量=购买资金＊组织资源＊信任关系＊服务复杂性＊项目管理。该路径呈现"组织环境"导向型特征，反映在良好的组织环境下，即具备充足资金的资源环境、与政府形成强信任关系的制度环境、购买服务内容复杂性低的技术环境，社会组织具备较强的项目管理能力，政府购买服务将获得高质量。该路径对于"组织环境"的要求较多。而导致政府服务非高质量的条件组织也包括两组。条件组态1：非高购买服务质量=～项目管理。条件组态2：非高购买服务质量=～组织资源。社会组织缺乏较强的项目管理能力，或者缺乏丰富的组织资源时，政府购买服务将获得非高购买服务质量。总体可见，政府购买服务的质量和政府购买服务的组织环境、社会组织行为密切相关。当政府购买服务的组织环境宽松、资金充足、服务内容的技术性要求低、对强体制关联的官办社会组织具有先天的优势，能够实现高质量的政府购买服务。但是当政府购买服务的组织环境较为苛刻，资金不足、服务内容的技术性要求高时，具有较强专业生产能力与项目管理能力的社会组织就更容易脱颖而出、促进政府购买服务高质量的实现。

　　研究所呈现的政府购买服务高质量与非高质量的条件组态，对于现实政策与实践的启示在于：应注重社会组织主体要素的发展，提升社会组织在项目管理、资源动员等方面的能力。导致高政府购买服务质量的"组织环境—组织行为"平衡型路径，反映社会组织具有较强项目管理能力和服务专业性能导致高质量的政府购买服务。而导致非高质量的政府购买服务的两条路径，"管理缺乏"或"资源缺乏"都指向社会组织内在的主体要素。社会组织存在的项目管理能力不足和组织资源缺乏的问题，导致非高的政府购买服务质量。以上研究发现，启示在于：从组织维度、即从社会组织能力提升的角度去反思政府购买服务如何提升质量。作为服务需求方、购买方、监管方，政府部门在招标环节应该加强组织要素的筛查，通过考察社会组织以往项目管理和组织资源的状况，分析社会组织项目管理规范化的水平、投入合适人力和资源、与服务对象与项目落地方建立良好关系的可行性，综合评价、发掘合适的社会组织承接政府购买服务；项目执行环节，政府部门须加强社会组织在项目管理、财务管理等方面的培训和规范、加强项目监管，有效促进社会组织项目管理能力的提升，从而整体上提升政府购买服务质量。作为服务承接方，社会组织要有意识提升项目管理能力，从项目设计、项目实施、项目监管、财务管理等多个环节加强项目控制与推进；同时，需要增强组织资源，配置数量与能力适当的人力资源、建立与服务对象的信任联系、加强与项目实施地居委会和单位的沟通合作，以有效提升其承接政府购买服务的质量。

第十章 结 论

政府、市场和社会是人类社会分工的三种基本机制，每种机制以不同的组织逻辑、资源配置方式发挥着社会生产和再生产的作用。政府购买服务的兴起，是政府和社会合作机制的一种尝试与发展。在政府主导建立的购买服务组织环境中，不同身份社会组织的行动与状态，呈现的不仅是单个组织所占据的资源和机遇，更体现不同的制度逻辑对于组织的作用。官办社会组织与民办社会组织在政府购买服务场域中互动，各自寻求在场域中的有利位置，获得组织生存和发展资源，呈现多元丰富的组织发展样态。

一、研究结论

本研究以政府购买服务对社会组织的影响为研究问题，从环境与组织互动的视角，分析政府购买服务所构建的"资源—制度—技术"环境及其运作逻辑，探讨政府购买服务对社会组织的个体行为、组织关系、组织生态等方面产生的作用与结果。本研究的结论主要有以下内容。

第一，政府作为制度创业者推动政府购买服务发展，政府购买服务的制度化进程加快、场域结构得以发展。

政府购买服务作为制度舶来品，在我国的发展经历向西方社会管理制度模仿学习，到结合本土的组织逐步尝试、调整、改变、创新的过程。这期间的制度实践过程是我国政府职能转变和民间社会逐步发育所造就的制度化环境共同培育的结果。[①] 我国政府购买服务是政府主导的制度发展。在不具备普遍的购买制度环境下，单个的政府和社会组织的合作

---

① 陆春萍. 我国政府购买公共服务的制度化进程分析 [J]. 华东理工大学学报（社会科学版），2010（4）：102—107.

实践，虽然以"制度创新"的形式带来因某一政府领导重视下的资源和关系聚集，但缺乏普遍制度土壤的购买实践无法获取制度合法性的一般认同，容易被排除在现有的制度之外，无法获取长期的、稳定的、多渠道的制度支持及资源。当政府认识到无力独自满足社会需求，在其他制度主体的缺失和以往制度依赖的惯性下，政府成立社会团体，形式上其法人身份是社会属性、其人员机构以社工为主，充满着社会化因素，实质上以行政指导、人员任命、资金拨付等行政化方式赋予社会组织强烈的"官办"色彩。官办社会组织在本质上是政府体制在社会领域的延伸，是一种行政部门的外部部门化，无法克服官僚化的弊端。随着多元化社会需求日益增多，社会自发生成的社会组织在公共服务供给中提供了社会化的解决方案。与此同时，有创新意识的政府出台对社会组织的扶持政策，进一步推动民间社会组织的发育成长，探索政府购买服务的制度化路径，推动政府购买服务成为普遍的制度共识和制度安排。

政府作为制度创业者主导推动政府购买服务的制度化进程和场域结构发展。以上海为例，上海政府购买服务的发展分为三个阶段：第一阶段，单点制度创新阶段（1995—1999年），政府购买服务场域的萌芽形成；第二阶段，局部制度探索阶段（2000—2008年），新兴政府购买服务场域形成；第三阶段，整体制度发展阶段（2009年至今），成熟政府购买服务场域形成。在各自阶段，政府作为制度创业者采用不同的政策工具和行动路径促进政府购买服务发展。而不同阶段的场域呈现各自的结构性特征，其中，制度化是场域发展的首要结构性特征。政府购买服务场域中制度的逐渐统一、规范、可预测，有助于行动者形成对场域发展的稳定预期，从而进一步推动场域各要素的建立和完善。

第二，政府购买服务形成的资源环境、制度环境和技术环境，成为影响社会组织发展的整体环境。

政府购买服务的资源环境是需求方和供给方共同构建的基础资源的要素市场。从需求方来看，政府购买服务的资源环境是多元化的。政府部门本身的职能和资源分割，带来政府购买服务场域的资源分散。政府职能部门、街镇基层政府、党群部门等购买主体，购买的内容具有部门特点，职能部门和党群部门购买以业务领域为主，街镇购买则具有区域化、综合性特征；购买资金的规模不一，区级民政部门运用社会资金福彩公益金的购买额达亿元，对社会组织较支持的街镇年购买达四五百万元。概括而言，政府购买主体高度分化，购买资源具有部门化和碎片化的特点。从供给方来看，承接服务的社会组织存在发育不成熟、服务领域较窄、服务专业性不足、组织数量较少等问题,供给方的竞争性市场总体上未能实现。社会组织的发育不足成为限制政府实现提高服务质量、提升服务效率的制度目标的现实因素。总体而言,政府购买资源市场的碎片化分割给社会组织带来不同的机会,当某一政府购买资源无法获取,社会组织还可寻求其他的政府购买资源,但欠缺统一性和稳定性的政府购买市场也增加了社会组织建立契约的成本和适应不同制度规则的难度,影响社会组织基于稳定预期的长远规划,造成部分社会组织的机会主义行为。

政府购买服务的制度环境是购买服务场域中政府作为主导行动者所制定的制度体系,如出台相关的法律法规及相关政策、购买服务实践中的运作规则。社会组织本身的身份差异,特别是与政府部门的体制关联性,为承接政府购买服务带来了更多不确定性。官办组织由政府所设立,其中一部分还为了承接政府购买服务专门设立,其组织管理和项目实施一般按照行政逻辑进行,在获取政府资源方面具有先天优势。民办社会组织,在政府的视线中,除了具备提供公共服务的能力外,还有挑战政府权威的可能性,因而属于通过"了解"和"共事"达成信任的承接主体。政府对民办社会组织的不信任和控制思维,在根本上构成了政社合作的阻碍。在具体的政府购买服务制度环境中,我国缺乏政府购买服务的相关法律,各省市、区、街镇都出台具体的购买服务制度,制度不足和多元化同时存在。政府购买服务制度文本和流程的日益规范仅是政府购买服务制度化的内涵之一,不足以保证政府购买服务的绩效提升。以上海市社区公益招投标为例的政府购买服务,对公众的公共服务需求定位有偏差、对承接主体的服务内容和形式规定的"一刀切"、绩效评估的监督失效、购买制度的不稳定性,反映的是行政逻辑主导下的封闭性政府购买服务场域。而应该以专业逻辑为主导的社会组织在封闭性场域中难以发挥,也无需发挥专业服务能力和创新能力,而只需要担任政府公共服务供给工具的角色。在正式规则的制度文本外,具体的实践逻辑和规则对社会组织的影响更为明显。以街镇为例,街镇出台政策或暗中扶持辖区内官办社会组织,给予它们发展的过渡时段,集中资源扶持其组织发展和能力提升,同时为了体现效率和公平,引入少数有名气的民办社会组织进入辖区提供服务。基层政府对于不同身份的社会组织给予差别化的购买机会和支持措施。

政府购买服务的技术环境在政府部门的需求标准和社会组织的供给能力共同约束下形成。政府部门对于服务技术要素的想象、对服务内容和形式的具体规定，塑造了基础性的政府购买服务的技术环境。在制度主导下，技术环境的技术性要素难以自发生产。社会组织的专业发展、人力资源、技术规范等技术载体，受到现实因素限制，存在行业内部发展的阶段性问题。在承接政府购买服务中，社会组织需要用更专业化、更差异化的服务来展现出社会组织的优势，增强社会组织的核心竞争力。

第三，政府购买环境下社会组织在个体行为、组织间关系、组织生态等方面呈现多元化发展，政府购买环境对社会组织生态形成"意外性破坏"。

政府购买服务场域中，"同一"政府购买服务的组织环境对不同身份的社会组织带来不同的机遇和限制。处于环境中的组织采取主动行动，以获取更多资源和有利位置，促进组织自身利益发展。政府购买服务环境下，社会组织在个体行为层面、组织间关系层面、组织生态层面呈现出一些总体特征和趋势，而通过社会组织的发展可见环境的影响及结果。

在组织个体行为层面，政府购买服务场域中主导制度逻辑对社会组织行为进行引导，促使不同身份的社会组织表现出行政化、社会化、专业化、市场化等导向的行为。政府购买服务中行政化行为较多呈现在官办社会组织中，具体表现为避免承接专业领域服务、运用体制内行政资源、构建分工网络、借助体制关联人员为居中协调人等。政府购买服务中社会化行为在民办社会组织中较为突出，具体表现为更为关注服务对象需求和社会合法性建立、强调组织的使命与价值理念、动员志愿者等社会化力量进行服务生产等。政府购买服务中专业化行为在社工机构中较为明显，具体表现为项目设计中融入社工专业理念、注重社工方法运用、具有较强项目管理能力、重视项目领域深耕等。政府购买服务中市场化行为在民办社会组织中较为突出，具体表现为借助政府购买服务契机抢占市场资源、增加服务收费、研发差异化的核心产品、调整组织管理模式等，受到市场机制较大影响。

在组织间关系层面，依据服务供给的组织规模与资源获取方式等区分维度，政府购买服务中社会组织之间形成单独作战模式、体系集成模式、地域综合模式、组织枢纽模式，这些互动模式都有一定的组织和制度基础，对政府购买服务绩效与不同身份社会组织发展产生长远影响。而在政府和社会组织互动中，从社会组织行动视角来看，社会组织在行政化行为导向下与政府部门形成依赖关系；社会化行为导向下与政府部门形成多元关系，具体包括灵活弹性的合作关系、边界明晰的合同关系、失衡恶化的矛盾关系等多种样态；专业化行为导向下与政府部门形成分工关系；市场化行为导向下与政府部门形成借力关系。从政府购买场域视角来看，政府购买服务场域中形成差序格局的主体结构，以政府部门为核心，不同身份社会组织形成依次排序的差异化身份体系，在场域中占据相对稳定的位置和利益。

在组织生态层面，具体的政府购买服务场域日益出现固化特征，核心的社会组织逐渐固定，不同身份的社会组织分割固定的市场份额，场域外其他社会组织越来越难以进入该场域。而官办社会组织、民办社会组织群落中都出现大户型组织，垄断服务领域的政府订单，呈现场域中寡头化趋势。相应的，资源日益集中到大户型组织，大多数社会组织的资源是有限的。总体而言，政府购买服务带动了一批社会组织的发展，但值得注意的是，购买资源集中化背后的社会组织发展的大户化，大规模的资金仅培育了有限的公共服务供给主体，大多数的社会组织受政府购买服务的推动是有限的。毋庸置疑，政府购买服务的制度环境影响了社会组织的生态，这种影响可能是"意外性破坏"。

政府购买服务环境对社会组织生态的"意外性破坏"可从几个方面解读。

（1）主观目的方面，政府部门并没有故意破坏社会组织整体发展的主观意图。政府购买服务的制度设计，除了为了购买更高质量的公共服务，还试图培育发展社会组织。相比未大规模开展政府购买服务之时，制度化阶段的政府购买服务提供了大量的资金和资源，给到社会组织更多的机会、资金和平台。政府部门并没有破坏社会组织发展的主观意图，也并非故意抑制官办社会组织和民办社会组织之间的竞争要素。

（2）作用机制方面，政府购买服务"资源—制度—技术"的综合环境，为不同身份的社会组织获取制度合法性和组织资源、跟随环境采取应对行为提供了差异化的活动空间和限制条件。政府购买服务的组织环境是在政府逻辑主导下形成的，资源环境的资源碎片化、市场发育不足，不利于社会组织形成稳定的发展预期；制度环境的封闭性项目化管理、实践逻辑中"自己人"逻辑和"公平效率"逻辑，为不同身份的社会组织创造了差别化的发展空间。总体上，官办社会组织因和体制的强关联性，较易获得政府的信任、获得政府购买订单；民办社会组织中的明星组织，因在提供专业化和创新性服务上的专长，相比普通的民办社会组织，更易获取政府购买订单。此外，政府购买服务的制度设计，如项目确立、专家评审、项目实施、项目监管，从各"在其位"的程序设计者来说都是合理的。从服从制度安排的组织行动者而言也是合理的，但是较长的程序链条下，各环节的制度合理未必带来整体制度的有效，政府购买服务制度绩效和对社会组织的整体影响未必是良好的。而政府购买服务的技术环境，在政府部门的需求约束和社会组织的供给约束下，整体处于技术水平偏低的状况，为专业化程度较低的社会组织提供了竞争的可能性。

（3）客观结果方面，政府购买服务可能对社会组织行为和生态产生破坏性影响。在政府购买服务的初期，因为购买的内部化、垄断性，以及固定的合作关系，社会组织内部不同群落（以组织身份差别、组织规模大小、组织发展阶段等划分）的竞争要素被遏制，最后集中性滋养和催生了一小部分社会组织的壮大，"锁住"政府，形成制度性依赖和资源依赖性，而没有激发起普遍的组织间的竞争和成长，可能导致社会组织行业整体生态的发展停滞。

二、研究创新与不足

本研究重点讨论了政府购买服务的组织环境及其对社会组织的影响。研究的创新之处是：①对政府购买服务的组织环境进一步拓展分析。在组织新制度主义"制度环境"和"技术环境"的基础上，加入"资源环境"这一维度，介绍和分析政府购买服务场域中的行动主体及其基本资源，强调了政府购买环境中的物质基础。此外，"资源—制度—技术"环境的三个维度，更能全面分析社会组织发展的物质基础、文化规范、技术要素等综合作用。②对不同身份社会组织的分类研究。以往针对政府购买服务的研究，大多数缺乏对社会组织的区别分析。社会组织内部种类庞杂，政府购买服务的"同一"环境对不同身份组织的影响及作用机制差异很大。本研究将社会组织初步划分为官办社会组织、半官办社会组织、民办社会组织，分析不同身份的社会组织在政府购买服务环境中的行动空间和限制，以及组织的行为差异。③从组织个体行为、组织间关系、组织生态三个层面，较为全面、系统地分析政府购买服务对社会组织发展产生的影响。以往对政府购买服务中社会组织的分析，更多集中于社会组织分析的单一层面，未对社会组织之间互动、社会组织生态层面的变化予以充分重视。本研究则运用上海市浦东新区、静安区、杨浦区的案例和数据予以讨论和论证。④发现政府购买服务环境对社会组织生态存在"意外性破坏"作用。从主观目的、作用机制、客观结果等方面解读"意外性破坏",分析出政府在购买服务中无意间影响了社会组织行为和生态,推动了政府购买服务场域的组织固化、大户型组织出现与差序格局,抑制了政府购买服务场域的竞争因素,可能对社会组织生态发展产生负面影响。

当然,本研究存在一些不足。例如,"意外性破坏"的结论得出是以浦东新区社区公益招投标的数据为基础的,其现象及结论可能仅适用于浦东新区社区公益招投标场域。在没有大范围的政府购买服务数据的证实下,结论的适用范围存在局限性。此外,虽然本研究讨论了政府购买服务环境与社会组织行为对公共服务质量的影响及其机制,但关于社会组织对政府购买服务环境反向作用的分析仍然不够充分。

组织环境作为一种结构性力量,给组织行动者塑造了活动的空间,也形成了强大的屈从压力。但组织也不是全然被动的。组织的环境是组织行动者在历史发展的基础上所建立、发展、打破、重塑的。组织行动者受环境影响,也是环境的塑造者。政府购买服务所形成的组织环境,整体上是政府强势主导的环境,但具体实践情境中也存在着社会组织影响政府制度设计、引导政社互动向"伙伴关系"发展的案例。例如,上海社区公益招投标购买中,购买服务的项目需求确定,不仅仅需要根据社会公众的服务需要,还需要根据该领域社会组织的总体数量、服务能力、社会公信力等做出综合考虑;社区公益招投标开标时竞标者的数量规定,政府也需要根据社会组织的应标情况做出灵活调整。2014年之前,上海社区公益招投标要求至少有3家社会组织投标才能开标,但有些项目没有足够的社会组织来投标,因而2014年政策改为在特殊情况下只要有2家社会组织投标即可开标,或者再增加一次招投标。[①] 此外,社会组织的发展状态、行为选择、对购买服务绩效的影响,也反向推动着政府购买服务制度的纠错和完善。

并且,随着组织资源的多元化,社会组织可以选择"用脚投票",离开政府购买服务场域,寻求场域之外的其他资源。通过增加商业化自营收入、企业资助、基金会资助、社会捐赠等,减少对政府购买资源的依赖。以基金会这一资金资助者为例,截至2015年12月31日,上海市基金会数量达到277家,2014财年公益支出达到21.4亿元,已公开项目支出总计18.5亿元,已公开项目主要关注领域是教育和扶贫领域,约占当

---

① 徐家良,许源. 政府购买社会组织公共服务的制度风险因素及风险治理[J]. 社会科学辑刊,2015 (5):45—49.

年项目支出总量的49%；其次是文化艺术和医疗救助领域，约占支出总额的25%；最后是安全救灾、公共安全、就业创业、科学研究、公益行业支持、环境保护等领域，约占支出总额的26%。[①] 基金会对相关领域大幅度的资金资助，扩大了相应领域中社会组织的资金来源和服务范围，成为社会组织的重要资金来源。除了与政府合作之外，社会组织可以选择和基金会、企业等其他主体合作，来获取资源，实现组织目标。与此同时，目前已有少数社会组织意识到政府购买资源的风险，仅利用政府资源开拓更多其他市场，来获取更好的组织发展。少数社会组织在承接政府购买服务的过程中打造核心产品、壮大服务团队、拓展服务市场，并逐渐增加服务性收入，试图构建多元化的资金构成，而减少对单一资金来源的依赖性。因此，随着组织环境的多元化，政府购买服务的组织环境对社会组织的影响在深度和广度上都可能发生变化。因此，社会组织发展对政府购买服务环境的反向作用的发生背景、过程与机制、结果等需要进一步地关注和研究。

[①] 基金会中心网. 上海市基金会发展分析2015 [N]. 基金会中心网网站，最后访问时间：2016年5月17日. 网址：http://www.foundationcenter.org.cn/guanli/dt/content.aspx?cid=20160503172453。

参考文献

一、中文论著与论文

1. ［比］伯努瓦·里豪克斯，［美］查尔斯C. 拉金. QCA设计原理与应用：超越定性与定量研究的新方法［M］. 杜运周，李永发，等译. 北京：机械工业出版社，2017.
2. ［美］E. S. 萨瓦斯. 民营化与公私部门的伙伴关系［M］. 周志忍，译. 北京：中国人民大学出版社，2002.
3. ［美］W. 理查德·斯科特. 制度与组织——思想观念与物质利益［M］. 3版. 姚伟，王黎芳，译，北京：中国人民大学出版社，2010.
4. ［美］埃弗雷特·M. 罗杰斯. 创新的扩散［M］. 辛欣，译. 北京：中央编译出版社，2002.
5. ［美］奥利弗·E. 威廉姆森. 资本主义经济制度：论企业签约与市场签约［M］. 段毅才，王伟，译. 北京：商务印书馆，2002.
6. ［美］戴维·斯沃茨. 文化与权力——布尔迪厄的社会学［M］. 陶东风，译. 上海：上海世纪出版集团，2012.
7. ［美］加里·贝克尔. 人力资本［M］. 陈耿宣，译. 北京：机械工业出版社，2016.
8. ［美］杰弗里·菲佛，杰勒尔德·R. 萨兰基克. 组织的外部控制：对组织资源依赖的分析［M］. 闫蕊，译. 北京：东方出版社，2006.
9. ［美］杰弗里·迈尔斯. 管理与组织研究必读的40个理论［M］. 徐世勇，李超平，等译. 北京：北京大学出版社，2017.
10. ［美］莱斯特·M. 萨拉蒙. 公共服务中的伙伴——现代福利国家中政府与非营利组织的关系［M］. 田凯，译. 北京：商务印书馆，2008.
11. ［美］莱斯特·M. 萨拉蒙，等. 全球公民社会：非营利部门国际指数［M］. 陈一梅，等译. 北京：北京大学出版社，2007.

12. [美]莱斯特·萨拉蒙. 非营利部门的崛起[J]. 谭静, 编译. 马克思主义与现实, 2002 (03): 57-63.
13. [美]罗伯特·K. 殷. 案例研究: 设计与方法[M]. 2版. 周海涛, 李永贤, 李虔, 译. 重庆: 重庆大学出版社, 2010.
14. [美]唐纳德·凯特尔. 权力共享——公共治理与私人市场[M]. 孙迎春, 译. 北京: 北京大学出版社, 2009.
15. [美]沃尔特·W. 鲍威尔, 保罗·J. 迪马吉奥. 组织分析的新制度主义[M]. 姚伟, 译. 上海: 上海人民出版社, 2008.
16. 《县乡人大运行机制研究》课题组. 县乡两级的政治体制改革, 如何建立民主的合作新体制——新密市县乡两级人民代表大会制度运作机制的调查研究报告[J]. 经济社会体制比较, 1997 (04): 6-28.
17. 鲍勃·杰索普, 程浩. 治理与元治理: 必要的反思性、必要的多样性和必要的反讽性[J]. 国外理论动态, 2014 (05): 14-22.
18. 贝克, 邓正来, 沈国麟. 风险社会与中国——与德国社会学家乌尔里希·贝克的对话[J]. 社会学研究, 2010, 25 (05): 208-231, 246.
19. 曹琦. 从改革的"怪圈"中走出——初探改革开放后四次国务院机构改革[J]. 河北师范大学学报 (哲学社会科学版), 2008 (06): 14-17.
20. 曾永和. 国家与社会关系视角下的枢纽型社会组织建构[D]. 上海: 上海交通大学, 2016.
21. 曾永和. 培育综合性社会组织 促进社会组织管理创新——上海市推进社会组织枢纽式管理的调查与思考[J]. 社团管理研究, 2011 (08): 52-54.
22. 陈成文. 制度环境对社会组织活力的影响——基于贵州、湖南、广东三省的实证研究[J]. 社会科学研究, 2020 (02): 115-129.
23. 陈国权, 曾军荣. 经济理性与新公共管理[J]. 浙江大学学报 (人文社会科学版), 2005 (02): 64-71.
24. 陈家建, 赵阳. "低治理权"与基层购买公共服务困境研究[J]. 社会学研究, 2019, 34 (01): 132-155.
25. 陈书洁, 张汝立. 政府购买服务发展的障碍——一个"嵌入"视角的分析[J]. 北京师范大学学报 (社会科学版), 2016 (06): 100-108.
26. 陈水生. 从压力型体制到督办责任体制: 中国国家现代化导向下政

府运作模式的转型与机制创新［J］. 行政论坛，2017，24（05）：16-23.

27. 陈潭，刘兴云. 锦标赛体制、晋升博弈与地方剧场政治［J］. 公共管理学报，2011，8（02）：21-33，125.

28. 陈天祥，郑佳斯. 双重委托代理下的政社关系：政府购买社会服务的新解释框架［J］. 公共管理学报，2016，13（03）：36-48.

29. 陈统奎. 一所市民会馆的十年［J］. 南风窗，2006（02）：53-55.

30. 陈为雷. 政府和非营利组织项目运作机制、策略和逻辑——对政府购买社会工作服务项目的社会学分析［J］. 公共管理学报，2014，11（03）：93-105.

31. 陈尧，马梦妤. 项目制政府购买的逻辑：诱致性社会组织的"内卷化"［J］. 社会科学文摘，2019（11）：56-58.

32. 程建青，罗瑾琏，杜运周，闫佳祺，钟竞. 制度环境与心理认知何时激活创业？——一个基于QCA方法的研究［J］. 科学学与科学技术管理，2019，40（02）：114-131.

33. 程远. 探索非营利组织在公共服务供给中扮演的角色：从合作生产到合作治理［J］. 治理研究，2019（04）：115-128.

34. 崔玉开. "枢纽型"社会组织：背景、概念与意义［J］. 甘肃理论学刊，2010（05）：75-78.

35. 党秀云. 公共治理的新策略：政府与第三部门的合作伙伴关系［J］. 中国行政管理，2007（10）：33-35.

36. 邓念国. 公共服务提供中的协作治理：一个研究框架［J］. 社会科学辑刊，2013（01）：87-91.

37. 邓宁华. "寄居蟹的艺术"：体制内社会组织的环境适应策略——对天津市两个省级组织的个案研究［J］. 公共管理学报，2011，8（03）：91-101，127.

38. 邓正来，丁轶. 监护型控制逻辑下的有效治理——对近三十年国家社团管理政策演变的考察［J］. 学术界，2012（03）：5-26，257-265.

39. 杜运周，贾良定. 组态视角与定性比较分析（QCA）：管理学研究的一条新道路［J］. 管理世界，2017（06）：155-167.

40. 范明林，程金. 核心组织的架空：强政府下社团运作分析：对H市Y社团的个案研究［J］. 社会，2007（05）：114-133.

41. 费孝通. 乡土中国［M］. 北京：生活·读书·新知三联书

店，2013.

42. 冯仕政. 中国国家运动的形成与变异：基于政体的整体性解释［J］. 开放时代，2011（01）：73-97.

43. 高丙中. 社会团体的合法性问题［J］. 中国社会科学，2000（02）：100-109，207.

44. 高红，尹兴. 政府与直属社团的强组织关系模式研究［J］. 中国行政管理，2020（10）：115-120.

45. 葛道顺. 中国社会组织发展：从社会主体到国家意识——公民社会组织发展及其对意识形态构建的影响［J］. 江苏社会科学，2011（03）：19-28.

46. 顾平安. 政府发展论［M］. 北京：中国社会科学出版社，2005.

47. 顾昕. 最优政府规模、经济社会协调发展与大政府—小政府之争［J］. 学习与探索，2016（01）：85-91.

48. 管兵，夏瑛. 政府购买服务的制度选择及治理效果：项目制、单位制、混合制［J］. 管理世界，2016（08）：58-72.

49. 管兵. 竞争性与反向嵌入性：政府购买服务与社会组织发展［J］. 公共管理学报，2015，12（03）：83-92.

50. 管兵. 政府向谁购买服务：一个国家与社会关系的视角［J］. 公共行政评论，2016，9（01）：131-150，185.

51. 韩俊魁. 当前我国非政府组织参与政府购买服务的模式比较［J］. 经济社会体制比较，2009（06）：128-134.

52. 何显明. 政府转型与现代国家治理体系的建构——60年来政府体制演变的内在逻辑［J］. 浙江社会科学，2013（06）：4-13，156.

53. 何增科. 中国公民社会组织发展的制度性障碍分析［J］. 中共宁波市委党校学报，2006（06）：23-30.

54. 侯书和. "治理型政府"初探［J］. 社会科学战线，2016（03）：233-244.

55. 胡薇. 购买服务还是政府资助——政府向社会组织购买服务的实践含义［J］. 北京科技大学学报（社会科学版），2013（04）：91-94.

56. 华爱. 从罗山市民会馆看非营利组织的生存［J］. 上海城市管理职业技术学院学报，2006（03）：24-26.

57. 黄晓春，嵇欣. 非协同治理与策略性应对——社会组织自主性研究的一个理论框架［J］. 社会学研究，2014（06）：98-123.

58. 黄晓春，周黎安. 政府治理机制转型与社会组织发展［J］. 中国社会科学，2017（11）：118-138.

59. 黄晓春. 当代中国社会组织的制度环境与发展［J］. 中国社会科学，2015（09）：146-164.

60. 黄晓春. 政府购买社会组织服务的实践逻辑与制度效应［J］. 国家行政学院学报，2017（04）：61-66.

61. 黄晓春. 中国社会组织成长条件的再思考——一个总体性理论视角［J］. 社会学研究，2017，32（01）：101-124+244.

62. 黄新华. 公共服务合同外包中的交易成本：构成、成因与治理［J］. 学习与实践，2013（06）：71-78.

63. 吉鹏. 购买服务背景下政府与社会组织的互动嵌入：行为过程、负面效应及优化路径［J］. 求实，2019（01）：74-83.

64. 纪莺莺. 从"双向嵌入"到"双向赋权"：以 N 市社区社会组织为例——兼论当代中国国家与社会关系的重构［J］. 浙江学刊，2017（01）：49-56.

65. 贾西津. 以契约精神发展公共服务购买［J］. 中国社会组织，2013（10）：24-26.

66. 江华，张建民，周莹. 利益契合：转型期中国国家与社会关系的一个分析框架——以行业组织政策参与为案例［J］. 社会学研究，2011（03）：136-152.

67. 姜士伟. "协作治理"的三维辨析：名、因、义［J］. 广东行政学院学报，2013，25（06）：11-15.

68. 姜文华，朱孔来，刘学璞. 论政府职能转移的若干问题［J］. 求索，2015（10）：85-89.

69. 敬乂嘉. 从购买服务到合作治理——政社合作的形态与发展［J］. 中国行政管理，2014（07）：54-59.

70. 敬乂嘉. 社会服务中的公共非营利合作关系研究——一个基于地方改革实践的分析［J］. 公共行政评论，2011（05）：5-25.

71. 句华. 公共服务中的市场机制：理论、方式与技术［M］. 北京：北京大学出版社，2006.

72. 句华. 政府如何做精明的买主——以上海市民政部门购买服务为例［J］. 国家行政学院学报，2010（04）：84-87.

73. 康晓光，韩恒. 分类控制：当前中国大陆国家与社会关系研究［J］. 社会学研究，2005（06）：73-89.

74. 蓝剑平，詹国彬. 公共服务合同外包中的交易成本及其治理［J］.

东南学术，2016（01）：128—136.

75. 蓝煜昕. 社会管理创新的上海实践：马伊里访谈录[J]. 中国非营利评论，2012（01）：1—14.

76. 郎友兴，葛俊良. 让基层治理有效地运行起来：基于社区的治理[J]. 浙江社会科学，2014（07）：63—69.

77. 李春霞，巩在暖，吴长青. 体制嵌入、组织回应与公共服务的内卷化——对北京市政府购买社会组织服务的经验研究[J]. 贵州社会科学，2012（12）：130—132.

78. 李汉林，渠敬东，夏传玲，陈华珊. 组织和制度变迁的社会过程——一种拟议的综合分析[J]. 中国社会科学，2005（01）：94—108.

79. 李洪佳，沈亚平. 简政放权背景下政府"元治理"研究——以公共服务多元合作供给为视角[J]. 天津行政学院学报，2017，19（06）：10—16.

80. 李洪佳. 超越委托代理——以"管家理论"重塑政府购买公共服务行为[J]. 理论导刊，2013（12）：25—27.

81. 李金龙，张慧娟. 地方政府购买公共服务中合同管理能力的提升路径[J]. 江西社会科学，2016，36（05）：229—236.

82. 李军鹏. 面向社会主义现代化新发展阶段的政府职能转变[J]. 中共中央党校（国家行政学院）学报，2021，25（04）：71—80.

83. 李军鹏. 政府购买公共服务的学理因由、典型模式与推进策略[J]. 改革，2013（12）：17—29.

84. 李慷. 关于上海市探索政府购买服务的调查与思考[J]. 中国民政，2001（06）：23—25.

85. 李培林. 我国社会组织体制的改革和未来[J]. 社会，2013，33（03）：1—10.

86. 李太斌. 治理理念下的政府和社会伙伴关系构建[D]. 上海：上海大学，2007.

87. 李婷婷. 协作治理：国内研究和域外进展综论[J]. 社会主义研究，2018（03）：131—143.

88. 李学. 不完全契约、交易费用与治理绩效——兼论公共服务市场化供给模式[J]. 中国行政管理，2009（01）：114—118.

89. 李学楠. 政社合作中资源依赖与权力平衡——基于上海市行业协会的调查分析[J]. 社会科学，2015（05）：27—36.

90. 李永敏. 解析上海居家养老政策——以政府购买民间组织服务为视角 [J]. 社会福利, 2011 (04): 34-35.

91. 李友梅. 当代中国社会治理转型的经验逻辑 [J]. 中国社会科学, 2018 (11): 58-73.

92. 李友梅. 社区治理: 公民社会的微观基础 [J]. 社会, 2007 (02): 159-169.

93. 林兵, 陈伟. "吸纳嵌入"管理: 社会组织管理模式的新路径——以浙江省N市H区社会组织服务中心为例 [J]. 江海学刊, 2014 (01): 107-113.

94. 林尚立. 民间组织的政治意义: 社会建构方式转型与执政逻辑调整 [J]. 云南行政学院学报, 2007 (01): 4-8.

95. 刘杰. 改革开放以来全能型政府向服务型政府的转变论析 [J]. 毛泽东邓小平理论研究, 2008 (05): 34-39.

96. 刘鹏. 从分类控制走向嵌入型监管: 地方政府社会组织管理政策创新 [J]. 中国人民大学学报, 2011 (05): 91-99.

97. 刘庆元. 青少年工作中的政府采购 [D]. 上海: 复旦大学, 2009.

98. 刘太刚. 问责风暴的非理性倾向及对策思考 [J]. 领导科学, 2009 (29): 7-9.

99. 龙翠红. 政府向社会组织购买服务: 嵌入性视角中的困境与超越 [J]. 南京社会科学, 2018 (08): 90-96.

100. 陆春萍. 我国政府购买公共服务的制度化进程分析 [J]. 华东理工大学学报 (社会科学版), 2010 (04): 102-107.

101. 罗敏, 张佳林, 陈辉. 政府职能转变与政府建设的三维路向 [J]. 社会科学家, 2021 (05): 145-149.

102. 吕纳, 张佩国. 公共服务购买中政社关系的策略性建构 [J]. 社会科学家, 2012 (06): 65-68.

103. 吕外. 政府购买公共服务过程中社会组织道德风险成因及防范——基于委托代理视角分析 [J]. 中国政府采购, 2014 (06): 72-74.

104. 马雪松. 结构、资源、主体: 基本公共服务协同治理 [J]. 中国行政管理, 2016 (07): 52-56.

105. 毛益民. 制度逻辑冲突: 场域约束与管理实践 [J]. 广东社会科学, 2014 (06): 211-220.

106. 明燕飞, 盛琼瑶. 公共服务合同外包中的交易成本及其控制 [J]. 财经理论与实践, 2010, 31 (06): 93-97.

107. 潘小娟, 吕芳. 改革开放以来中国行政体制改革发展趋势研究 [J]. 国家行政学院学报, 2011 (05): 17-21.

108. 彭少峰. 依附式合作: 政府与社会组织关系转型的新特征 [J]. 社会主义研究, 2017 (05): 112-118.

109. 乔亚南. 论我国政府职能转移的内涵及其对民营化发展的作用 [J]. 学术交流, 2018 (08): 51-58.

110. 曲丽涛. 公共服务合同外包视域下的公私契约治理探究 [J]. 理论导刊, 2017 (04): 15-18.

111. 渠敬东, 周飞舟, 应星. 从总体支配到技术治理——基于中国30年改革经验的社会学分析 [J]. 中国社会科学, 2009 (06): 104-127, 207.

112. 渠敬东. 项目制: 一种新的国家治理体制 [J]. 中国社会科学, 2012 (05): 113-130.

113. 荣敬本, 崔之元, 王拴正, 等. 从压力型体制向民主合作体制的转变——县乡两级政治体制改革 [M]. 北京: 中央编译出版社, 1998.

114. 邵鹏. 国家治理模式演进与国家治理体系构建 [J]. 学习与实践, 2014 (01): 66-71.

115. 盛明科, 陈廷栋. 基层官员避责行为: 逻辑・危害・治理——一种组织行为学的观点 [J]. 吉首大学学报 (社会科学版), 2019, 40 (05): 39-47.

116. 石亚军, 高红. 政府职能转移与购买公共服务关系辨析 [J]. 中国行政管理, 2017 (03): 11-14, 156.

117. 史柏年. "全球性结社革命"及其启示 [J]. 中国青年政治学院学报, 2006 (03): 55-60.

118. 宋道雷. 共生型国家社会关系: 社会治理中的政社互动视角研究 [J]. 马克思主义与现实, 2018 (03): 196-202.

119. 宋宇文, 刘旺洪. 国家治理现代化进程中政府职能转移的本质、方式与路径 [J]. 学术研究, 2016 (02): 75-81.

120. 苏明, 贾西津, 孙洁, 韩俊魁. 中国政府购买公共服务研究 [J]. 财政研究, 2010 (01): 9-17.

121. 孙立平. "关系"、社会关系与社会结构 [J]. 社会学研究, 1996 (05): 22-32.

122. 孙立平. "自由流动资源"与"自由活动空间"——论改革过程中

中国社会结构的变迁[J]. 探索, 1993 (01): 64-68.

123. 谭海波, 范梓腾, 杜运周. 技术管理能力、注意力分配与地方政府网站建设——一项基于 TOE 框架的组态分析[J]. 管理世界, 2019, 35 (09): 81-94.

124. 唐德龙. 资源依赖、合作治理与公共服务递送——以深圳市阳光家庭综合服务中心项目运作为例[J]. 华东理工大学学报(社会科学版), 2014, 29 (03): 88-97.

125. 唐海华."压力型体制"与中国的政治发展[J]. 中共宁波市委党校学报, 2006 (01): 22-28.

126. 唐文玉. 从"工具主义"到"合作治理"——政府支持社会组织发展的模式转型[J]. 学习与实践, 2016 (09): 93-100.

127. 陶鹏. 迟滞、分化及泛化:避责政治与风险规制体制形塑[J]. 云南社会科学, 2016 (06): 89-94.

128. 田凯. 政府与非营利组织的信任关系研究——一个社会学理性选择理论视角的分析[J]. 学术研究, 2005 (01): 90-96.

129. 田凯. 组织外形化:非协调约束下的组织运作——一个研究中国慈善组织与政府关系的理论框架[J]. 社会学研究, 2004 (04): 64-75.

130. 田培杰. 协同治理概念考辨[J]. 上海大学学报(社会科学版), 2014, 31 (01): 124-140.

131. 汪锦军. 公共服务中的政府与非营利组织合作:三种模式分析[J]. 中国行政管理, 2009 (10): 77-80.

132. 汪玉凯. 中国行政体制改革 20 年[M]. 郑州:中州古籍出版社, 1998.

133. 王家合, 赵喆, 柯新利. 公共服务合作治理的主要模式与优化对策[J]. 中国行政管理, 2018 (11): 154-156.

134. 王名, 蔡志鸿. 以"能力专有性"论政社合作——以两岸防艾社会组织为例[J]. 中国非营利评论, 2019, 23 (01): 1-33.

135. 王名, 乐园. 中国民间组织参与公共服务购买的模式分析[J]. 中共浙江省委党校学报, 2008 (04): 5-13.

136. 王名, 孙伟林. 社会组织管理体制:内在逻辑与发展趋势[J]. 中国行政管理, 2011 (07): 16-19.

137. 王名. 非营利组织的社会功能及其分类[J]. 学术月刊, 2006 (09): 8-11.

138. 王名. 中国民间组织 30 年（1978—2008 年）：走向公民社会［M］. 北京：社会科学文献出版社，2008.

139. 王浦劬，莱斯特·萨拉蒙，等. 政府向社会组织购买公共服务研究：中国与全球经验分析［M］. 北京：北京大学出版社，2010.

140. 王浦劬. 论转变政府职能的若干理论问题［J］. 国家行政学院学报，2015（01）：31-39.

141. 王清. 项目制、常规制与混合制：对政府购买服务中横向部门差异的分析［J］. 四川大学学报（哲学社会科学版），2016（05）：23-32.

142. 王清. 项目制与社会组织服务供给困境：对政府购买服务项目化运作的分析［J］. 中国行政管理，2017（04）：59-65.

143. 王思斌，阮曾媛琪. 和谐社会建设背景下中国社会工作的发展［J］. 中国社会科学，2009（05）：128-140，207.

144. 王向民. 中国社会组织的项目制治理［J］. 经济社会体制比较，2014（05）：130-140.

145. 王英伟. 权威应援、资源整合与外压中和：邻避抗争治理中政策工具的选择逻辑——基于（fsQCA）模糊集定性比较分析［J］. 公共管理学报，2020，17（02）：27-39.

146. 王志华. 论政府向社会组织购买公共服务的体制嵌入［J］. 求索，2012（02）：66-68.

147. 吴月. 隐性控制、组织模仿与社团行政化——来自 S 机构的经验研究［J］. 公共管理学报，2014，11（03）：106-117.

148. 夏志强，付亚南. 公共服务多元主体合作供给模式的缺陷与治理［J］. 上海行政学院学报，2013，14（04）：39-45.

149. 肖春平，曾永和. 上海：探索完善政府购买社会组织服务机制［J］. 中国社会组织，2013（10）：15-17.

150. 谢启秦，徐家良. 政府购买公共服务的成本效益分析［J］. 经济社会体制比较，2017（04）：97-106.

151. 谢群慧. 一所市民会馆的生存课题［J］. 浦东开发，2008（11）：21-24.

152. 熊节春，陶学荣. 公共事务管理中政府"元治理"的内涵及其启示［J］. 江西社会科学，2011，31（08）：232-236.

153. 徐家良，许源. 合法性理论下政府购买社会组织服务的绩效评估研究［J］. 经济社会体制比较，2015（06）：187-195.

154. 徐家良，许源. 政府购买社会组织公共服务的制度风险因素及风险治理［J］. 社会科学辑刊，2015（05）：45-49.

155. 徐家良. 政府购买社会组织公共服务制度化建设若干问题研究［J］. 国家行政学院学报，2016（01）：68-72.

156. 徐双敏，张景平. 枢纽型社会组织参与政府购买服务的逻辑与路径——以共青团组织为例［J］. 中国行政管理，2014（09）：41-44.

157. 徐选国，徐永祥. 基层社会治理中的"三社联动"：内涵、机制及其实践逻辑——基于深圳市H社区的探索［J］. 社会科学，2016（07）：87-96.

158. 徐盈艳，黎熙元. 浮动控制与分层嵌入——服务外包下的政社关系调整机制分析［J］. 社会学研究，2018，33（02）：115-139.

159. 许源. 购买场域中的组织特征及其制度逻辑：政府购买服务供给市场研究［J］. 学习与实践，2016（01）：76-86.

160. 薛澜，李宇环. 走向国家治理现代化的政府职能转变：系统思维与改革取向［J］. 政治学研究，2014（05）：61-70.

161. 严炜，刘悦斋. 平等合作与积极竞争：公共服务领域中的政府与非政府组织［J］. 当代世界与社会主义，2004（05）：80-84.

162. 严振书. 现阶段中国社会组织发展面临的机遇、挑战及促进思路［J］. 北京社会科学，2010（01）：12-17.

163. 颜佳华，吕炜. 协商治理、协作治理、协同治理与合作治理概念及其关系辨析［J］. 湘潭大学学报（哲学社会科学版），2015，39（02）：14-18.

164. 杨团. 非营利机构评估：上海罗山市民会馆个案研究［M］. 北京：华夏出版社，2001.

165. 杨雪冬. 压力型体制：一个概念的简明史［J］. 社会科学，2012（11）：4-12.

166. 杨育民. 略论"制度化"［J］. 社会科学辑刊，2001（06）：56-58.

167. 叶南客，陈金城. 我国"三社联动"的模式选择与策略研究［J］. 南京社会科学，2010（12）：75-80.

168. 叶托. 契约管理：公共服务外部购买中的政府职能［J］. 广东行政学院学报，2013，25（04）：5-11.

169. 郁建兴，瞿志远. 公私合作伙伴中的主体间关系——基于两个居家养老服务案例的研究［J］. 经济社会体制比较，2011（04）：109-117.

170. 郁建兴，任泽涛. 当代中国社会建设中的协同治理——一个分析框架［J］. 学术月刊，2012，44（08）：23-31.

171. 詹国彬. 公共服务逆向合同外包的理论机理、现实动因与制度安排［J］. 政治学研究，2015（04）：106-117.

172. 詹国彬. 需求方缺陷、供给方缺陷与精明买家——政府购买公共服务的困境与破解之道［J］. 经济社会体制比较，2013（05）：142-150.

173. 詹少青，胡介埙. 西方政府——非营利组织关系理论综述［J］. 外国经济与管理，2005（09）：24-31.

174. 张紧跟. 从结构论争到行动分析：海外中国NGO研究述评［J］. 社会，2012（03）：198-223.

175. 张康之，张皓. 在后工业化背景下思考服务型政府［J］. 四川大学学报（哲学社会科学版），2009（01）：12-20.

176. 张汝立，刘帅顺，包奕. 社会组织参与政府购买公共服务的困境与优化——基于制度场域框架的分析［J］. 中国行政管理，2020（02）：94-101.

177. 张尚仁. 论顶层设计的"五位一体"治国方略［J］. 深圳大学学报（人文社会科学版），2013，30（06）：5-14.

178. 张瑜. 政府购买公共服务：法律缺陷与制度重构［J］. 北方民族大学学报（哲学社会科学版），2014（05）：126-129.

179. 张振洋，胡振吉. 项目制创新模式：合作治理的实现载体——基于上海市公共服务项目的研究［J］. 中国第三部门研究，2017，14（02）：85-113.

180. 张钟汝，范明林，王拓涵. 国家法团主义视域下政府与非政府组织的互动关系研究［J］. 社会，2009，29（04）：167-194.

181. 张钟汝，范明林. 政府与非政府组织合作机制建设［M］. 上海：上海大学出版社，2010.

182. 章晓懿. 城市社区居家养老服务质量研究［D］. 镇江：江苏大学，2012.

183. 赵立波. 完善政府购买服务机制 推进民间组织发展［J］. 行政论坛，2009（02）：59-63.

184. 赵宇新. 探索中国特色社会组织的科学内涵［J］. 毛泽东邓小平理论研究，2017（02）：47-52.

185. 折晓叶，陈婴婴. 项目制的分级运作机制和治理逻辑——对"项目进村"案例的社会学分析［J］.中国社会科学，2011（04）：126－148.

186. 郑万军，陈文权.战"疫"问责与领导干部素质提升——基于116个战"疫"问责领导干部案例分析［J］.治理现代化研究，2020，36（04）：41－47.

187. 周飞舟.锦标赛体制［J］.社会学研究，2009，24（03）：54－77+244.

188. 周俊.外包型项目制与政府购买服务的绩效悖论——以Ｓ市Ａ区为例［J］.领导科学论坛，2018（17）：22－33.

189. 周俊.政府与社会组织关系多元化的制度成因分析［J］.政治学研究，2014（05）：83－94.

190. 周黎安.晋升博弈中政府官员的激励与合作——兼论我国地方保护主义和重复建设问题长期存在的原因［J］.经济研究，2004（06）：33－40.

191. 周黎安.行政发包的组织边界 兼论"官吏分途"与"层级分流"现象［J］.社会，2016，36（01）：34－64.

192. 周黎安.行政发包制［J］.社会，2014，34（06）：1－38.

193. 周利平，陶学荣.官员问责制度化：困境与出路［J］.理论探索，2007（03）：120－122.

194. 周雪光.从"官吏分途"到"层级分流"：帝国逻辑下的中国官僚人事制度［J］.社会，2016，36（1）：1－33.

195. 周雪光.项目制：一个"控制权"理论视角［J］.开放时代，2015（02）：82－102.

196. 周雪光.运动型治理机制：中国国家治理的制度逻辑再思考［J］.开放时代，2012（09）：105－125.

197. 周雪光.组织社会学十讲［M］.北京：社会科学文献出版社，2003.

198. 周志忍.深化行政改革需要深入思考的三个问题［J］.中国行政管理，2010（01）：15－21.

199. 朱健刚，陈安娜.嵌入中的专业社会工作与街区权力关系——对一个政府购买服务项目的个案分析［J］.社会学研究，2013，28（01）：43－64.

200. 朱晓红.社区公共服务合作治理的风险与制度建设——以公益创投项目为例［J］.湖南社会科学，2016（02）：90－94.

201. 邹健. 问责制概念及特征探讨［J］. 中共南京市委党校南京市行政学院学报，2006（03）：40－43.

二、英文论著与论文

1. ALBERT S, WHETTEN D A. Organizational Identity［J］. *Research in Organizational Behavior*，1985（7）：21－23.

2. BARNEY, J. B. Firm resources and sustained competitive advantage［J］. *Journal of Management*，1991, 17：99－120.

3. CHILD, J., LU, Y., TSAI, T. Institutional Entrepreneurship in Building an Environmental Protection System for the People's Republic of China［J］. *Organization Studies*，2007, 28（07）：1013－1034.

4. COSTON JENNIFER M. A Model and Typology of Government－NGO Relationships［J］. *Nonprofit and Voluntary Sector Quarterly*，1998, 27（3）：358－382.

5. DÉJEAN, F., GOND, J. P. & LECA, B. Measuring the unmeasured: An institutionalentrepreneur's strategy in an emerging industry［J］. *Human Relations*，2004, 57（6）：741－764.

6. DEMIL, B. & BENSÉDRINE, J. Process of legitimation and pressure toward regulation［J］. *International Studies of Management and Organization*，2005, 35（2）：58－79.

7. DIMAGGIO, P. Interest and Agency in Institutional Theory［J］. *In Zucker, L. (Eds.), Institutional Patterns and Culture*，Cambridge, MA: Ballinger, 1988.

8. DORADO, S. Institutional entrepreneurship, partaking, and convening［J］. *Organization Studies*，2005, 26（3）：383－413.

9. DUNN MARY B., & JONES CANDACE. Institutional Logics and Institutional Pluralism: The Contestation of Care and Science Logics in Medical Education, 1967－2005［J］. *Administrative Science Quarterly*，2010, 55：114－149.

10. DURAND, R. & MCGUIRE, J. Legitimating agencies in the face of selection: The case of AACSB［J］. *Organization Studies*，2005, 26（2）：165－196.

11. FLIGSTEIN, N. Social skill and institutional theory［J］. *American*

Behavioral Scientist, 1997, 40 (4): 397—405.

12. FLIGSTEIN, N. Social skills and the theory of fields [J]. *Sociological Theory*, 2001, 19 (2): 105—125.

13. GARUD, R, HARDY, C. & MAGUIRE, S. Institutional Entrepreneurship as Embedded Agency: An Introduction to the Special Issue [J]. *Organization Studies*, 2007, 28 (7): 957—969.

14. GREENWOOD ROYSTON, RAYNARD MIA, FARAH KODEIH, EVELYN R. MICELOTTA, & LOUNSBURY MICHAEL. Institutional Complexity and Organizational Responses [J]. *The Academy of Management Annals*, 2011, 5 (1): 317—371.

15. GREENWOOD ROYSTON, SUDDABY ROY, & HININGS C. R. Theorizing Change: The Role of Professional Association in the Transformation of Institutionalized Fields [J]. *Academy of Management Journal*, 2002, 45 (1): 58—80.

16. HARDY, C. & PHILLIPS, N. No joking matter: Discursive struggle in the Canadian refugee system [J]. *Organization Studies*, 1999, 20 (1): 1—24.

17. HINTERLEITNER M. Reconciling perspectives on blame avoidance behaviour [J]. *Political Studies Review*, 2017, 15 (2): 243—254.

18. HOFFMAN ANDREW J. Institutional Evolution and Change: Environmentalism and the U. S. Chemical Industry [J]. *The Academy of Management Journal*, 1999, 42 (4): 351—371.

19. HOOD C. What happens when transparency meets blame—avoidance? [J]. *Public Management Review*, 2007, 9 (2): 191—210.

20. JENSEN, MACKLING. Theory of the Firm: Managerial Behavior, Agency Costs and Ownership Structure [J]. *Journal of Financial Economics*, 1976, 3: 308.

21. LAWRENCE, T. B. HARDY, C. & PHILLIPS, N. Institutional effects of interorganizational collaboration: The emergence of proto—institutions [J]. *Academy of Management Journal*, 2002, 45 (1): 281—290.

22. LAWRENCE, T. B., MAUWS M. K., DYCK, BRUNO &

KLEYSEN, and R. F. The Politics of Organizational Learning: Integrating Power into the 4I Framework [J]. *Academy of Management Review*, 2005, 20 (1): 180−191.

23. LEVY, D. L. & SCULLY, M. The Institutional Entrepreneur as Modern Prince: The Strategic Face of Power in Contested Fields [J]. *Organization Studies*, 2007, 28 (7): 971−991.

24. MAGUIRE, S. & HARDY, C. & LAWRENCE, T. B. Institutional entrepreneurship in emerging fields: HIV/AIDS treatment advocacy in Canada [J]. *Academy of Management Journal*, 2004, 47 (5): 657−679.

25. MICHAEL T. HANNAN, JOHN FREEMAN. *Organizational Ecology* [M]. Cambridge: Harvard University Press, 1993.

26. Najam Adil. The Four Cs of Government−Third Sector Relations: Cooperation, Confrontation, Complementarity, Co−optation [J]. *Nonprofit Management and Leadership*, 2000, 10 (4): 375−396.

27. NEIL FLIGSTEIN, MCADAM DOUG. *A theory of fields* [M]. Oxford: Oxford University Press, 2012.

28. NEIL FLIGSTEIN. Social Skill and Institutional Theory [J]. *American Behavioral Scientist*, 1997, 40 (4): 397−405.

29. OLIVER CHRISTINE. Strategic Responses to Institutional Processes [J]. *Academy of Management Review*, 1991, 16 (1): 145−179.

30. PACHE ANNE−CLAIRE, & SANTOS FILIPE. When Worlds Collide: The Internal Dynamicsof Organizational Responses to Conflicting Institutional Demands [J]. *Academy of Management Review*, 2010, 35: 455−476.

31. PETERAF, M. A., & BARNEY, J, B. Unraveling the resource−based triangle [J]. *Managerial and Decision Economics*, 2003, 24: 309−323.

32. PHILLIPS, N, LAWRENCE, T. B. & HARDY, C. Inter−organizational collaboration and the dynamics of institutional fields [J]. *Journal of Management Studies*, 2000, 37 (1): 23−44.

33. RAGIN, C. C., P. C. FISS. *Net Effects Analysis versus Configurational Analysis: An Empirical Demonstration.*

Redesigning Social Inquiry: Fuzzy Set and Beyond [M]. Chicago: University of Chicago Press, 2008.

34. RAGIN, C. C. *The comparative method. Moving beyond qualitative and quantitative strategies* [M]. Berkeley, Los Angeles, and London: University of California Press, 1987.

35. RAO, H., MONIN, P. & DURAND, R. Institutional Change in Toque Ville: Nouvelle Cuisine as Identity Movement in French Gastronomy [J]. *American Journal of Sociology*, 2003, 108 (4): 795—843.

36. REAY TRISH, & HININGS C. R. (Bob). Managing the Rivalry of Competing Institutional Logic [J]. *Organization Studies*, 2009, 30 (6): 629—652.

37. RUTH HOOGLAND DEHOOG. Competition Negotiation or Cooperation Three Models for Service contracting [J]. *Administration & Society*, 1990, 22: 317—340.

38. SEO, M., & CREED, W. E. D. Institutional Contradictions, Praxis and Institutional Change: A Dialectical Perspective [J]. *Academy of Management Review*, 2002, 27 (2): 222—247.

39. SUDDABY, R & GREENWOOD, R. Rhetorical strategies of legitimacy [J]. *Administrative Science Quarterly*, 2005, 50 (1): 35—67.

40. THORNTON PATRICIA H, & OCASIO WILLIAM. Institutional Logics and the Historical Contingency of Power in Organizations: Executive Succession in the Higher Education Publishing Industry, 1958—1990 [J]. *American Journal of Sociology*, 1999, 105 (3): 801—843.

41. WALKER J L. The diffusion of innovations among the American states [J]. *Americanpolitical science review*, 1969, 63 (3): 880—899.

42. WERNERFELT, B. A resource-based view of the firm [J]. *Strategic Management Journal*, 1984, 5: 171—180.

43. YOUNG DENNIS R. Alternative Models of Government-Nonprofit Sector Relations: Theoretical and International Perspectives [J]. *Nonprofit and Voluntary Sector Quarterly*, 2000, 29 (1): 149-172.

附　录

附录Ⅰ　社会组织访谈名录

序号	访谈编码	机构名称	被访者及其职务
1	S2013042301, S2013072201	上海 GY 社工师事务所	X 副总干事
2	S2013042302, S2013080701	上海 ZZ 社区服务社	Z 副总干事
3	S2013042401	浦东新区 WA 社区服务管理中心	C 主任
4	S2013042601	WLX 社区服务中心	L 项目主管
5	S2013051301	上海 XG 公益服务中心	G 项目主管
6	S2013051401, S2016012701	浦东新区 XF 社区服务社	W 项目主管
7	S2013051501	浦东新区 Y 街道 EA 协会	G 会长
8	S2013051601	HY 心理咨询工作室	L 主管
9	S2013051701	Z 社区 XA 志愿服务社	W 机构负责人
10	S2013051901	ZP 居家养老服务中心	Q 中心负责人
11	S2013052701	CH 青少年发展中心	W 机构负责人
12	S2013052801	JQ 社区慈爱公益服务社	Y 项目主管
13	S2013052802, S2013061701	XJY 社区青少年中心	J 项目主管、Y 理事长
14	S2013053101	浦东新区 SQS 发展中心	W 项目主管
15	S2013060501	上海 CHQ 公益社	L 负责人
16	S2013060701	LY 健康服务中心	G 项目主管

续表

序号	访谈编码	机构名称	被访者及其职务
17	S2013061901	LJ 社工服务中心	Y 理事长
18	S2013062101	LY 新社区服务社	Z 项目主管
19	S2013062501	上海 LM 社工服务社	Z 项目干事
20	S2013062601	LA 社工服务社	M 机构负责人
21	S2013071501、S2013071601、S2013071001、S2013071701、S2015040101	上海 HBJJ 养老服务社	S 业务部经理、H 康复部经理、W 护理部经理、Y 总经理
22	S2013072201、S2015093001	上海 RX 社区服务中心	W 项目主管、W 主任
23	S2013072301	浦东新区 CR 俱乐部	X 会长
24	S2013072601	上海 AP 社区公益影像发展中心	W 机构负责人
25	S2014122401	上海 HXZJ 社工师事务所	Z 项目经理
26	S2014122402	上海市杨浦区 K 街道社区生活服务中心	W 负责人
27	S2014123101	上海市 YZ 社会工作发展中心	W 总干事
28	S2015102001	上海 QA 健康促进中心	B 总干事
29	S2015102101	上海静安 GYCS 管理服务中心	W 负责人、B 项目总监
30	S2015102701	上海 QH 社区青少年发展促进中心	S 总干事
31	S2015102702	上海静安区 QF 老年生活护理服务社	W 负责人
32	S2015112501	浦东新区 EA 协会	G 副秘书长
33	S2015120101	浦东新区 QC 公益服务社	S 理事长
34	S2015122501	上海 LQ 社工服务社	Z 区域总监
35	S2016012601	上海 XT 社区健康促进社	W 总干事助理
36	S2020102701	上海 YL 公益事业发展中心	W 项目评估总监、X 财务总监

附录 II 政府官员访谈名录

序号	访谈编码	机构名称	被访者及其职务
1	G2014111801	上海市社区服务中心	Z 主任
2	G2014121201	上海市社区养老服务中心	K 主任
3	G2014122201	浦东新区民政局	D 处长
4	G2013010901	浦东新区社区建设指导中心	Z 副主任
5	G2015120101	浦东新区 C 镇社会组织服务中心	S 主任
6	G2016011901	浦东新区 T 街道社会组织服务中心	S 主任
7	G2014120801	杨浦区民政局	Y 局长
8	G2014122401	杨浦区民政局社会组织服务中心	G 副主任
9	G2014112401, G2015102801	上海市静安区社会建设办公室	L 副主任
10	G2015102101	静安区 C 街道	Z 工作人员

附录 III 社会组织访谈提纲

1. 贵机构从什么时候开始承接政府购买服务？争取政府购买服务订单的原因是什么？刚开始承接服务时，机构的适应状况（如人员、服务领域专业性、对政府需求和行为规范的了解）及外部环境是怎样的？

2. 你认为机构获得政府订单的主要因素是什么？请举例说明。

3. 贵机构有无承接不同政府部门的购买服务？不同政府部门的购买服务有什么差别？例如，政府购买范围、招投标规范性、购买金额、财务管理规定、评估监督、购买稳定性等方面。

4. 政府购买服务对贵机构的影响是什么？影响具体表现在哪些方面？怎么产生影响的？

5. 贵机构承接服务的服务绩效如何？哪些因素影响购买绩效？贵机构衡量机构承接服务绩效的关键维度是什么？

6. 通过承接政府购买服务，贵机构在自主性、合法性、组织能力、组织资源等方面有成长和发展吗？如果没有成长，为何坚持承接政府购买服务？

7. 政府购买服务中，贵机构与政府部门的互动关系是怎样的？互动方式与内容有哪些？

8. 政府购买服务中，贵机构与其他社会组织的合作或竞争状况是怎样的？

9. 政府购买服务对社会组织、公益行业的生态会产生怎样的影响？

10. 通过政府购买服务，社会组织的影响因素（如供给方数量不足、专业缺乏、领域有限）是否同时改变政府购买服务的制度安排？

11. 您对政府购买服务的评价和看法有改变吗？

附录Ⅳ 政府官员访谈提纲

1. 贵部门从什么时候、因何原因开始政府购买服务？

2. 参与投标的社会组织状况如何，对于政府购买服务的竞争性产生什么影响？

3. 贵部门的政府购买服务有哪些制度规定（如购买内容、经费额度和拨付、专业性要求）对社会组织或服务绩效会产生较大的影响？原因是什么？

4. 承接服务的社会组织的优势有哪些？

5. 承接服务的社会组织的问题有哪些？

6. 针对社会组织的优势和问题，政府部门有哪些应对性措施？

7. 政府部门最关注政府购买服务哪些绩效？

8. 政府购买服务的预期目标是什么？政府购买服务是否达到预期目标？目标达成与否的影响因素有哪些？

9. 政府购买服务对社会组织发展的影响有哪些？例如，对于社会组织的自主性、专业性、合法性等产生怎样的影响。

10. 政府购买服务中，政府部门与社会组织的互动关系是怎样的？互动的方式与内容是怎样的？

11. 政府购买服务对社会组织、公益行业的生态会产生怎样的影响？

12. 据您了解，有无社会组织退出政府购买服务？原因是什么？

13. 社会组织的发展状况（如数量、领域、能力）在哪些方面如何影响政府购买服务？

14. 经过多年购买服务，政府购买服务的政策规定有哪些调整？调整的原因是什么？

附录Ⅴ 二手资料清单

1. 浦东新区 EA 协会. 浦东新区老年志愿者大队助老服务的做法与体会. 内部资料，2015-4-28.

2. 浦东新区 GYHZ 促进会. H 街道老年人日间服务中心委托管理项目需求书. 浦东新区公益服务项目"供需对接·一站式服务"平台资料，2015.

3. 浦东新区地区工作党委. 关于召开"街镇如何进一步推广购买服务经验"研讨会，"C 镇推进政府购买服务工作汇报"材料，2014-12-30.

4. 浦东新区地区工作党委. 关于召开"街镇如何进一步推广购买服务经验"研讨会，"W 街道社会组织发展情况汇报"材料，2014-12-30.

5. 浦东新区地区工作党委. 关于召开"街镇如何进一步推广购买服务经验"研讨会，T 街道办事处副主任报告，2014-12-30.

6. 浦东新区地区工作党委. 关于召开"街镇如何进一步推广购买服务经验"研讨会，Y 街道"完善购买服务机制 不断促进社区发展——Y 街道购买社会组织服务的实践探索"材料，2014-12-30.

7. 浦东新区地区工作党委. W 街道社会组织发展情况、T 街道购买服务情况，关于召开"街镇如何进一步推广购买服务经验"研讨会材料，2014.

8. 浦东新区社团管理局. 上海市浦东新区社会组织发展基本情况，内部资料，2016.

9. 上海 XT 社区健康促进社. 常青藤 2014 年年度报告. 内部资料，2014.

10. 上海 XT 社区健康促进社. 上海 XT 社区健康促进社 2009 年年度报告. 内部资料，2009.

11. 上海 XT 社区健康促进社. 上海 XT 社区健康促进社 2014 年年度报告. 内部资料，2014.

12. 上海 YL 公益事业发展中心. 2011 年度浦东新区公益招投标项

目终期评估报告－浦东新区 BY 家庭关爱计划项目，2013－1－31.

  13. 上海 YL 公益事业发展中心. YL 浦东评估三年总结沙龙，浦东新区 EA 协会 H 会长发言，2015－3－20.

  14. 上海 ZZ 社区服务社. 项目管理内部资料，2011.

  15. 上海科学技术开发交流中心，上海交通大学第三部门研究中心. 2015 年社会组织创新与发展上海高峰论坛会议资料，2015－12－17.

  16. 上海市妇女联合会. 当我们一起走过：上海市妇联系统向社会组织购买妇女儿童家庭服务项目概况（2014—2015 年），内部资料，上海市女性社会组织发展中心编撰，2016.

  17. 上海市社会团体管理局. 2012 年上海市社会组织工作会议交流材料. 内部资料，2012－2－7.

  18. 杨浦区民政局. 杨浦区政府购买社会组织公共服务工作情况，内部资料，2014.

  19. 杨浦区民政局. 杨浦区政府购买社会组织公共服务工作情况，内部资料，2015.

后　记

　　本书是在我博士论文基础上做了多次修改而成的。博士毕业后，我入职湖南大学，以博士论文为基础提交的书稿中标国家社科基金后期资助项目。中标后，我根据评审专家的建议，多次修改完善。较之博士论文，最终的书稿重新写作和新增了不少内容，结构更完整、逻辑更清晰。

　　本书关注的核心问题是政府购买服务对社会组织的影响。很久以来，社会组织被置于国家与社会的关系视角下，从政府监管或培育的角度来探讨，但社会组织作为非营利部门或一种组织类型的自在的、内在的组织特性容易被忽略，以至于有些研究并不关注社会组织的主体性。由于我曾经在一家支持型社会组织做过项目评估和公益研究，免不了带入社会组织的视角去看政府购买社会组织服务；在分析政府购买服务对社会组织影响时，也试图从社会组织主体性出发，系统地讨论政府购买服务对社会组织个体、社会组织之间、社会组织生态层面产生怎样的影响。虽然做了一些尝试，但由于我能力有限，成果还有进一步提升的空间。

　　本书的出版要感谢很多人。感谢我的博导徐家良教授。无论是在博士期间，还是在毕业之后，徐老师都无私地关心和帮助我的成长。读博期间，徐老师对学生的影响体现在日常点滴：徐老师热心学术，坚持每周召开读书会，让我们研读学术著作、了解学术动态、关注学术前沿；徐老师信任学生，让我们尝试各种文章和课题的写作、参与实地调研和会议组织，锻炼学生的各种能力，激发学生内在的潜力和自信；徐老师上课、开展学术研究、参与学术活动与社会实践，仿佛不知疲倦，他的敬业精神让我们既钦佩又惭愧。博士论文写作中，徐老师更是给予我很多的帮助和指导。从论文主题的选择、论文思路的确定、论文调研的开展，到论文的写作和修改，徐老师都悉心指导、谆谆教诲，给予我很多启发和帮助。工作之后，徐老师也经常关心我的工作情况，对我的论文和项目申请书提出了宝贵的修改建议，邀请我参加他组织的学术活动，帮助我提升科研能力和学术视野。感恩遇到徐老师，在此我对徐老师致以深深的敬意和发自内心的感谢。

感谢社会组织的工作人员。感谢接受我调研的政府部门与社会组织工作人员，感谢他们在忙碌的工作中热情接待我的叨饶，无私地贡献他们的经历、经验、感受、故事，让客观理性的论文建立在生动的实践之上。感谢我曾工作过的支持型社会组织。这段实务部门的工作经历让我接触到不同类型的社会组织及其丰富的样态和生态，而机构领导与同事一直帮助我成长，让我新入职场就接触到轻松包容、积极向上、鼓励创新的工作氛围，不断地去学习、去创新，发挥自主性，提升自我能力。

感谢湖南大学公共管理学院的领导和同事。感谢付蓉芬书记、李连友院长、郭渐强教授、雷玉琼教授、徐莹教授、谭海波教授、颜克高教授、方放教授、杜倩博副教授、李释然老师等对我的提携、帮助和支持！感谢我的研究生张苗苗、师祯晨、李观来为本书出版提供的帮助！感谢四川大学出版社的编辑蒋姗姗女士，她的耐心、热心与细致的工作，让本书的出版变得顺利和高效。最后，感谢我的先生一直以来的陪伴和支持，感谢阳阳给我带来的幸福与欢乐！

许源

2023 年 7 月 17 日